戏与出版
戏与发行

王久安 著

中国青年出版社

图书在版编目（CIP）数据

我与出版 我与发行 / 王久安著. -- 北京：中国
青年出版社，2024.9
ISBN 978-7-5153-7426-0

Ⅰ. G235-53

中国国家版本馆 CIP 数据核字第 2024CE9950 号

书　　　名：我与出版 我与发行
作　　　者：王久安
责任编辑：丁肇锋
出版发行：中国青年出版社
社　　　址：北京市东城区东四十二条 21 号
邮　　　编：100708
网　　　址：www.cyp.com.cn
门 市 部：（010）57350370
印　　　刷：北京科信印刷有限公司
经　　　销：新华书店
开　　　本：700mm×1000mm 1/16
印　　　张：22
字　　　数：324 千字
插　　　页：4
版　　　次：2024 年 9 月北京第 1 版
印　　　次：2024 年 9 月北京第 1 次印刷
定　　　价：58.00 元

本图书如有印装质量问题，请凭购书发票与质检部联系调换。
联系电话：（010）57350337

2004年11月，时任团中央书记处第一书记周强向王久安颁发
"团中央直属机关离退休先进个人"荣誉证书

新闻出版署署长于友先（右二）参观中国版协经营管理委员会举办的首都社科图书交易会

1987年6月4日，王久安陪同新闻出版署领导参观在北京劳动人民文化宫
举办的首都第三届社科书市
沈丙麟（左二）、王业康（左四）、林尔蔚（右三）、刘杲（右一）

2018年11月2日，中国改革开放40年图书发行业致敬盛典在山东济南举办，王久安
荣膺"致敬影响力人物"荣誉。图为王久安会后参观济南大明湖公园内毛主席题词
《采桑子·重阳》碑前留影

我与出版

白纸黑字的精神

皮　钧

拿到王久安先生沉甸甸的书稿《我与出版　我与发行》，还是很激动的。这位把自己的一生奉献给文化出版事业，而且是以发行部门负责人的身份获得"韬奋出版奖"的第一人，是新中国文化出版事业的骄傲，也是中国青年出版社的骄傲。王久安先生已经95岁高龄了，但仍然身体硬朗，精神不减，特别是那笔笔精到、一丝不苟的书法楷字，淋漓尽致地展现了老一代出版人的风骨与涵养、学问与精神。我作为中国青年出版总社的党委书记、董事长，遵嘱为王久安先生的新书写一点读后感，更愿意把这篇文字当作对老一代出版人、对新时代中国出版事业的致敬。

文化传承需要高起点的认知。王久安先生的起点很高，他的出版工作是从开明书店开始的。开明书店成立于1926年，1928年改为股份有限公司，是解放前我国七大书店之一，叶圣陶、夏丏尊、傅彬然、周予同、王伯祥、顾均正等均是开明书店的老一代创办人。茅盾的《子夜》，巴金的《家》、《春》、《秋》都是最先在开明书店出版的。开明书店也是中国青年出版社的渊源，于1953年正式与青年出版社合并，成立了今天的中国青年出版社。中国青年出版总社提出"红色基因、开明传统、青年风尚、国际表达"，即源于此。新开业的"开明书店零号店"，就在今天的中国青年出版总社所在的东四十二条，已经成为一个网红打卡地。

看到王久安先生，就如同看到开明书店的老版本图书一样，庄重、严谨，富有文化而又不脱离生活。我虽未见过开明书店的老一代出版家，但从王久安先生身上可以体会到：他们对中华优秀传统文化的那种敬重的态度,对博大精深的汉语言文字以及书法的老老实实的传承,对于出版事业那种精益求精、重任在肩的情怀,以及对出版好书、出精品书的那种执着,对待作者那种亦师亦友、既相互尊重又砥砺前行的关系,都是让人很神往的状态。现在我们比较重视文化产品的生产,但只是完成了文化繁荣工作的一半,还不是最重要的一半。其实,真正的文化传承、文化繁荣是"人"的繁荣,是造就有文化的时代新人——文化事业的从业者应当成为"文化大家",新时代中国青年都应当成为"文化人"。出版业是文化高地,出版人更应当肩负起文化传承的重任。

文化创新需要老老实实的深耕。有不少人觉得创新是石破天惊、天外飞仙之举,是颠覆、是裂变,其实这是对创新最大的误解。我们可以仔细读读人类发展史,所有的创新都是无数次老老实实的深耕之后的结果。王久安先生在中国出版史上是有诸多创新之举的,特别是1987年创办的北京图书订货会,是解决从计划经济到市场经济转折时期图书出版发行的重要举措,至今仍是全国最重要的图书出版盛会之一。仔细阅读王久安先生的文章,特别是他对于当时经历的人和事,都记录得清清楚楚,既不夸大成绩,也不回避矛盾,更是直面问题,这使我们获得了一本了解新中国出版事业的不可多得的"信史"。正因为老一代出版人老老实实地生活、工作、交往,本着对文本负责、对自己负责、对历史负责、对人民负责的精神,才让我们知道了很多事情的真实面貌、来龙去脉,知道了深层次的原因,也体会到了时代的转折变迁和人的情感的曲折复杂。正因为有了这些踏踏实实的前提,才能够让后来人有机会在传承的基础上持续创新。

以读书为基础成长起来的人,从事文化出版事业的人,对自己的言行、对社会的发展都有着一种敬畏的精神,这是一种"白纸黑字的精神"。相比较而言,伴随着互联网成长的一代,他们固然在获取信息、交往互动方面有了很大的提升,但同时,他们的文化精神还是受到了侵蚀:且不说那种不断出现的信息反转带来的情绪变动,即使是对自己的言行、对自己的文本的负责任的精神,也都大大地打了折扣。甚至有人天真地认为,只要清空了自己的微信、微博,历史就不存在记忆了——这是一种文化上的自欺欺人。

因此,在文化强国建设的新征程上,文化出版特别是纸质阅读、深度阅读的重要性越来越凸显。一个重要的基点是:我们需要认认真真记录人类已经创造出来的文化成就,踏踏实实地投入到丰富多彩的文化生活的创造中,负责任地传承文化、创新文明,这都需要一种出版人的"白纸黑字的精神"——这也是王久安先生在书中展示的一种精神。

2024 年 6 月于北京

爱业,爱到一生相许

黄国荣

　　久安发来微信,说在胡守文的关怀和支持下,他的《我与出版　我与发行》一书,将要作为《我与"开明"　我与"中青"》的姊妹篇出版,请我写个序。他还说:知道你忙,不着急,只要能写就行。我是在忙着写长篇新作,几十年来,在职时忙社里的事,还要兼顾忙行业的事,写作被挤到晚上和节假日,要写的长篇、中篇压着,再不写,怕老了写不动。久安是老朋友,我1986年调解放军文艺出版社创建发行部时与他结识,转眼近40年了。我回他:这事再忙也得做。他回我:有你这句话,我万分感动,不愧为近40年的好朋友。

　　我俩可说是忘年交,他1929年出生,大我18岁,我小叔才大我12岁,他是我的老师。我是在师政治部副主任位置上调到解放军文艺出版社,创建发行部的。1985年始,图书的总发行权由委托新华书店代理改为出版社自办。解放军文艺出版社编制上没发行部,我一个连码洋、实洋都不懂的正团职军人创建发行部,搞书刊发行,确是赶着鸭子上架。

　　久安是我图书发行专业的启蒙老师。他1946年6月参加工作就到开明书店江西上饶分支机构当练习生,我就是向他请教的发货店、销货店、特约经销店、征订、包销、经销、寄销这些图书发行的基本常识。我到北京第二年,即1988年,他跟沈丙麟先生就邀请我,到首都社科书市办公室当副主任,久安是主任,沈丙麟是副主任,分工我管订货会,开始筹办第三届图书订货会,我给它正式定名为:首都图书交易会。从此,我俩携手并肩,把为图书发行业服务作为我们共同应尽的义务与责任。

1992 年,中国出版工作者协会经营管理委员会成立,久安当副主任兼秘书长,我先当副秘书长,后要我担任秘书长,考虑在职工作忙,怕顾不过来,我建议与他设双秘书长。那些年,我们几乎每个礼拜都要碰头,除了社科书市、图书订货会,还要策划举办各种发行体制改革、社店业务合作新思路、新形式的研讨会、座谈会,探索交流出版社体制改革和社店合作的新模式与实践经验;创建出版社发行联合体、京版秋季图书交易会、建特约经销店、到各地举办图书展销等各种营销活动,为开拓出版社自办发行道路作深入的研究与探索。那些年,东四十二条 21 号中国青年出版社,成为我们这一时期搞活动的根据地。好在无论是蔡云社长还是胡守文社长,他们都全力支持,无偿提供会议室。

不管是社会,还是家长、老师,总会向孩子和年轻人倡导干一行爱一行的敬业精神。久安的一生可以说是实践这句话的楷模。他 17 岁离家,他母亲请在赣州当记者的远亲阮日宣带他出去谋生。阮日宣本想带他到报馆找份差事干,途经上饶,巧遇小学同学柳明耀,他在类似办事处的开明书店分支机构做事。阮日宣改变主意,请柳明耀帮忙,让久安留他们那儿做事。得到经理顾均一的认可,久安便成了开明书店下属机构的练习生。没多久,开明上海总店要把江西的分支机构合并成南昌分店,久安就去了南昌分店。战乱年代,南昌分店销售平平,按末位淘汰制,南昌分店要被撤销,久安面临失业。尽管店员们一起跟总店评理要说法,也只同意给遣散费。江西本地人好说,久安就得回老家绍兴。绍兴同乡冯百泉帮久安买了去上海的火车票,他的连襟刘诗圣在总店当总经理办公室主任,让久安去找他。久安带着冯百泉的信见了刘诗圣,在他的帮助下,久安成为开明总店的员工。新中国成立后,体制变革,百业待兴,创业艰难,道路曲折。久安随开明书店经历了公私合营,书店迁京,变换主管归属,"三反"、"五反"运动,与青年出版社合并,成立中国青年出版社,又遇困难时期,再遭遇"十年动乱"停业,下乡去安徽、河北、河南劳动锻炼,再到黑龙江泰康垦荒办农场,又被调去支援山西,再到中国少年儿童出版社从中国青年出版社分出这些周折变故。几十年不平凡的历程,风风雨雨,颠沛动荡,亦喜亦忧,历尽坎坷。但是,不管环境如何动荡,不管工作如何变动,不管道路如何曲折,也不管求职如何艰难,久安对出版发行这一职业,始终一往情深,不改初衷,坚定不移,一生相许。

久安的一生是部书,是一部内容丰富、故事曲折的书。他青年时期,艰苦的环境与职业动荡锤炼了他珍惜工作爱业敬业的精神,树立了干一行爱一行、干一行专一行、干什么就干好什么的人生信念。从业开始,他就在分支机构做一线服务工作,打包、站柜台、登记填写图书销售报表,甚至记下学生和老师没能买到的书的书名,帮他们联系,找到书后再通知他们买。这些具体、琐碎、繁复的杂务,都是出版社直接为读者服务的一线业务。一进入出版行业,他就扎扎实实地从服务开始做起,在实践中明确了为他人服务、为读者服务是出版行业的宗旨,树立了甘愿为这个宗旨默默奉献的信念。这个信念影响了他的一生,为他几十年后在出版社搞自办发行打下了坚实的基础。

久安年轻力壮时,大部分时间在办公室、计划科工作,后来当发行科长、发行处处长时,由于当时是计划经济体制,图书的总发行委托给新华书店代理,所以,《李自成》一书的畅销,张海迪的《闪光的生活道路——张海迪事迹》《张海迪书信日记选》《闪光的生活道路——张海迪事迹(续编)》发行700万册,他只是做了辅助性的业务工作,算不得他的业绩,显示的是当年新华书店的辉煌。久安为出版发行业真正作出贡献,是在1985年出版社自办发行之后,可以用"四个一"来概括。

他第一个提出"出版社办书市"。出版社自办发行是在"五无"的状况下开始的。一是无发行机构。全国出版社除人民出版社、人民文学出版社、人民教育出版社、中国社会科学出版社、中国青年出版社这新中国成立初最早成立的五家国营出版社,以及商务印书馆、中华书局、解放军出版社等有教材教辅图书的老牌出版社有发行机构之外,其余的出版社都没有发行机构。1985年后,出版界的普遍现象就是创建发行机构。二是无业务骨干。当时,没机构自然就没骨干,即便当时有发行机构的单位,也只是协助新华书店做征订、提供图书信息、统计征订数字、督促印刷厂供货等协调工作,不直接做图书销售经营业务。所以,当年到书店挖发行骨干成了一种普遍举措,许多发行部主任、发行科长都是从新华书店挖来的。三是无全国征订方式与渠道。自办发行白手起家，出版社没有全国征订的方式，也没有征订渠道，只有直接到全国各门店上门推销。最典型的就是金盾出版社，聘用一批退休的军队老干部，背着样书全国跑。四是无全国流通渠道。全国县一级书店，许多地方不通火车，出版社无法设中转机构，对县店无法供货，经营局限在城市店。五是无周转资金。出版社自办发行后，承担了总储备、总流通、总供货和总库存的责任，资金严重不足。自办发行两年下来，库存就不堪重负。

久安和中央十来家社科出版社的发行部主任在一块儿叫苦，他提出了出版社自己办书市的设想。1986 年，十几个社科出版社的发行部主任自发成立了首都社科书市办公室，首届首都社科书市在北京市劳动人民文化宫东树林举行，出版社自己搭棚设摊，直接向读者销售图书。虽解决不了大问题，但它是出版社观察市场、直接为读者服务的一个窗口，可以获得选题、销售、阅读趋向等许多重要信息。有了这个书市，才有了后来的北京书市和全国书市。

第二年，新华书店总店在秦皇岛开先河，办了图书看样订货会，第二届首都社科书市也增加了看样订货的项目，在劳动人民文化宫东配殿，出版社自带桌椅书架，搞看样订货。尽管只有 44 家出版社参加，但它是北京图书订货会的开端。

他第一个与王府井新华书店建立特约经销关系。这得益于他在开明书店南昌分店的实践。当时，南昌分店因销售业绩排在 16 家分店的末尾，要被淘汰撤销，撤销后，江西这块市场就将成为空缺。总店想到了"代办"这一招，请南昌的其他书店帮助开明代销图书，开明以优惠折扣供货。久安把这一方式用于现实，请王府井新华书店作为中国青年出版社的特约经销店，设专架专柜销售中青版图书，中青供货给予折扣优惠。大家由此受到启发，"十联"、"九联"等各出版社联合体，相继都与全国城市新华书店建立特约经销业务关系。在此基础上，我们开始在行业内号召出版社，在全国建立以城市特约经销店为支撑点、辐射基层书店的图书特约经销发行网。

他第一个策划倡导建立出版社横向联合组织。出版社自办发行后，在开展图书营销宣传和促销活动的过程中，大家感到，单靠一个出版社自身的能力搞这些活动非常吃力。久安第一个把新闻出版署"三放一联"的改革方针落到实处，率先筹划成立由人民、人民文学、中国青年、中国少年儿童、世界知识、社会科学等六家出版社组成的发行联合体，简称"小六联"。在"小六联"基础上，又增加法律出版社，成立"六联七社"。后又增加新华出版社、中央党校出版社、大百科全书出版社，成立"社科十联"。这时，我们解放军文艺和工人、作家、三联、华夏、文联、友谊七家出版社也在筹划成立文艺联合体，加上文化艺术和中图联公司，成立了"文艺九联"。后将中图联公司换成解放军出版社，再加上团结出版社，共十个出版社，仍叫"文艺九联"。随后"科技联"、"教育联"、"经济联"、"法律联"、"少儿联"、"文图联"等出版社发行联系体组织相继成立，全国各种联合体遍地开花，有效推动了出版社自办发行工作的成熟与发展。

他第一个编写《全国图书发行单位名录》。出版社自办发行遇到的最大困难是图书征订。当时全国出版社有 560 多家，而新华书店就号称有 3000 家，民营书店就更无法统计。这时，出版社没有全国书店的联系方式，书店也没有出版社的联系方式，图书征订与业务合作无法开展。主管部门明文规定，编辑出版名录类出版物必须经主管部门特许批准。久安急发行单位所急，帮发行单位所需，操心费力，一面向上级主管部门申请批准授权，一面给全国数千家出版发行单位写信，请它们提供联系电话、详细地址、邮政编码、火车到站站名、业务负责人及联系人。名录编成后，由中国青年出版社出版。这本名录成为出版发行单位急需必备的工具书，深受出版发行单位欢迎。为了名录的准确性、实用性与权威性，久安不辞劳苦，每年都要给数千家单位发信，及时掌握信息的变化，几乎每年都要重新再版。从 20 世纪 90 年代初直到互联网普及，这本名录一直是全国出版发行单位不可缺少的工具书。

除了这"四个一"，久安对工作的用心、认真、刻苦、勤奋，在业内有口皆碑。单从他写楷书书法这一事，就可以看出他做事的心性，他下了多大的功夫才练得这一手漂亮的楷书。他文化程度并不高，拿毛笔的姿势是铅笔、钢笔的握法，但他年轻时在书店用毛笔记账，加上他的刻苦努力与悟性，他的书法作品参加过多种书法展览，获得好评。字如其人,他对工作同样如此。他是个聪明、有才干的人。他曾对我说:有才的人,假如碰上爱惜人才的领导,他会欣赏你、信任你、重用并爱护你;要碰上不爱惜人才的领导,他只会利用你,并不欣赏、帮助你,甚至还会忌妒、压制你。久安能如愿终生服务于出版行业,除了他的爱业与工作精神,也得益于三位爱惜人才的领导。

第一位是开明书店上海总店的总经理办公室主任刘诗圣。虽然有南昌分店的同乡会计冯百泉帮他写信推荐,但上海总店收留不收留他,冯百泉说了不算,关键在刘诗圣。他跟总经理范洗人能说上话,但范洗人却记着久安的账,说他在南昌分店被撤销时跟着大家一起闹事,言外之意是不想留他。刘诗圣努力说服范洗人,说他们办公室有一人去参军,空出一个位置,他们需要人;又说王久安字写得好,会刻蜡板,办公室很需要这样的人。要没有刘诗圣这番劝说,尽管久安非常热爱开明、热爱出版工作,也只能回浙江绍兴老家,他的人生就是另一条路了。

第二位是王业康。久安随开明书店迁京时,王业康在团中央的青年出版社任办公室主任。开明书店划归团中央主管后,王业康随三人小组帮开明书店搞“五反”工作。久安担任工会主席,正发动群众积极开展“五反”运动,王业康在工作上给了他许多指点与帮助,其中很重要的一点是告诫他“五反”运动不要搞过火。开明书店与青年出版社合并成立中国青年出版社后,王业康任办公室主任,王久安是计划科负责人,直接归王业康领导。1960 年 4 月,久安和王业康一起赴黑龙江泰康垦荒办农场。其间,社里又通知,要调久安去支援山西工作,王业康不想让他离开,以久安是管理员离不开为由拖延。后来在社里催促下,王业康不得不让久安回京准备调往山西。回到北京,恰巧赶上社里要出版《李自成》第一卷,发行科长找不着人接班,幸亏王业康拖延让久安碰上了这个机会,社里让久安当了发行科长。要是按时回京去了山西,也许久安从此就离开了出版社,他的经历就得改写了。

第三位是胡守文。胡守文 1982 年调中国青年出版社任编辑,1983 年编辑部主任交给他采访张海迪的任务,他用三天三夜时间采访,带回一大堆素材,建议与团中央合作,把张海迪的事迹编成书宣传。他几次赴山东采访,编写出《闪光的生活道路——张海迪事迹》。当时久安担任发行处长,积极配合,发行了500万册。此后,《张海迪书信日记选》《闪光的生活道路——张海迪事迹(续编)》分别发行86万册和90万册。胡守文非常爱惜人才,也热忱帮助人,他对久安的敬重是发自内心的,帮助也是真诚的。生活工作上的帮助支持不说,有两件事众所周知。一件是2001年,久安退休已12年,胡守文主动与中国出版工作者协会联系,以中国青年出版社和中国出版工作者协会的名义,为他举办"王久安同志从事发行工作五十五年座谈会",在业内产生广泛影响。出版社社长主动为本社退休十多年的中层老同志召开座谈会,这种举动真还没见过,足见胡社长爱惜人才的心胸。另一件是2012年,胡守文即将退休,他特意向时任社长续文利建议,为久安免费出版《我与"开明" 我与"中青"》一书,还亲自为他撰写序言《久安有大爱》,并题写书名。

当然,他还有我这位"忘年交"朋友。当年他参评第七届韬奋出版奖,新闻出版署举办"新中国60年百名优秀出版人物"评选活动时,我正在中国版协担任常务副秘书长,是这两项评选工作的办公室主任。我自然要让业界更多的人了解、认识久安。尤其是"新中国60年百名优秀出版人物"评选,跨度大、时间长、人员多,如何公正、公平、公开地评出真正的优秀人物,确实需要付出艰苦细致的努力。我与艾立民同志商量,这60年的100位人物中,一定要为出版社发行工作树一个榜样,我们选定久安。150名候选人,每个人的简要事迹连同选票,同时在《新闻出版报》《中华读书报》和中国新闻出版网上登载。评选盛况空前,纸质选票就收到120个比麻袋还大的大邮袋,交由20多家出版社逐一登记统计,网民投票581828张,加上纸质投票,共计1391828张。王久安当之无愧入选。

久安已95岁高龄,身体很棒。老骥伏枥,他至今仍笔耕不辍,时常给《出版史料》、行业报纸和中青的社内通讯写稿。自上一部《我与"开明" 我与"中青"》出版12年来,他又写了近80篇文章,结集于此。我相信读到本书的人,会为他的精神所感动。

2024年5月9日

目　录

第二篇　怀念中青社的领导和同事

第三篇　中青社重要出版事件

第一篇

记出版界的前辈们

学习王益同志的求真务实精神

　　去年年初,中国版协老出版工作者工作委员会的王仿子、陆本瑞、邱守铨和吴道弘同志一起约我去王益老家里,祝贺他九十华诞。当时王老身体很好,我送他一本刚出版的《叶圣陶叶至善干校家书》,他还边翻边和大家说话。当时谈话是要通过他夫人王淑凤

王益同志(右)与作者

同志在他耳边传达的,但他说话时的精神很好,思路也十分清楚。想不到一年刚过,就永远见不到他了,怎不令人悲伤!

　　我和王老相识是在 20 世纪 80 年代初期,发行体制改革座谈会举行的时候。此前我曾多次听说过他的名字,但无缘见面。会前我估摸王老一定是个十分严肃的老领导,想不到见到的竟是一位十分和气又十分慈祥的老前辈。他的形象和一口慢条斯理的南方话,立刻使我和他拉近了距离。后因工作关系,我们经常有机会见面。与仿子同志一样,他对开明书店印象很好,知道我是开明出身,就格外错爱于我,见面时经常问起当年开明的经营情况。在发行体制改革座谈会上,他经常点我的名,要我发表中青社对改革的看法。此后我有机会常去看他,特别在 1992 年我参加了版协经营管理研究委员会之后,接触就更多一些。经管会每年都要举行几次社长经营管理经验交流会和出版发行体

制改革座谈会。王老对此表现出浓厚的兴趣,只要不和其他活动冲突,一般他是有请必到,而且准时到会,逢会必讲。社长们也很爱听他的讲话。会后主持人对他的到会讲话表示感谢,他会笑嘻嘻地回答,他也要感谢经管会,因为是经管会使他呼吸到新鲜空气,了解到出版社所遇到的问题,大家有了一起探讨的机会。他就是这样一位既谦虚又务实,整年不知疲倦、真心实意为繁荣我国出版事业而不断追求的长者。

王益同志务实的另一表现是注重调查研究,亲自接触实际,掌握第一手资料。我印象最深的一件事,是20世纪90年代我们在中央党校举办图书订货会时,他想了解农村读物的定价问题,便顺便到订货会上去作调查。一进订货会场,他就一屁股坐到金盾出版社的展位上,陪同他去的人以为他要了解金盾版的图书选题,谁知坐下后就不走了,翻了一本又一本,又看封面又看版权页,还拿出笔记本作详细记录,最后还和金盾出版社同志一起研究,计算定价。当他了解到该社的农村读物定价普遍偏低时,他才高兴地说很好很好。当年金盾出版社提出一个十分响亮的口号,它们出版的书,要让读者"看得懂、用得上、买得起"。王老十分赞赏,并对金盾社在自办发行上所做的许多创新工作予以肯定。他把金盾社所编的《图书发行体制改革的理论与实践》一书亲自阅读一遍,并且连续写了四篇文章,发表在业内报刊上,表扬金盾社的自办发行工作。

王益同志还十分重视学习外国经验,他曾不止一次地要我多读点国外有关出版发行方面的书籍,以便开阔视野,借鉴参考。他还特地为我开列了一份书单。我后来买了书,但没有遵照王老的建议经常翻看,实在有负王老的教诲和期望。而他自己却能运用国外(特别是日本)经验,结合我国国情,提出一些改革的设想。比如他多次发表文章和讲话,要大家试行寄销制度,可是当时能接受的出版社和书店并不多,原来浙江省实行了社店联合寄销,大约只搞了三年,便销声匿迹了。王老觉得十分遗憾,曾几次发表文章,鼓励大家不妨再试。经过时间考验,出版界成为卖方市场以后,寄销制度之花已开遍全国。今天全国实行的经销包退形式,不就是当年王益同志竭力倡导的寄销制度吗?尽管目前由于一部分店社的诚信度不高,做法有待进一步完善,但总的趋势是不可逆转的。这里也可看出王老的长远目光。

现在王益同志已经远离我们而去了。他的逝世，使我国出版界失去了一位有着丰富经验而且忠心耿耿为出版事业作奉献的老前辈，也使我失去了一位热心关怀的老师。我们要很好地学习王益同志的高尚品德和务实作风，继承他的遗志，为出版事业的繁荣作出更多贡献！

（原载《中国版协》2009 年 6 月 30 日）

王仿子同志写给王久安的十封信

王仿子同志（右）与作者

一

王久安同志：

喜读《开明书店的成功之路》，获益颇多。

过去，我也注意开明的成功经验，然而看到的大都是编辑工作方面的，如《我与开明》中的文章，很少讲经营艺术的。有您这一篇比较全面的介绍，使我如获至宝。我希望今后还能再读到这一类文章，如唐锡光同志。如因年纪大了，写起来困难，可以录音整理。宝贵的经验，宝贵的材料，尽可能多留一点。

专此即请。

王仿子

1994 年 4 月 26 日

二

久安同志：

一年一度的盛会又将来临。我因年迈,体质下降,又是冬季,恐怕不能前往了,很是惋惜。

有一件事想拜托,请你劳神代为收集一些书目(附名单)。为什么要收集书目,要说明如下:

近日看到《人民日报》批评送礼风,在提到礼品时又讲到有"金书银书"的。(估计不会是真的用金银做书,是指特别的高价。)事有凑巧,一家个体书店到方庄来摆书摊,几十种书,全是大部头,每部几百元以上。看到他们的一份书目,几千元一部的书也不少,还有万元以上的。更令我惊奇的是有随书赠送24K金卡,赠送手表、派克笔、鸡血石的。这是一种歪风。我要找几份出版社的书目,用以验证这家个体书店的书目上的书价,与出版社书目上的是否符合。

我的请求,不知有否不便。如有不当之处,请原谅。敬祝安康!

王仿子

2000 年 1 月 3 日

三

久安老友:

信悉,照片收到。可惜缺少一张我两人的照片。因为我已不大出门,今后见面的机会不多了。希望下次见面时,抓住。

听说你在写过去的事,我很高兴。请抓紧,时光不等人。用我的经验说,因为抓晚了,有许多事来不及写出来。书名七十年,其实写的都是"文革"前的事。"文革"后在文物出版社的十年,在两个协会各十年,有不少事可写。就是"文革"前的事,也没有写完。衰老了,力不从心了。如能得到老天爷的关照,多给我一点时间,还可再写一点。可惜,精力、思维大不如前了,现在效率很低。

不要以为自己"水平太低",能写出来就好。我是小学水平,一直自认"不是摇笔杆子的材料",挣扎着也写了不少。我们这一代人,如能把过去的事记录下来,就好,好在存真。我看到一些现在的人写他不知道的历史,往往不"真"。要想纠正,没有精力,由它流传下去了。呜呼!

请保重,祝安康!

王仿子

2000 年 7 月 10 日

附言:此信写了一半,因事搁下,今天翻出来,续完。

四

久安老友:

首先感谢寄给我有关开明的材料。我一直以为,开明与生活、商务一样,是今天出版人学习的榜样。但是,对开明事迹的宣传太少了。现在正在工作的出版人,绝大多数是解放后的这一代了,对于开明、生活这样在解放前受到广大读者拥护的出版机构,没有印象。只有商务,因为至今还在出版辞典,对商务的功绩不断有人谈到,今人对它的印象比较深刻。

说起来好笑,近日因看到《开架售书劫难重重》这样的文章,一时心血来潮,写了一篇小文,投寄《新闻出版报》。承蒙很看得起,加了小标题,有意拔高。但是这位编者不知道生活书店,把文中"解放前的著名书店如商务印书馆、开明书店、生活书店"中的"生活书店"删除了,大概他或她认为可以断定,生活书店不属于"著名书店"。

从《开明书店老板章锡琛》文中,发现有章老的语录:"我是为发展文化事业,不为牟利。"说得多么好,多么精彩。解放前许多文化人办的出版机构,的确是在这个宗旨下苦心经营。五十年代以革命的名义办出版,当然不容许为发财而动心。现在可不一样了,我虽然不接触实际工作,许多事情不知道,但是,隐隐约约感到为私利而在出版工作中要花招的太多了。

我在书店里买一本《伶人往事》38元,有人在地摊上7元一本买到。差距之大,可见出版社的心有多么黑,可见盗版为何屡禁不绝。

"老师"这顶帽子是万万不能给我的,下次来信,务请更正,至要!至要!

祝安康!

王仿子

2007年5月20日

又:干菜是好味道,当然欢喜。但从浙江寄来,不可能很多,不要割爱了,我心领。谢谢。

五

久安老友:

尊稿看过了,很抱歉,我不能对您有什么帮助。原因是那个时候我已不在出版局,在文物(出版社),后在版协。整个发行体制的改革,我只参与几次会议,没有参加全过程,而今又年老,记忆力衰退。

我读了两遍,觉得整个发行体制改革脉络是清楚的,当时的情形也谈了。我勉勉强强提两个意见。

——此文题目落在"图书订货会",先用很多篇幅介绍订货会产生的前奏,这样写法很好。既然如此写,我觉得当时的"一主三多一少"要介绍一下(此文未提及"一主三多一少")。虽然后来变了,但在当时是一个改革方案,起了作用的,打破了独家经销,促进了各出版社的自办发行,又肯定了二渠道(民营书店),是图书发行体制改革的一个里程碑。

我在庆贺王益从事出版工作60年的会上讲过几句话,会后写下来收入出版文集的续编。当时找到了那个文件的副本,回忆了会前王益同志召开的许多次会议。现在再找那个文件困难了,在《王益出版发行文集》中收有他在会上的一个讲话,可供参考。

——订货会开头好像是叫书市,这种形式的出现,将写入出版发行史册。这篇文章可是介绍订货会的诞生与发展的。因此,对订货会的诞生与发展可多花一点笔墨,写得更生动活泼一点。例如第一次提出这个问题,如何办起来,有哪些阻力,如何克服,等等,择要写一点当时的情况。

我只能说这么一点了,很抱歉。祝夏安!

王仿子

2007 年 8 月 8 日

六

久安老友:

8 月 15 日信悉,"老师"的称谓实不敢当,以后千万别这样说了。

1982 年的文件现在不想要。我的记忆力衰退,有了的东西,用时找不到,白费力气,等我需要的时候再请帮我吧。

因为是老朋友,多说一句:"我国出版界是从发行开始改革的"这一句可以商讨。这样的说法过去也见过。我认为应该从 1980 年初长沙会议推翻地方出版的"三化",改为面向全国,是解放思想、改革的第一步,如何?

暑安!

王仿子

2007 年 8 月 18 日

七

久安老友:

去冬向王益同志祝寿,在我的相机里有你两张照片,特此寄奉。在老陆的相机里大概还有,尚未见到。(昨日已送来)

　　这次发现你身体很灵活,是健康的特征。然而,毕竟一年又一年,谁也逃不过自然法则,骑车可要小心,尽量少骑。祝

　　新春快乐!

王仿子
2008 年 1 月 8 日

又:收到后给一电话,让我放心。

八

久安老友:

　　信、稿均悉。我已老朽,提意见云云恐难如你想的那样了。但将勉力提些看法。

　　自办发行,开办书市、订货会,是发行改革的大事,前后有数十年的历史。要写好这段历史,有发展过程,又有经验教训,非数千字不可。二千字只能评功摆好。如着眼点只在记一功,二千字可以。我等经历了这段历史的人,希望把这段历史记入史册,非原原本本不可,所以,要我说,非三五千字不可,应该写多少就是多少,不能先划框子。

　　我的意见是你放开手,写充分,应该把话说完,不留遗憾。因为,不可能再有人另写一份作为史料保留给后人了! 如因字多,版协不收,或删略,可投《出版史料》。这是对历史、对后人负责的态度。

　　对这篇稿,提两点意见:

　　(一)脉络是写清楚了,血肉似乎不够。对这几十年特别是初办时的波折、成功、教训等都没有触到。发行改革中,民办书业的发展是一大事,办书市对民办书业是否起了推动作用,只字未提,也可能只能如此。我说不具体,只是有一点不满足。

　　(二)文中"老前辈"去掉,"教导"去掉。从经历、从年龄,我你是同一辈的人,只是工作岗位不同。改成"老朋友"或"老出版"即可,合乎事实。"教导"两字,可用于邹韬奋、胡愈之、叶圣陶,我哪有资格,用"得到帮助",足矣! 务请注意,这是我的真情,不是客气话。千万!

千万!!!

祝安康!

王仿子

2009 年 1 月 30 日

九

久安老友:

接奉贺卡,敬读佳作《迎新年》,十分高兴。

敝人因年龄关系,从去年开始,一年不如一年,现在已到了连写信都比较困难的地步。自然法则是无法抗拒的了。

近来常读到您的忆旧之作,很高兴,千万抓紧时间,我因抓得不紧,现在有几篇想写也写不出来了,十分遗憾。

祝多产!

王仿子

2012 年 2 月 9 日

十

久安老友:

大作收到,内容丰富,你把我国图书发行改革的历史都写下来了。今后有人写出版改革史,就得谢谢你。

还要谢谢你,把我也美言了一通。

关于发行体制改革,近来我想到这项工作没有做彻底,很遗憾。当年只解决了一个发行权问题,从"独家"手里拿回来归各出版社所有,没有顾及提高经营水平是一大遗憾。

全国一解放就学苏联,"一边倒"。把发行交出去,把出版社变成只是编辑出书的机构。社长由编辑兼,开会只讨论出书。人民出版社成立时,社长胡绳,副社长华应申兼总经理,设经理室,还有一个宣传科,专职为书与刊做广告。不久,华应申走了,经理室、宣传科没有了,因为不需要。新华的门市最讨厌书广告,读者拿着广告来买书,书店没有,岂不恼人。从此,出版社不为出版社的经营管理越做越好而奋斗。

以后,出版社只有抓出书的领导人,没有为改善经营负责的领导人。拿回发行权后,各社都安排了一个人管发行,可惜,此时已不再有善于经营发行工作的人了(中青例外)。

我到文物(出版社)以后,发现新华的订货很少,有些书在全国只有十来家书店订货,于是不得不在上海等地建立特约经销,在本市开门市部。可惜,年龄到了,接着去了版协。

在版协这几年,我虽然想到要加强发行,但没有采取措施推动这项工作。访问北欧四国时,对此有所触动,写了《北欧图书发行工作见闻录》。为了加强出版社的经营工作,又邀请讲谈社两次来华讲他们如何从事出书与贩卖。几年之后,又把这两次讲座的记录稿再一次整理,经王益与我分别注释后,由版协印发各出版社。可是得不到反响。大概各出版社不觉得这方面有什么问题。我想,这样的事,光有我一个人的见识,没有出版行政机关的推动,大概是不可能有大的改变的。

现在,我想写一篇加强出版社的经营性(把这个问题提到出版体制的地位)的文章,已没有精力了。奈何!奈何!

这封信写了两天,不能多写了。年龄不饶人!!!

敬祝安康并祝多写!

王仿子
2012 年 10 月 27 日

徐砚华嘱笔问候。

(原载《出版史料》2023 年)

写给王仿子同志的信

仿子同志：

您和砚华同志都好！

接到手书，感到非常高兴和亲切。您能写出这么小的字，说明手劲和眼力都不差。亲笔给我写信，并再次嘱咐我抓紧时间多写些回忆文章，我一定记住您的吩咐，努力去做。去年为了纪念开明书店成立 85 周年，我连续写了 25 位开明书店的编辑，其中包括章雪村、夏丏尊、叶圣陶、丰子恺、贾祖璋、徐调孚、顾均正、吕叔湘、宋云彬、钱君匋，一直写到解放前的张志公、张明养等。因为我想到历史上的开明书店虽然只存在 28 年，但它却对祖国的文化事业作出过不可磨灭的贡献。而今，这些为社会作出贡献的前辈们，绝大多数都走了。想起他们在解放前一次又一次的战乱中，为了帮助青少年提高文化、学习本领、认识大局、追求进步，不惜一切地以自己的学识，通过办书店，编辑出版了一大批对青少年有益的图书教材。虽然当年环境十分困难和险恶，但终于坚持到黎明。为此，我千方百计通过查找资料、走访前辈后代、回忆当年亲历等方式，把这些前辈的一些值得后人学习的事迹，每人写了 2000 字至 5000 字不等。在写作过程中，我牢记您给我信中说过的"要存真"的教导，对一些不大确实的事情宁可放弃，凡是写了的一定要经得起历史的考验。记得您在一篇文章中曾经提到，写回忆一类的文字,绝对不可道听途说,否则是对读者的误导,对历史的不尊重。

我写的这25篇文字,已陆续在我社内部小报《中青出版通讯》中发表了。有十多篇又在《编辑之友》中刊登;还有一篇《叶圣陶与开明书店》,经叶先生孙女叶小沫亲阅后,在去年第一期《中国编辑》发表。去年10月,我写了一篇《北京图书订货会25年》,近1万字,主要回顾了订货会25年来在领导部门关怀下,不断改革发展和不断与困难及干扰作斗争的事实,已经发表在《中国出版》第一期(2012)上。以上这些文字,如您和砚华同志看到以后,有什么不妥或不实之处,请告诉我,以便改正。

再一次谢谢您的关怀!祝健康长寿!

王久安
2010年2月15日

选题订稿校雠三　唯审唯精为指南

——学习叶圣陶先生对书稿质量的严肃认真精神

叶圣陶画像

1979 年,中国出版工作者协会成立的时候,叶圣陶先生曾亲笔题赠一首祝词,其中有这样几句:

哲文科技万千编,近岁书林远胜前。

犹有相隔闻叹息,从知供应待深研。

选题订稿校雠三,唯审唯精为指南。

能在胸中存读众,孜孜矻矻味弥甘。

印刷流行我最先,于今落后若干年。

急追机技宜兼重,切望同心紧着鞭!

这首祝词反映了叶老对我们出版界的殷切期望。今天,经过 30 多年的改革与发展,我国出版界已发生了很大的变化。出版事业一日千里,呈现出一片欣欣向荣的景象:年出 30 余万种图书,各类品种齐全;国际影响日益扩大,当年叶老关心的发行(供应)问题,经过"一主三多一少"的体制改革与实践,已基本做到货畅其流、物尽其用,买书难、卖书难的问题已基本解决;印装质量也已赶上世界先进水平,受到国际舆论的赞扬。但是不可否认的是,当前我国的出版事业依然存在着许多严重问题,令人焦虑。这里先不说传统纸质读物受到挑战,面临许多困难,需要认真对待,力求发挥自己优势,继续获得发展,当前迫切需要面对的是如何解决图书质量不断下滑的问题。选题重复浪费,三审制度不能严格执行,校对不被重视。书刊"无错不成书"的现象比比皆是。这些现象严重地影响了出版界的信誉,受到社会舆论的指责。当年叶老在祝词中提到的"选题订稿校雠三,唯审唯精为指南",在一些编辑的脑子里已忘记得一干二净。据说,有些出版单位对一些书稿已不通过三审,不经仔细核对原文就出版了,有的出版社连校对科也被取消。试问这些单位所出版的图书,怎能保证质量? 于是"无错不成书"的现象便日益加剧。今天,只要拿起一份报刊,翻开一本书,或者打开电视,就很容易发现错字错句,甚至还有严重的错误。这种现象多么可怕! 这个顽症如再不引起重视,任其泛滥,后果将不堪设想。究其原因,我以为不外乎三条:一是不少出版单位的编辑人员在市场经济条件下,为了追逐利润,不顾质量,竟一窝蜂地出版所谓"热门书",为了抢先上市,什么三审三校统统忘在脑后,于是错误百出的图书出现了;二是心态浮躁,责任心不强,遇到问题不去查核资料,一切想当然,这种心态没有不出错误的;三是为了完成发稿指标,东凑西拼,不顾质量,出一本算一本,奖金到手就好,管它有没有错,反正"无错不成书"已很普遍,不是他一个人的问题。这是严重不负责任的态度,必须彻底端正。

今天,我们来重温叶老教导,有着十分重要的现实意义。

叶老不但 30 年前提出了这个问题,新中国成立初期的 1950 年,他在当出版总署领导的时候,曾经作过一次报告,给我印象深刻。报告的题目是《希望大家用心提高出版物的质量》。他说:"认真检查书籍的内容,提高出版物的质量,要集合大伙儿的力量来干,编审方面的同志固然要特别留意,就是发行、会计等方面的工作同志,如果发现我们出的书内容有不当之处,就是一句话,一个字,也应该提出来。你不发觉我发觉,我见不到他见到,各方面的同志都能够这么做,我们出的书,质量就可以逐步提高了。"我是搞发行工作的,牢记叶老这一教导,直到现在,我还对中青版图书的质量十分留意,遇有疑点,就写信给责编,与之交流。

著名作家秦牧曾经写过一篇文章。他说:"我写的字素来比较潦草。我在重庆给《中学生》写过一篇稿子,听(开明)书店的朋友说,那

稿子也是叶先生处理的,他嫌字迹潦草,竟亲自代为誊抄了一遍。我听后又是惭愧,又是铭感。此事对我的教训很大。"叶小沫在回忆叶老教她写文章时说爷爷教导她:"一定要为读者着想,句子要通顺,意思要明确,抄写稿子的时候,一定要为排字工人着想,字要写得清楚,不要叫别人去猜想。"诸如此类的事例很多,恕不一一列举。叶老为什么一再提醒作者和编辑要重视这些细小的环节,就是为了防止由于小小的疏忽,造成书稿的差错,这样才能达到保证书稿质量的目的。新中国成立初期,毛泽东同志曾为全国出版会议题写"认真作好出版工作",我想也是这个道理。因为出版工作不同于其他事业,它出版的书籍影响到千千万万读者,十年百年之后还要起到作用,所以保证质量、避免差错,有着深远的意义。

叶老对图书质量重视,不仅多次这样说,而且自己也身体力行,从不放松。在他主持开明书店20年的编辑生涯中,曾主编了200多期的《中学生》杂志,审阅了1000多种图书,主编了100多种教材,这么多数量的书刊,今天如果检查起来竟无一本庸俗有害的读物,也无一本不合格的图书。有人说,想要找出开明版读物的错字,是很难很难的。这里更需要说明的是:正是因为在叶老严肃认真的要求下,开明版图书经受了七八十年的考验,现在《中学生》杂志仍在编辑出版,而且每期发行量高至百万份以上;原开明版图书至今尚在重印的不下百种;而当年叶老主编的《开明小学国语读本》,近年来得到多次重印,到今天仍得到学校老师和家长的欢迎。可见,当年在叶老带领下,开明的全体编辑出版人员,是多么尽心尽责地为千百万读者服务。这种优良传统是永远值得继承和发扬的!

(原载《中青出版通讯》2013年第19期)

叶圣陶在一九四九年

1949年,是叶圣陶先生从一位私营书店的总编辑转变为新中国首届政府官员的一年,也是他一生中最为忙碌、最为愉快的一年。

叶圣陶

听从党召唤　奔赴解放区

1948年底,叶圣陶在上海开明书店担任编辑的时候,一方面要负责编写新的中学国文课本,另一方面还要主编《中学生》杂志。此时解放战争正在激烈进行中,天津即将解放,国民党政权已摇摇欲坠,白色恐怖正笼罩着大上海。不久前,闻一多先生在昆明遭到特务的暗杀,为抗议国民党反动派,由叶圣陶、朱自清、吴晗等主编,开明书店出版的《闻一多全集》四卷本已公开发行,引起社会的强烈反响,叶圣陶因此时刻受到白色恐怖的威胁。中共中央为了保护爱国民主人士,曾数次通过地下组织劝说叶圣陶离开上海,并邀请他去解放区共商建国大计。叶圣陶因其母在沪放心不下,不愿离开上海。后经党的联络人与开明老同事为他妥善安排,叶圣陶遂下决心北上。

1949年1月7日,叶圣陶携夫人胡墨林与老同事傅彬然,在年轻同事卢芷芬、章士敫的陪同下,乘船悄悄离开上海,途经台湾,直达香港。在港与文艺、出版界好友夏衍、金仲华、宋云彬、徐伯昕、邵荃麟、陈原等会见,相互走访叙谈,心情十分愉快。在港停留期间,叶圣陶受到当地新老友人的热情招待,还会见了著名人士陈叔通、马寅初、包达三以及廖夫人、方方、潘汉年等人，并遍游港九名胜。但他最关心的还是解放战争和国共谈判进展的情况。他在 1 月 18 日的日记中，这样写道：

塘沽亦已攻下。长江北岸，国民党军几乎尽撤，南京政府尚会议纷纷，迄无应付之方。

1 月 20 日，叶圣陶又写道：

政府决定迁往广州，状至仓皇。江北之兵退至南京，散乱殊甚，必不堪战。

叶圣陶为解放战争的节节胜利、国民党军队的屡屡溃败而高兴。1 月 23 日，他在日记中写道：

北平和平解放已谈妥，政权交于共方，国民党军队于一个月后改编。此为局部解决开一先例。各地若能仿此，则可省若干无谓牺牲。

2 月 15 日，叶圣陶又写道：

国民党方面分崩离析，而皆无求和之诚意，各地咸作备战姿态。今日报载，上海白色恐怖复炽，又有开名单准备捕人之消息，相识者且有被捕者。铎兄迟迟其行，迄未见到，深为悬念。（这里说的"铎兄"，即指郑振铎先生——摘者注）

叶圣陶一方面为解放战争迅速取胜而兴奋，又为国民党无诚意和谈而气愤。

2 月 27 日，叶圣陶一行在港等待了 50 天之后，在中共联络人李正文安排下，与 26 位民主人士一起，乘船离开香港，其中包括柳亚子、陈叔通、马寅初、包达三等著名人士。为了隐瞒身份，大家都换成中式短衣，扮作船员。途中常有国民党海关巡警上船检查，都被一一瞒过。3 月 5 日，船抵烟台，上岸后正在午餐时间，忽遇空袭，据说是国民党空军从青岛机场飞来，企图袭击，幸未投弹。后经潍坊、天津等地，于 3 月 18 日安抵北平。叶剑英市长与一批知名人士早在站台等候了，互相见面，自然十分欣喜。但最令叶圣陶高兴的却是见到了久别重逢而又一度误传在国外病故的好友胡愈之，二人相见，不禁"欢自心发"。

叶圣陶和夫人胡墨林到了北平，被安排在六国饭店下榻。一个在旧社会生活了 50 多年的老知识分子，在国统区备受压迫惊吓，初到解放区，所见所闻，仿佛进了另一个世界。他看到解放军纪律严明，军民如同一家,官兵关系与国民党军截然不同。解放区这一片升平景象,令他感慨万分,遂又翻开日记本,吟起了不久前在船上所作的一首诗:

南运经时又北游,最欣同气又同舟。

翻身民众开新史,立国规模俟共谋。

篑土为山宁肯后,涓泉归海复何求?

不贤识小原其分,言志奚须故自羞。

这首诗此时此刻也正好表达了叶圣陶的心情与抱负。

工作日夜忙 千头又万绪

叶圣陶是我国著名的文学家、教育家和编辑出版家,德高望重,声名远播。到了解放区以后,几乎天天有党的有关领导和文教界人士前来探望,还有不少单位和学校请他参加各种大大小小的会议,或请他讲话,或请他参加筹备。而这中间,他认为只有编审委员会的事才是他的本职工作。但凡是前来请他参加活动的人都是真心实意,叶圣陶又是一位不善于推辞的人,一位年已56岁的老者,怎经得起如此繁重的负担,所以他给自己定了一条规矩,午饭后必须休息片刻,以调剂精神。但日子长了,自己还是渐渐感到身体疲惫。在日记中他常有这样的感叹:"入睡又十一时半矣","回寓已十二时,连夕迟睡,颇觉难支","今日甚疲矣","伏案竟日,亦复甚疲","疲惫不堪,早睡而休"等。日记中令人特别感动的一件事,是他在如此繁忙的情况下,居然还不忘要为解放区青年办一份类似《中学生》的新刊物。

心中有读者 创办新刊物

事情是这样的。4月11日这一天,胡绳、柳缇、傅彬然三人与叶圣陶一起议论,想给解放区青年办一份刊物,帮助他们提高认识、加强学习,以适应新时期要求。开明书店襄理卢芷芬也在场,表示全力支持,由开明承担印制任务。在谈到主编人选时,大家都说自己任务太重,不堪胜任,可找一位还无具体工作的人担任。事后,叶圣陶找到赵超构,他欣然同意。但叶圣陶仍不放心,认为此时人事变动颇多,以为先编几期当无问题,以后再行物色。谁知筹备刚开始,赵先生就被派去南下,

参加上海市的新闻接收工作。无奈，叶圣陶只好自己动手。虽然编委有十人之多。除几位发起人之外，还有茅盾、宋云彬、金仲华、周建人等，可是他们也都是忙人，只能出主意、写文章，要承担主编工作确有难处，叶圣陶只好勉为其难。刊物定名为《进步青年》，每月出版一期。创刊号还要求赶在5月4日"五四运动"30周年这个有纪念意义的日子出版。当时距此只有20多天。编委们共同讨论了刊物的宗旨和内容，提供了一批作者名单，各人也定了自己撰稿的篇目，分头去办，而主编一职就交给了叶圣陶。叶圣陶根据编委们的意见，撰写了发刊词和两篇"卷头言"，一篇是《加紧学习，迎接"五四"》，另一篇是《敬告在校青年》。设计版面和校对工作都是他和夫人胡墨林晚上进行的。到了5月3日这一天，刊物如期出版，叶圣陶总算松了一口气。他在这天的日记里写道："《进步青年》已印成，大家观玩，甚觉有味。"创刊号内容十分丰富，有茅盾、叶圣陶、胡绳、金仲华、胡愈之、钱正英、傅彬然、宋云彬、子冈、赵超构等许多名家的文章，读者反映强烈，受到舆论好评。不久，上海解放，创刊号便在上海开明书店重印。叶圣陶在5月29日的日记里写道："《进步青年》的投稿和投函已不少……欲请一人助理，而其人久久不可得。"于是他又负责编发了第二期，于6月份出版。

1949年8月，叶圣陶与编委们商量，鉴于上海已经解放，《进步青年》可与《中学生》合并，由《中学生》杂志主编张明养负责，仍在开明出版。大家一致同意。《中学生》出到9月，两份刊物就合并了，刊名就定为《进步青年》，在封面上加上了原名《中学生》字样。叶圣陶在8月19日的日记中写道：

"《进步青年》与《中学生》合并之事，于10日实行，移在上海出，余可以少一份心上之牵挂也。"

参加新政协　掌管出版署

自从《进步青年》与《中学生》合并后，叶圣陶身上卸去了一份重任，但接踵而来的是更加繁重的任务。此时全国大部分地区已经解放，新中国即将成立，新政协正在加紧筹备。叶圣陶的家也在这年 8 月 28 日迁到东四八条的一座四合院里。有了自己的家，一切也都安顿好了，却又带来新的不便，就是到编审委员会上班必须天天步行，步行得 20 分钟，"实感不惯"，只好乘坐三轮车上班。编委会的教材，叶圣陶承担了较重的任务，而政协的各种会议，如听周恩来的报告、讨论共同纲领草案以及政协本身的组织条例等，都必须用心记录，有的还要再三推敲。许多会议，事先还得先开筹备会讨论，然后再交全体大会讨论通过。叶圣陶是筹备委员，所以参会的次数要多些。政协经过多次会议之后，于 9 月 30 日代行人民代表大会职权，在全体大会上民主投票，选出了以毛泽东为主席，朱德、刘少奇、宋庆龄、李济深、张澜、高岗为副主席的中央人民政府和 56 名政府委员。在政府任职名单中，胡愈之被任命为出版总署署长，叶圣陶和周建人被任命为副署长。至此，三位曾在商务印书馆共事，又一起创办、帮助和支持开明书店的出版前辈，都正式成为出版界的最高领导。

（原载《出版史料》2014 年第 2 辑）

胆识、魄力与情谊

——章锡琛善待作者的故事

一

章锡琛

开明书店初创时期,资金很少,靠章锡琛本人被商务辞退的2000元退职金,二弟章锡珊历年积蓄和几个弟妹的资助,总共也就5000元,故有"兄弟书店"之称。1926年8月1日成立时,员工不多,有赵景深、钱君匋、王礼史、王燕棠、陈云裳、吴似鸿、索非、赏祥麟、韩希贤等,后来进进出出,总数不超过十个人。由于章先生为人豪爽,富有事业心,待人和蔼,大家相处融洽,亲如一家,除非有特殊情况,一般都不愿离开。章锡琛对待作者也十分友好、大方,在稿酬方面毫不吝啬,许多作译者都愿意把书稿交给开明出版。夏丏尊在来开明任职前,曾翻译了意大利作家亚米契斯所著《爱的教育》,交由商务印书馆出版,但商务对此书并不重视,出版后迟迟不在门市部上架。夏先生询问营业员,营业员态度十分傲慢,夏先生很生气,决定待合同到期就将该书版权收回,交由开明书店出版。章锡琛对此书十分重视,从装帧设计、用纸、推广方面投入不少人力物力,结果出版后一版再版,连印30多次。

二

开明成立后,章锡琛看到各大书店都靠教科书作为一大经济支柱,和同人商量后决定出版活页文选,方便师生教学。此举果然很受学校欢迎,一共出了1600多种。后又出了刘薰宇的《开明几何读本》、王伯祥的《开明国文课本》和周为群的《开明算术教本》,接着又请立达学园几位教师分别编写出版了算术、代数、几何、三角四种教材。这些教材编得比商务、中华版内容更加新颖,竟被学校广泛采用。

章锡琛很早就想出一套英文课本,曾去找立达学园的英文教师方光焘。方光焘一口答应,但因他担任的职务很多,迟迟未能动笔,章锡琛很着急。1927年,原在武汉任职的林语堂,因武汉政府垮台,被迫回到上海。他想编一套英语课本,托孙伏园找出版社联系。孙伏园先去找北新书局,但因林语堂寓居上海,生活无着,要求在编写过程中,每月预付300元大洋版税,北新书局不予同意。孙伏园又去找章锡琛。章锡琛深知林语堂旅居国外多年,必能编出一套与众不同的英语课本,在资金有限的情况下,居然拍板答应林语堂的条件。为此事,章锡琛还和二弟章锡珊吵了一架。林语堂有了稳定的收入,就开始编写英文课本。为了把课本编出特色,他找到丰子恺,请他帮忙在课文中增加漫画插图,并把封面也用漫画设计,他愿意从版税中提出2%答谢丰子恺。

林语堂编好第一本英语读本后,交开明出版。章锡琛很高兴,把书名定为《开明第一英文读本》,从用纸、印刷、广告各方面不惜工本。1929年出版后,果然一炮打响,把当年已在各地中学盛行的商务版《英语模范读本》压了下去。因为林语堂在课本中运用许多文学故事,语文和语法又密切结合,又加上丰子恺的许多漫画插图,引起师生的学习兴趣,就纷纷采用开明版的英文读本。接着,第二、第三读本很快出版,使开明名利

双收。当然,林语堂本人也获得了相当数量的稿酬。

三

20世纪30年代初期,有位教师朱起凤,以毕生精力编纂了一部工具书《读书通》,想找一家大出版社出版。他先找了商务印书馆,商务因已出了一部《辞源》,怕影响《辞源》销路,婉言拒绝;又去找了中华书局,中华书局一看原稿,觉得僻字太多,另铸铜模成本太高,也不愿接受。朱起凤又托人找了另一家书店,那家书店愿意出版,但稿费实在太低,令朱起凤无法接受。朱起凤又托人找到开明书店。章锡琛本来就想出一部大型工具书,好与商务、中华并驾齐驱。他便告知介绍人,请朱起凤亲自来开明协商稿酬和出版问题。事先他曾与夏丏尊、叶圣陶、王伯祥三人议论过,大家都表示同意。朱起凤来到开明,章先生告知他,虽然书里僻字很多,但他会不惜工本完成。在稿酬方面,他提的意见令朱起凤不敢相信,竟以高价买断版权。朱起凤十分高兴,连连向章锡琛鞠躬,表示感谢。就这样,开明也就有了很有分量的大型工具书。章锡琛在出书时将其改名为《辞通》,销售情况很不错。

四

1935年6月18日,我党早期领导人瞿秋白遭蒋介石反动派杀害。瞿秋白生前与鲁迅很要好,鲁迅曾书赠瞿秋白一联:"人生得一知己足矣,斯世当以同怀视之。"两人的友谊,可见一斑。

在瞿秋白被枪杀时,鲁迅也已在重病之中,听到瞿秋白的死讯,引起他巨大的悲痛,更加重了他的病情。他知道瞿秋白有许多作品,散见在各报刊上,要把它收集起来,编一部《海上述林》,在收集过程中,他以200元代价,向现代书局赎回了两部作品,抱病进行《海上述林》上卷的编辑工作。上卷完成后,他想到只有开明的章锡琛才敢帮忙排版,因为瞿秋白身份特殊,只能秘密行事,倘被当局发现,排版者就有生命危险。鲁迅找到章锡琛,章先生出于对瞿秋白的同情与敬仰,一口答应,即将稿子秘密交自己管辖的美成印刷所去排版。为了保密,章锡琛派自己的长子章士敏负责亲手排版,不让他人插手。《海上述林》上卷排好打成纸型后，又不敢在国内出版，鲁迅就亲自把纸型送到上海内山书店，请好友内山完造到东京去出版发行，自己抱病又进行下卷的编校工作，并按照上卷的程序顺利完成。收到东京寄来的样书后，鲁迅分别赠送章锡琛、夏丏尊、叶圣陶、徐调孚、宋云彬等曾经出资赞助排版费的朋友，同时还寄给时在陕北的毛泽东和周恩来精装本各两册。

五

太平洋战争爆发后，日寇占领了上海租界，章锡琛、夏丏尊还被日本宪兵队逮捕，要求他们为建设"大东亚共荣圈"服务。章、夏二人坚决拒绝，表现了坚贞不屈的爱国精神。后经内山完造从中斡旋，才得出狱。夏先生本来年迈体弱，在狱中备受痛苦，抗战胜利后第二年就逝世了。

六

1944年末，抗战胜利在望，日寇变本加厉，在上海查禁爱国进步图书，开明版茅盾所著《子夜》也在查禁之列。章锡琛为了使这部名著能在内地继续出版发行，便决定派人秘密把纸型送到内地去出版。但从上海到内地，要穿过日寇的几道封锁线，倘被发现，携送者就有生命危险。章锡琛几经考虑，还是找到一位可靠而又机灵的熟人黄某，并雇了几名工人，组成小分队，乔装打扮，看上去既像小商贩，又像难民模样，分别携带章先生为他们用布或被子包好的纸型和全套铸字铜模。

到了杭州检查站，黄某买通了当地汉奸地头蛇，顺利过关。随后他们又在一个小村庄里寄宿，选择一个迷雾漫漫的天气，在江边雇了一只小船，趁日寇巡逻艇开过之后，小船顺利通过封锁线。到达内地之后，小分队转辗到了浙江富阳、桐庐、建德、淳安。经过江山时，在江山开明分店停留了几天，然后再乘汽车到达目的地——福建武夷山下的崇安赤石开明分店。此时，当地分店已接江山分店电话，在当地购买了一批上等土纸，纸型一到，就开始在印厂开印，很快印装了数万册，并分运到各地分店，使章锡琛老友茅盾的这部伟大作品，能在内地大量发行。

七

章锡琛对在沪作家家属也十分照顾，不时送点稿费给他们渡过难关。著名翻译家楼适夷回忆说，他在开明出过高尔基的几本翻译作品，开明"都定期按时由书店送版税给我家属，使我在战时流浪中，还能照顾一点家人"。"其实，很多大小书店欠版税、赖版税的现象很普遍，照我的经历，主动给我送来版税的似乎只有开明一家。"他又说："我对开明没尽过什么力量，但开明对我的帮助很大。我写自己身受的经历，不过一个小小的例子，很多和开明打过交道的作家，都会记得开明是怎样对待他们，对开明存在永远难忘的亲切的印象。"（见《我与开明》第53、54 页，中国青年出版社 1985 年 8 月出版）

以上只不过举了几个例子。作为出版家，章锡琛一生从事编辑出版工作，由于他有胆识和魄力，并善待作家，他所交朋友无数，很多作家都愿意把作品交给开明出版，或者推荐给开明，这也许是开明发展壮大的重要原因之一。

（原载《中青出版通讯》2021 年第 15 期）

周先生永远是我学习的榜样

——纪念周振甫先生诞辰 100 周年

我与周振甫先生相识半个世纪,同事 20 多年,又是 30 多年的邻居,他夫人张韫玉和我爱人同为南方人,又一度成为中国青年出版社同事,并引为知己。因此,我们两家关系十分密切。

新中国成立不久,开明书店为了申请公私合营,在出版总署引导下,把总店迁到北京,在西总布胡同甲 50 号设立了总管理处。1953 年 4 月,开明书店与团中央所属青年出版社合并,成立中国青年出版社。周先生在新机构中被分配在文学编辑室古典组工

周振甫

作,我在总编室的稿件科,负责编制选题和出版计划,并和新华书店的发行所联系发行工作。由于工作上的关系,我经常有机会和周先生接触,受他教益匪浅。在开明迁京的两三年间,由于领导的重视,我们当年还是 20 多岁的青年职工,每周都要上几天课,请周振甫和王伯祥两位先生给我们讲古文和语文。我在这些青年同事中文化水平最低,只有高小毕业的文化,就是靠了这几年周、王二先生的帮助,才逐渐提高了语文水平。

好学上进，考进开明当校对

周先生年轻时学历也不高，只读过一年的无锡国学专修学校。但由于他好学上进，课余读了许多古书，所以学识丰富。他的邻居徐调孚先生，当年还是商务印书馆的编辑，得知开明书店要招考一名校对，便把周先生推荐给开明。在应试那天，开明的"考官"出了一道难题，要求考生为宋朝诗人陆游的《老学庵笔记》断句。周先生断得非常准确，被录取，当上了朱起凤编的一部300万字的工具书《辞通》的校对。经过两年努力，《辞通》顺利出版。在编辑校对过程中，编译所所长夏丏尊和叶圣陶、王伯祥几位长者，都对周振甫这位优秀青年刮目相看，认为他国学基础扎实，好学上进，工作认真，很有培养前途，便时时关心他的成长。不久，王伯祥先生要编一部篇幅更大的《二十五史》，便与夏、叶二先生商量，希望派周先生和另外一名青年卢芷芬（王伯祥后来的女婿、周先生的同学）一起做他的助手。得到夏、叶二先生同意，周先生便又获得了一个极好的机会。按照王伯祥先生的编书计划，是要把原来的"二十四史"加上民国时期新出版的《新元史》合在一起缩印，并为每部史书加上参考书目，包括该史书的主要版本及相关的重要著作，一律附印在正文之后。他的这一独创，受到夏、叶二先生的支持，老板章锡琛也答应从经济上给予支持。经过不到两年的努力，一部印制精美的《二十五史》新版本终于问世，由于它的价值，立刻引起出版界关注，郑振铎还对它作出高度评价，称之为开明的"扛鼎之作"。

《二十五史》出版后，周先生和卢芷芬又接着协助王伯祥先生编辑了一部《二十五史补编》，这部书工程更大，收入书中的书志、表谱、注释、考订、校勘等凡145种，8800多页，1400万字。此书出版后，周先生又与卢芷芬合作，在开明出版了一部《二十五史人名索引》。

至此，周先生经历了长达四年的编校生涯，得到了绝好的学习锻炼机会，学到了不少文史知识和编校出版技能，也学到了夏、叶等老一辈编辑家的严谨作风，使他终身受益。

认真编书，继承前辈好传统

1935年之后，开明因出版教科书和有价值的史书工具书，名声大振,经济实力也大为加强,名列当年的"四大书局"之一。它所出版的《中学生》杂志,以及一大批青少年课外读物,更是有口皆碑。光是《爱的教育》一书,就连续印了30版。此时,周先生也能独立承担编辑工作,成为开明的后起之秀。他责编的许多历史语文方面的书籍不断重印,自己也开始写书,不愧为夏丏尊、叶圣陶、王伯祥培养出来的优秀编辑。

1937年,抗日战争全面爆发后,开明上海总店,包括经理室、编译所、货栈和印刷厂,以及印好待发的大批图书、纸张,统统被日寇炮弹击毁,损失惨重。大部分员工,只好迁往内地,去继续经营;周振甫与夏丏尊、王伯祥、章锡琛、顾均正、徐调孚等一批老编辑,被留在上海,继续出书,供应内地。经过留沪和内地同人通力合作,特别是一批去内地的业务人员,以超常的经营思想,利用上海运去的纸型,在当地购进一大批土纸,用于印刷教材,既满足了当地战时教学的需要,也挣到了大量的利润,使开明在内地站稳了脚跟。

1942年,太平洋战争爆发后,上海成为孤岛,与内地通信隔绝。在这三年期间,周先生与夏先生等在日寇铁蹄下,过着非人的生活。日寇先是威胁,后又利诱,夏先生等不为所动。为了抵制日寇,夏先生决定关门编辞典,准备胜利后出版。他自己也决定编一部《夏氏字典》,请周先生做他助手,为他收集词条。可惜《夏氏字典》只编了一半,夏先生终因长期处于吃喝不能按时,上班交通拥挤而劳累过度,体力消耗过大,以致身患重症,一病不起。抗战胜利不到一年,就与世长辞,周先生为此十分痛心,曾在开明书店一份内部刊物《明社消息》上发表过一篇长长的回忆录,对上海沦陷时夏先生等人受尽磨难的情况,作了详尽的叙述,对夏先生的为人极为称道。

勤奋读书,绝不虚度寸光阴

周先生一生勤奋好学,他给我一个最深刻的印象,是孜孜不倦地读书。当年中青社在东四十二条四合院里办公的时候,每天中午休息两小时,我们一些年轻人要么在院子里打羽毛球,要么在走廊下象棋,只有周先生一人总是站在工会阅览室门口,一动不动地看书。有人问他怎么不睡午觉？他总是回答因为自己打呼噜，而且打得很大，会影响别人休息。

淡泊名利，一生谦虚又低调

周先生为人谦逊、低调，凡是和他接触过的人，都有同样的感觉。他虽学识渊博，却从不夸耀，也不外露。与人谈话，总是虚心地先听人讲完。然后才小声地发表自己的看法。我没见过他高谈阔论，也没看到过他发脾气，留在我心中的总是一副笑眯眯的样子。他在中青社时曾编辑过一批高质量的文史普及读物，如《毛主席诗词讲解》、《古代白话短篇小说选》、《鲁迅选集》、《唐宋词选》、《史记选讲》、《历代文选》、《文学的基本知识》、《神话故事新编》等，其中有的印数曾达百万册以上，对青年读者起到很好的启蒙作用。他还利用业余时间写作了《诗词例话》、《文章例话》、《小说例话》。其中《诗词例话》出版后连印九次，印数达到67万余册，还被台湾一家书店请周先生增补出版增订本，可见其影响之大。他曾在20世纪50年代编写过一部《中国古典文学名著题解》，出版时他认为是在工作时间作为任务编写的，坚决不署自己的名，也不收稿费。此书编写时间很长，当然查找资料和编写修改时间不完全都在工作时间，但他认为不能分得那么清，所以坚持在编者栏内写了"本社"二字。他一生淡泊名利，当了60年的编辑，除了职称是编审，从不担任一官半职，也不在某个协会挂名，以当一名普通编辑为荣。

坚持真理，敢与错误论是非

我是近几年来从黄伊和张世林写的文章中见到的。周先生为了搞清楚《文心雕龙》中一个疑问，竟不惜花费大量功夫，查遍所有古籍资料,终于发现被嵇康之子嵇绍隐匿了 1000 多年又瞒过了古今一大批学者的眼球,把当年吕安写给嵇康的信,因为避祸故意写成是赵至写给嵇绍的。周先生这一发现,更体现出他对任何人的错误都要寻根究底地给予纠正,是十分难能可贵的!

著作等身,众人支持出文集

1997 年的某一天,中青社老同事来中青宿舍看望大家,周先生也在场。大家谈到周先生写了许多好书,应当出版一部文集,周先生立即谦虚地表示,他的书已印得很多了,出文集不会有销路,出版社要亏本的,他要大家不要再讲这件事了。事后,黄伊还真为周先生出文集的事张罗开了。他一连写了几封信,大都是写给从中青社调到外地出版社去当社领导的同事,另一封写给时任新闻出版署署长的于友先同志。信发出后,黄伊就一直等着好消息传来。过了一段时间,果然有位同事回了信,告知当地有一家实力雄厚的出版社愿出周先生文集,但要周先生向过去出过书的单位声明:以后不再重印他的作品。黄伊先是一阵高兴,接着便心里凉了半截,只好把事情转告周先生。周先生一听连连摇头,他表示宁愿不出文集,也不会去向人家开这个口。这事就搁了浅。

过了几天,黄伊忽然收到于署长的回信,说:周振甫先生是出版界的前辈,对出版事业做出了很大贡献,出版《周振甫文集》是一件很有意义的工作。署里已研究决定,将该选题列入“九五国家重点选题规划”。并说,如在出版工作上有困难,可找图书司,当会积极支持。黄伊喜出望外,连忙把这好消息传达给我。我想周先生原是开明和中青社老编辑,也许中青社会考虑这件事,便马上和总编辑陈浩增打了电话。陈总回答得很干脆,他说:“周先生许多著作以前都在中青社出版,又是中青社老人,文集应当由我们来出。”但他又说要和胡守文社长商量一下,再回答我。过了不到半小时,陈总来电告我,胡社长已同意,文集编辑出版工作马上可以进行。至此《周振甫文集》出版工作有了归属。中青社办事一贯雷厉风行,立即指定总编室主任又是优秀青年编辑的刘艳丽担任责编。经过与周先生所有著作的原出版单位友好联系,征得同意,在周先生配合下,作了修订补充。不到一年时间,一部十卷精装本的《周振甫文集》终于在中青社出版。

上面我写了周振甫先生一些事迹,无论是勤奋学习、认真工作、淡泊名利或实事求是,他都是我学习做人的榜样,值得自己学习一辈子。

(原载《想念周振甫》,新世界出版社 2011 年 10 月出版)

想念周振甫先生

周振甫先生逝世 20 周年了。我最不能忘怀的是他的为人。

1949 年 1 月，我从南昌开明书店分店调到上海开明总店，住在开明新建的宿舍——开明新村。这里不但有一座纪念夏丏尊先生的"怀夏楼"，还有家属宿舍

周振甫

十余间，另有四五间专为练习生居住的集体宿舍。集体宿舍中有后来调到北京的洪光仪、庄似旭、夏启德、李裕康、张思杰和我，其他的十多名都并到新华书店去了。

开明为了培养练习生提高文化和业务知识，专门办了学习班，每周两次，都在业余时进行，讲课的老师都是开明的老编辑，以王伯祥、周振甫先生为主。这时，我才开始认识周先生。

1950 年，开明为了争取公私合营，在出版总署授意下，将编译所和经理室全体人员迁到北京，在西总布胡同甲 50 号设立了总管理处，我便随着来到北京。1953 年 4 月，开明与青年合并成立中国青年出版社，周先生和李裕康被分配在文学编辑室，而我则在总编室的稿件科，负责书稿的登记运转、计划、版权和发行工作，与各编辑室关系比较密切。周先生在我的印象中，除了工作，很少与人说话，一头埋进工作里，下班之后就骑着自行车回家，晚上除了看新闻和读报，就开始工作或读书。他女婿徐名翠曾说："周先生在大楼中是全楼最晚熄灯的，又是最

早开灯的人家。"周先生每天只有四至五个小时睡眠时间,中午也不休息,但精神一直很好。他把时间都用到工作和学习上去了。

周先生学富五车,但为人十分谦虚,凡是和他接触过的人,都会感到他真是一个谦谦君子,说话很和气,一点没有文人那种傲气,无论去请教他什么问题,他都会热情地给予答复,直到对方满意为止。听说有位福建师大教授邹光椿,写信对周先生所著《中国修辞学史》一书提出批评,周先生见信后立即详详细细地给予答复,既对提出意见表示感谢,又把问题解释清楚,这种虚怀若谷的态度,让这位教授十分敬佩。这类例子很多,我社原副总编林君雄曾在一篇文章中说道,他和周先生同住一个单元,每次在阅读古文中遇到不甚明白的问题,就去向周先生请教,周先生从不感到厌烦,总是认认真真地加以答复。

一次,文学编辑室编辑黄伊问周先生:"您最崇尚的是什么?"周先生笑眯眯地答复:"为人最重要的是做到实事求是。"周先生不仅是这么说的,也是这么做的。20世纪50年代中期,著名诗人臧克家交给出版社文学编辑室一本《毛主席诗词讲解》的稿子,希望编辑室请一位专家进行注释,然后由中青社出版,室主任江晓天就把这一任务交给了周先生。这时,臧克家编的《诗刊》已经发表了毛主席的18首诗词,轰动

了全国,青年读者迫切需要看到这些诗词的讲解和注释,中青社认为出版此书正是时机。周先生知道读者心理和社领导的急切期盼,便夜以继日地加紧工作,凭着自己渊博的古文知识,并查阅了大量资料,很快完成了注释任务。还在书稿中发现了两处错字,一处是《沁园春·雪》里有一句"原驰腊象",周先生认为这"腊"字应为"蜡"字才对,另一处是《菩萨蛮·黄鹤楼》里的"酎",应为"酹"。但这两处,都是毛主席原文中写错的。为

了对读者负责,他还是向臧克家提出,臧克家十分佩服周先生这种实事求是的精神,立即加以改正,使得这本讲解完美无缺,保证了质量。这件事使我也受到教育。

周先生不但学识丰富,对政治也十分关心,他是老开明同人中最早入党的少数人之一,时刻关心国家大事,并敢于和一切错误行为作斗争。1967年,社会上刮起了"夺权"的风暴,中国青年出版社印刷厂一批狂妄分子,打着向走资派夺权的旗号,来到出版社夺权,他们把党组三位书记边春光、胡德华、张宇押持到大饭厅,并令处级以上干部陪绑,高呼"打到边张胡"、"向走资派夺权"、"工人阶级领导一切"等口号,还把胡德华同志剪了个阴阳头。就在喧嚣之际,饭厅后排一位同志站了出来,高声说道:"工人同志们,你们这种做法是完全错误的,是违反毛主席教导的!"大家回头一看,竟是平时不爱说话的周振甫先生。他的这番话,博得了全体中青人的欢呼和掌声,印刷厂工人不知所措,也不敢难为周先生,只好狼狈逃窜。周先生的人格魅力由此可见。

周先生心地善良,助人为乐。两社合并初期,出版部主任徐调孚先生家里有一位保姆,她儿子在外地工作,经常写信或汇钱给老妈,老妈不识字,由徐先生帮着看。后来儿子不幸去世,噩耗传到徐先生耳里,徐先生怕老太太难以接受,便与周先生商量。周先生出了个主意,每隔一段时间给老太太写一封信,告知平安,或汇一笔钱给老太太,所以老太太一直以为儿子还活着。这样,就一直做到老太太去世,徐先生一家十分感谢周先生。

我与周先生一家十分要好,周先生是我业余讲课的老师,从开明到中青,一直为师。他夫人张蕴玉为人和气直爽,与我爱人朱玉英性情相近,又是多年邻居,往来密切,周先生所有家务都由张蕴玉承担,让他能专心工作,做学问。周先生对自己要求十分严格,不许家里向出版社要求增加房子,他全家五口,只住一套两室一厅,周先生的书房就占了一间,自己只好住在书房里。他的书很多,架上地上基本堆满了,一直未向社里开口,后来调去中华书局,天天坐班工作,局里规定上下班可以用车接送,他却一次都没用过。后来因病去医院,才由张蕴玉出面,向局里要了一辆公车去医院。从这些小事中,我们也可以看出周先生的为人。

现在周先生离开我们已经 20 年了,我们要好好继承他这种孜孜不倦的学习精神和一心为公、两袖清风、兢兢业业的工作作风!

(原载《中青出版通讯》2021 年第 6 期)

学习叶至善同志对出版事业的奉献精神

叶至善同志是 1945 年 8 月抗战胜利后,在成都参加开明书店工作的。此前,他曾在当地一家中学教书。父亲叶圣陶先生正在主编《中学生战时半月刊》,刊登时事和文化知识,很受读者欢迎。不久,叶先生接受开明老同事建议,把已停刊了的《开明少年》复刊,叶老忙不过来,叶至善利用教学业余时间帮助父亲编刊。开明经理就任命叶至善为《开明少年》主编,于是他辞去教师职务,专心致志编辑刊物,先后出版了 6 期。

叶至善

抗战胜利不久,大批在重庆编译所和发行部的开明同人先后返回上海总店。在成都的叶老及其家属也乘船返回上海,但因交通不便,路上竟走了一个半月。从此,叶至善便一直在开明主编《开明少年》,直到新中国成立,连出 65 期。

1950 年,开明书店同人向往党的直接领导,由董事会具文向中央出版总署申请公私合营,署长胡愈之,副署长叶圣陶、周建人和编审局处长傅彬然,原来都是老开明的朋友和同事,很快批复,表示同意。但因当时国家资金不足,而开明尚可维持,决定先进行公私合作,派人参加开明业务委员会,加强对出版工作的领导。不久,出版总署与团中央协商,鉴于开明过去一直着重出版青少年读物,建议开明与团中央所属的青年出版社合并,中宣部副部长胡乔木也十分支持。经过筹备,1953 年 4 月两社正式合并,成立中国青年出版社。合并之前,《中学生》杂志已由双方派人复刊,叶至善是主编,青年出版社派刘重任副主编,二人在工作上配合默契。叶至善十分高兴,逢人便说,我们《中学生》有"政委"了。

两社合并前,出版总署已开过第一届全国出版会议,实行出版发行分工,期刊由邮局发行,图书由新华书店总发行,出版社只管出版。因邮局遍布全国,网点更多,《中学生》又是名刊、老刊,在全国影响很大,发行量大大增加。叶至善就一直在中青社主编《中学生》杂志,1953年6月还被选为第二届全国青联委员。

1956年前,全国只有一家少儿读物出版社,即设在上海延安西路的少年儿童出版社,它原是新中国成立前的一家私营儿童书局,新中国成立后经人举报是官僚资本,遂被团中央接管,改为少年儿童出版社,由宋庆龄副主席题名。1956年,团中央在北京成立中国少年儿童出版社,任命叶至善为首任社长兼总编辑,《中学生》杂志跟着归中少社出版。而上海的少年儿童出版社随即划归上海出版局主管。

1960年,中少社又创办了全国唯一的少儿科普期刊《我们爱科学》,由叶至善主管。直到今天,《中学生》和《我们爱科学》两个刊物都成为大刊,每期发行量都在百万份以上,成为中少社的经济支柱。

1958年,团中央任命刘祖荣担任中少社社长,叶至善为副社长。叶至善一向淡泊名利,从不计较职位高低,照常积极工作。他主管的《我们爱科学》月刊,曾获中国少儿优秀报刊金奖,享誉全国。他还专心培养青年编辑和青年作家,《我们爱科学》的编辑郑延慧就是他一手培养起来的,能在编刊上独当一面。

20世纪60年代初,少儿文学编辑室收到一部青年作家孙幼军的《小布头奇遇记》,叶至善初审以后,认为是一部难得的优秀童话,便亲自进行审读,还把厚厚的一捆原稿,骑自行车带回家里,让女儿小沫去看。谁知小沫一上手就放不下了,连饭都顾不上吃,叶至善心里有了底,便决定出版,自己还花了很大功夫,与作者联系修改。为了使内容更加生动丰富,他特地约请《中国少年报》的漫画家沈培给这本书绘制插画,封面装帧设计也非常精致。《小布头奇遇记》出版后不断再版,成为一部畅销不衰的少儿童话书籍。

叶至善一向重视图书宣传工作。他在老开明工作时,自己编辑的每一本书,都要写一篇广告词,刊登在《中学生》《开明少年》或同类书的空页,作为补白,效果很好。他在自己的著作《我是编辑》一书中,专门有一篇《我做广

叶至善

告》的文章,写了自己做广告的方法和体会。他是这样写的:"开明书店出版的每一本书,都有一段现成的广告词。大多由负责这本书的编辑撰写,也有作译者自己写的,一般都生动扼要,不落俗套。"有一本科学童话《乌拉波拉故事集》,叶至善这样写道:"我是很喜欢这本书的,也适合给少年去读,在《开明少年》第一期上,我就刊登了这本书的广告,用的是原来的广告词……很能打动读者的心。"最后两句说,"这是一部真正的科学童话,是科学和文艺化合成的结晶体。用包了糖衣的奎宁丸来比它,还嫌不够确切,他是蜜渍的果脯,甜味渗透了一切。""对这本书做这样的评价,一点也不过分。"读者在《开明少年》看了这则广告后,纷纷要求家长去买这本书,一时成为十分畅销的少儿读物。直至不久前,竟还有某少儿读物出版社写信来向我,希望告知《乌拉波拉故事集》译者顾均正先生家属的联系方式,准备重新与其签订出版合同,可见广告效果之好。

叶至善做广告是继承了父亲叶圣陶先生的优良传统。叶老在编辑岗位上日理万机,但仍抽出时间来为所编图书做广告。1988 年,上海三联书店还专门出版了一本《叶氏父子图书广告集》。

退休以后,叶至善先后把自己的编辑经验结集出版了两部经典读物,一部是 1998 年由中国少年儿童出版社出版,另一部是 2000 年由本社出版的《父亲的希望》,两书共收集了 174 篇总结自己从事编辑生涯经验的文章,为后人提供了宝贵的财富。他还用了很长的时间,编辑了 24 卷《叶圣陶全集》,自己还应江苏教育出版社之约,撰写了《父亲长长的一生》,收入《叶圣陶全集》。

叶至善在五七干校

凡是读过《叶圣陶叶至善干校家书》的人，无不为其父子博大的胸怀和真切的亲情所感动。当年一家七口，分成六处：叶至善下了干校，其子女分别去到山区或农村插队，家里只剩下叶圣陶先生和儿媳满子两人。原来的秘书和司机都被分配走了，只留下一位自己雇用的保姆帮助照料家务。叶至善的大儿子三午在京劳动，还经常因病回家来服药。一家生活上的困难可想而知。但即使在这样的境遇下，叶老父子却都以平常心面对这一切，还以极大的毅力每周坚持通信。从去干校到回京工作，三年有余。

团中央五七干校设在河南潢川县的黄湖，这里原是一个国营农场，因地势偏低，每年夏秋之交，总要发生水灾。当地农工住在黄湖湖底（后来成为中国青少年出版社所在的七连），他们不做长远打算，家里没有一件值钱的家当，只买点过日子的生活用品，一遇洪水冲来，男工便挑起一副担子，把小孩和衣被一起挑走，女工即拖着大一点的孩子一起逃离湖底，去找场部为他们安排的避难场所。后来农场迁走，黄湖成为团中央干校。我们刚到干校，正逢春耕季节，大家在几位农场留下来的农工师傅指导下，把水稻全部种下。到了七八月份，堤外白鹭河潮水猛涨，并冲破堤岸，直奔七连连部，那时全连200余人受命撤离，只留下会水的七八个人作为看守人员，我也在其中。大家把两张木床叠在一起,使之抬高,晚间躺在上面,万一洪水水位升高,也不会被淹。但是夜晚四周一片黑暗,只听得湖水冲打房屋之声,大家不敢大意,互相关照。这样过了几天,最后连部下令全部撤走。可见洪水十分可怕。

初到干校,叶至善就被分配到放牛班。全连共有 21 头牛,多为水牛,还有一匹拉车的小毛驴,都归放牛班管理。放牛班只有五六个人,除班长以外,都是些老弱妇残。叶至善当年已 50 出头。算是强劳动力了,面对任务重、劳力少的现实,叶至善总是把最脏最累的活抢在头里。

放牛班的任务是为大田班服务。那时机械化程度很低,犁耙等重活大都要靠牲口承担,一到春耕秋收季节,放牛班简直忙得不可开交。他们每天起早贪黑,要把这 20 多头牲口养壮,随时供大田班使用。当年我在七连食堂做饭,在我的记忆中,凡是大田班的劳动,尚有季节性的调休时间,唯独后勤像养牛、养鸭、炊事班等,得天天干活。其中放牛班一年 365 天,每天从早到晚,劳务都是排得满满的。而叶至善还要经常抽出时间与父亲和子女通信,因此在放牛班里,他又是最忙最累的了。但叶至善总是把干校劳动看作学习锻炼的好机会,把重头活件件抢在头里去干。最令人感动的是,他不但把养牛的任务完成得很出色,而且还十分爱护牲口,想方设法改进养牛工具。他看到传统的穿牛鼻子用的铁器容易把牛鼻子勒破,就研究改用树杈代替。当他把这一创新告诉父亲时,叶老去信大加赞赏。

最近读了叶至善著的《父亲的希望》一书,发现有一首他回忆干校生活的五言诗《黄堰夜牧》,很有意思。确如作者自己所说,是从生活中来的。诗云:

春耕不失时,犁耙无休歇。
登垄望牛归,牛归日之夕。
曳犁踯躅行,汝其饥且渴。
饮汝柳树塘,食汝黄堰侧。
黄堰草初长,蓁蓁不盈尺。
春草如春韭,焉足供大嚼。
俄顷新月落,四野向昏黑。
但闻龁草声,札札何自得。

读完此诗,当年黄湖夜景和放牧人对牛的爱惜之情,跃然纸上。诗中描绘了春耕时节的景象:

为了不失农时,地里的活都得抢着干,我们绝大多数五七战士过去都没干过农活,在留校的几位农工师傅指导下,大家从头学起,在冰冷的水田里拔秧插秧、犁地耙地,还要和可怕的水蛇、蚂蟥周旋。此时放牛班的任务就会更加繁重:早上要比大田班同志起得早,为的是先把耕牛喂饱,然后赶快把牛牵出棚外,一一交付使用;随即清理牛粪,搞好环境卫生,少顷才洗脸洗手到食堂打饭。我们炊事班的同志都知道放牛班来得较晚,总是把饭菜焖在锅中,让他们吃得热些。刚到干校一年,连部住房不够,大家拉来砖块,盖起了一排排的"战备房"。大田班人员陆续住了进去,房小人多,虽然很挤,但总比开始一大间几十个人住通铺要宽敞多了。唯独放牛班人员有点委屈,只好和牛同"住"在一起。一个大牛棚,20多头牛,人牛同居,虽然棚子四面通风,但仍充满牲口的气息和牛粪牛尿的臊味,真够人受的。叶至善他们却任劳任怨,

1970年4月,叶至善在河南潢川黄湖五七干校放牛(宋祖廉摄)

一直住了下来。为什么不另搭住房？因为牛棚里这么多牛，晚上都要分别牵出去给它们放尿，免得棚内灌成池塘，住在外面无法听到牛要撒尿的动静。至于白天锄草包"豆包"的任务，更是一桩繁重的体力劳动。试想每头牛干了重活之后，食量大增，仅靠草地上的青草，远远不足供它们填饱肚皮。"豆包"是用稻草和黑豆包成的饲料，牛最爱吃，但工作量却很大，每天必须得包上几百个才够20多头牛食用。

这首诗只不过讲了夜间放牧的场面，没有写到平时棚内外的劳动情景。然而即使这样，我们也可以从诗中感受到诗人爱惜牲口的生动画面："登垅望牛归"写出诗人爱牛之心切，希望它能早些完工归来，好饱饱地喂它喝水吃草，得到休息；但农事太忙，每天都要忙到太阳下山，大田班收工了，牛才能回来。这时的牛又饥又渴又累。诗人见到牛都回来了，便赶快去把它牵到塘边喝水，喝足了再牵到黄湖堤边吃草。这个季节青草刚出土，很鲜很嫩，牛吃得很开心，可是胃口太大，大口大口地吃，一直吃到月亮下去了，牛还未吃饱，诗人只好在昏黑的草地上陪着它。只听到牛吃草发出的札札声，人和牛都会产生一种悠然自得的心情。

叶至善说，这首诗在写成前，曾抄给其父叶圣陶征求意见，叶老认为写得很好，很有生活气息，并且给他提了几条建议，叶至善——作了修改，便成了现在的样子。

我在黄湖五七干校大部分时间是搞后勤工作，曾在七连和校部以及干校子女学校做过食堂管理工作，也一度参加大田班劳动。读了叶至善的这首诗后，仿佛又回到了40年前的这段生活，特别是对叶至善同志这种博大胸怀感到敬佩，特写下这篇感想以志纪念。

编辑的好榜样

——纪念王幼于同志逝世十周年

王幼于

王幼于同志逝世十周年了，每当想起他的为人，总会令我有一番激动。

1951 年间，幼于同志辞去故乡慈湖中学的校长职务，来到北京开明书店自然科学编辑室当编辑，其兄王鞠侯正是这个编辑室的主任。幼于同志知道，当编辑要比当教师责任更重。教师每天面对的只是百人以内的学子，而编辑编出一本书，就要面对千千万万读者。所以，他在工作上一直兢兢业业，一丝不苟。1956 年，幼于同志因工作出色，政治上积极要求进步，表现良好，被吸收入党，成为老开明同人中入党的第一人，在同人中影响很大。接着，他又被任命为自然科学编辑室主任、副总编辑。

我与幼于同志同是老开明人，又同住在东城区演乐胡同开明书店宿舍。1966 年，出版社在朝阳区幸福一村盖起了宿舍大楼，两家又一起迁入大楼新居，成为 50 年的老邻居。我从他身上看到了许多优秀品质，成为我学习的榜样。

幼于同志虽是名牌大学（浙江大学）毕业，又当过多年中学教师和校长，但他孜孜不倦的学习精神，实在令人佩服。1951 年进开明以后，他看到自然科学类读物中翻译苏联作品的比例很大，如伊林的《十万个为什么》、《几点钟》、《黑白》、《不夜天》、《人和自然》以及一套将近20种的《苏联青年科学丛书》，很受读者欢迎。那时，我国各方面都在提倡向苏联学习，他感到将来必有更多的苏联图书被介绍到国内来，自己必须学会俄文，才能适应工作需要，便立即报名去中国化学会学习俄文。因他有英文和德文的良好基础，记忆力又好，所以经过四个月学习，基本上能够读懂原文。之后，他又积极抓紧自学语法修辞和形式逻辑，这些对于今后的编审工作起到了重大作用。

幼于同志在主持自然科学编辑室工作期间，我正好在负责计划、版权、稿件运转和发行工作，与各个编辑室联系密切。在我的印象中，自然科学编辑室是个非常出色的团队，各项工作都走在前头，执行计划从不拖拖拉拉，凡是规定好的稿件运转时间，不用去催，总是按时完成，所发稿件校样大都做到齐清定，书稿从来没有出过政治错误和质量事故。当然，自然科学类图书不能与其他读物相比，政治风险小，但他们的工作作风踏实，时间观念很强，重视与各方面配合，给出版发行部门以及印刷厂留下了极好的印象。我印象最深的有两件事：一、中青社1953年成立之后，两年之内共重印老开明版科普读物一百四五十种，从责任签字单上看，一半以上都是幼于同志重新审读和加工整理的。我每天下班回家，常能在电车上见到他带回一大袋书稿和校样，可见他都是加班加点完成的。二、我细心观察到自然科学编辑室有一批相对固定的老作者或译者。根据记载：许莼舫共在中青出版数学类图书24种，滕砥平译作21种，王汶译作16种，方宗熙著作和刘薰宇著作各8种，董纯才、高士其、符其珣、郑文光、应幼梅、金乃学等都在5种左右。这些与顾均正、贾祖璋、王鞠侯、王幼于等编辑对待作译者热情、诚挚的态度是分不开的。

幼于同志一生与世无争，淡泊名利。叶圣陶先生1977年为其子叶至善写了一副对联"得失塞翁马，襟怀孺子牛"，挂在叶至善的书房里。幼于同志见了十分喜欢，特请他故乡慈中校长胡绳系也写了一副，挂在自家客厅，作为座右铭，并一直对照自己的行动，要按照叶老的教导去做。他从1951年参加编辑工作开始，一直做到1989年退休，在同一单位里当了38年的编辑，经他审编的书稿多达200部以上，还在《中学生》和《世界知识》发表几十篇科普文章，并培养了一批年轻作者和编辑。他责编的《天体是怎样演化的》一书，曾获得第一届新长征优秀科普作品一等奖和首次地理科普读物优秀奖，责编的《中国古代科技成就》（修订版）入选"百种爱国主义教育图书"，《中国科技名人传》、《爱因斯坦》、《梦魇》、《简明中国科学技术史话》、《科学育儿咨询》等书都在全国科普读物评选中获过大奖。特别是幼于同志亲自策划和责编的《简明中国科学技术史话》，被科技界誉为"科普读物的奇葩"，不但弥补了这类史话的空白，而且获得两项大奖。该书四位作者之一的陈美东在谈到该书的编辑过程中说："王老和作者之间书信频繁"，"其问题的深度令人叹服"，"其中若干条目还是幼于先生亲笔所撰"。"因此，《史话》能以现今这种面貌奉献给读者，实得力于幼于先生"。

据庄似旭同志回忆：幼于同志还十分重视培养青年作者，上面这本《简明中国科学技术史话》是部投稿，曾被某研究所否定。但幼于同志看后认为基础不错，作者能写成这样已很不容易了，应当帮助他提高，予以出版。幼于同志和庄似旭整整谈了一天，从文稿的结构、体例、指导思想和内容取舍等方面，详尽地谈了他的意见。最后说："目前国内还没有这样一部书，这是一个创新工作，要舍得下功夫、花力气帮助作者，以便搞出一部能站住脚、有一定质量的科学技术史话来。"在幼于同志的指导下，庄似旭和作者一起作了重大修改和补充，终于使这部书稿出版，而且获得大奖，三年内连续印了20多万册。

1956年间，党中央发出"向科学进军"的号召，广大青年迫切需要学习科学普及知识。幼于同志立刻增加了这方面的选题，除了给城市青年出书，还为农村青年增加了20多种关于种植业和养殖业方面的新书，帮助农村提高产量。虽然当年"浮夸风"已开始抬头，但中青社的书稿都是专家和有关单位编写的，具有经过实际考验的成功经验。1957 年以后，农村的"浮夸风"越刮越大，我社出版的这些读物中，只讲技术改造，不提"高产"、"丰产"的不实之词，这也体现了幼于同志一贯实事求是的作风。

（原载《中青出版通讯》2021 年第 24 期）

追念王业康同志

王业康

王业康同志是我社创始人之一，也是我的恩师，不幸于 2015 年 5 月 26 日逝世。噩耗传来，令我万分悲痛！

王业康毕生从事出版工作，从青年时期参加地下党搞报刊宣传，新中国成立初创办《新少年报》和上海少年儿童出版社，同时也为筹备青年出版社物色人才，奔波于京沪之间；后来又在上海接收太平洋印刷公司，把该厂连设备到专家一起迁到北京，创建青年印刷厂；同时参与青年、开明的合并工作，成立中国青年出版社，在新机构担任要职。他在"文革"中受到冲击，去河南团中央五七干校劳动；"文革"后被分配去筹建中国大百科全书出版社；之后曾被调到人民文学出版社担任副社长；晚年离休后又当选多届中国版协的秘书长。从他上述一系列经历中可以看到，他从青年时代起到晚年的半个多世纪里，为新中国青少年的新闻出版事业奔波一生，作出了不可磨灭的贡献。

我与王业康同志从 1952 年青年、开明筹备合并开始相识，到 20 世纪 90 年代后他离休、我退休，共同参与中国版协工作，有长达 40 年的相处时间。从他身上和谆谆教导中，我学到了许许多多淡泊名利、谦虚谨慎、廉洁奉公的好品德和好作风。

　　开始和王业康同志接触，是 20 世纪 50 年代初，那时我刚从上海调到北京的开明书店不久，当上了工会主席。工会受东城区工会领导，开明书店内部没有党的组织，而区工会又不大可能常来店里作具体领导，平时工作如宣传反对美帝武装日本、为志愿军捐献飞机大炮等活动，都还能搞得轰轰烈烈，遇上政治运动就只能凭自己所听到的报告回来传达，具体如何掌握政策、开展运动就毫无经验了。幸亏此时，开明正与青年酝酿合并，王业康代表青年来协助领导我们搞"五反"运动。按中央规定，凡私营企业都要反行贿、反偷税漏税、反偷工减料、反盗窃国家资财、反盗窃国家经济情报等。王业康既要参加青年的"三反"运动领导，又要来领导我们进行"五反"，他本人身体并不太好，但总是很热情地来帮助我们开展"五反"运动，帮助我掌握政策，防止过"左"行动。因为开明书店是新中国成立前由叶圣陶、夏丏尊、胡愈之、郑振铎、傅彬然、章锡琛等一批爱国民主人士办起来的进步书店，在同行和读者中颇有影响，还得到过周恩来的关怀，资方董事长邵力子又是著名人士、时任全国人大常委会委员，运动中发现问题当然必须揭发，但对待资方代表还得有分寸。最后，开明被工会揭发出一些问题，如新中国成立后仍保留了汉奸周佛海、陈公博、孙道始等人的股份，又曾有过套购黄金的非法行为。这些问题经资方代理人承认并作了交代与检讨。运动结束后，店方被评为基本守法户，然后进行清户核资，与青年顺利进行合并。

　　两社合并后，王业康被任命为办公室主任，我被分配在办公室计划科当负责人。那时国家刚开始实行计划化，所有出版社都要制定年度和长远的选题和出版计划，报送出版总署备案；内部还要编制年度和月度发稿计划。这些计划都由计划科负责制定。对于这一系列的新事物，我一无所知，就在王业康耐心地手把手教导下，总算完成任务。

　　1957 年整风"反右"前后，王业康因工作过于疲惫，患了严重肺结核，还动了大手术，在通县疗养。不久，老社长李庚同志被错打成右派分子，天天挨批挨斗。运动结束，还被下放安国劳教，同去的还有一批出版社被错划的右派分子，如孟庆远、刘重、邢舜田、吴小武、陈斯庸等。1959 年春，我社又派王业康带队，去河北安国下放锻炼，人员中有我和文赞阳、沈纮等十多人。那时正逢三年困难时期,公社办的食堂,下放的同志个个吃不饱,得了浮肿病,幸亏胡耀邦同志及时去看望我们,见到这一情况就叫我们自办食堂。王业康立刻派我当管理员,负责全下放队20多人的伙食。1960年春,下放回社后,我又一次跟随王业康去黑龙江泰康的团中央农场打鱼。王业康仍派我管理食堂,我非常感谢王业康对我的信任。他对我要求很严,必须把账目记得清清楚楚。我不失他的厚望,始终兢兢业业做好本职工作。

"文革"期间,王业康以病弱之躯同样去了干校,在干校积极参加劳动,回京后,曾被出版局调去筹办中国大百科全书出版社。20世纪90年代后,他离休去版协,当了好几届秘书长。

王业康一生,前期曾为出版事业辛勤奔波,筹建了好几家大社、报、厂,以致积劳成疾,还得不到公正待遇。晚年时,由于得到拨乱反正,充分发挥了他的才能,在人民文学出版社得到社长韦君宜的重用。韦社长几乎言听计从,把他视为股肱,人文社的干部也因他待人平和、办事公正,都愿意接近他。我的朋友范保华对我说过,像王业康这样的社领导,既没有架子,又很能干,干部们都很佩服他。到了版协以后,因版协主席王子野身体不好,把他任命为秘书长,长期负责版协工作。在此期间,王业康处处尊重子野同志的意见,经常往来于版协与子野同志住宅之间,曾主持过多次改选工作。我的开明同事、上海新华书店发行所经理钟达轩当着我的面称他为"儒将",评价甚高。我退休以后,在版协领导之下,成立了版协经营管理委员会,是他向经管会推荐我当了秘书长。在举办北京图书订货会期间,他又以版协领导身份参与订货会重大决策的研究和制定,当订货会受到某些干扰时,他就站出来说话,支持订货会持续举办。在这方面的例子很多,我在拙作《我与"开明" 我与"中青"》一书中作过详细介绍。

现在我的恩师、出版界的功臣王业康同志永远离开我们西去了,在这悲痛的日子里,我想起了他的为人,写了一副挽联,挂在他的遗像两旁:

为青少年建社办报呕心沥血

在人文社版协尽心有口皆碑

借以悼念我最尊敬的恩师!

恩师王业康

我和王业康同志相识于 1952
年开明书店和青年出版社合并过
程中,青年派王业康和江晓天二人
先到开明进行联系。当时开明没
有党组织,只有工会,我是工会主
席。在开展"五反"运动中,我们
二人接触较多,当时工会会员揭发
资方在新中国成立后还在发给汉
奸周佛海、曾仲鸣家属股息和套购
黄金等不法行为,会员们情绪激
昂,把大字报贴到开明书店董事长
邵力子的办公室门口。王业康知
道后,告诫我不要搞得过火。运动
结束后,把开明评为"基本守法

王业康

户"。这是我和王业康的第一次接触。我佩服他处理问题原则性强,
讲究方式方法。

1954 年 4 月 15 日,两社合并后,王业康被任命为办公室主任,我
担任计划科负责人,直接受他领导。那时,出版社开始实行计划化,每
个社都要制订长远选题计划、年度出书计划和月度发稿计划等,种类繁
多。王业康带我去到人民出版社向办公室主任范用同志请教,得到他
的热情接待,并给了一批各类计划的空白表格。回社后,他手把手地教
我制订方法,这才使我顺利执行。

1959 年,正值三年困难期间,出版社分批去安徽和河北农村劳动

锻炼,我们这批由中少社燕生和中青社王业康带队,有 20 多人,在安国县淤村公社齐村大队劳动。此时国家已遭遇饥荒,我们 20 多人被分配到齐村 11 个小队。我和陈斯庸、文赞阳、沈纮三人被分配在一队,一开始就遇到干旱。齐村以种植棉花为主,遇到干旱就得用小毛驴在地头水井旁拉车灌溉。但小队毛驴不足,便让我们去地头轮流推车灌溉,白天干不完,还要夜晚挂灯加班,劳动量相当大,下放干部全都得了浮肿病。幸亏团中央第一书记胡耀邦前来看望我们,看到大家这副样子,向燕生、王业康提出两条建议:一是可以自办食堂,不吃小队的饭;二是向大队要一块自留地,自己抽时间种菜。这两条很快就做到了。二位领队派我当食堂管理员,下放干部轮流做饭,这才解决了我们的困难。

1960 年 4 月,团中央在黑龙江泰康(又名杜尔伯特)办了一个农场,中青社派我和王业康去农场垦荒,以补充全社职工口粮。在农场不到一个月,出版社来电报给王业康,说是团中央为了支援地方,要中青社派出一批干部去山西支援,名单中有我。王业康接到电报后,以我在农场当管理员为由,迟迟不放。一周以后,出版社又来急电,要我赶快回社。王业康实在顶不住了,便对我说:"久安呀,出版社一再来电要你回去,调到山西去,我已留不住了。你到那里一定要好好工作,不要丢出版社的面子!"说完流露出依依不舍之情。我也忍不住流了眼泪。

我乘火车回到北京,站上看到我爱人来接,她说已准备好了我的行装,我俩就要分离了。到出版社报到后,出版社人事科却迟迟不来通知我调去山西什么单位。原来出版社即将出版《李自成》《红岩》等一批重点书,发行科无人接班,就把我留下了。此事回想起来,幸亏王业康在泰康挽留了我一周,不然我的经历该另写了。王业康真是我的恩师!

第二篇

怀念中青社的领导和同事

好领导　好邻居　好朋友

——痛悼蔡云同志

8月30日一清早，守文同志给我发来短信，说老蔡去世了；紧接着，邵益文兄也来电话，沉痛地告诉我这一噩耗。听后使我感到突然！因为几天前我们还通过电话，他问我上次老干部会上他的发言怎样。我说你讲得很好，说出了老同志们的心愿；另外人事处为大许女儿的退休问题做了大量工作，现已回到老家，退休金和医保都由当地解决，应当表扬。谁知不到十天，他就突然逝世了，怎不令人感到意外与痛心?!

蔡　云

老蔡是1959年从团中央调来出版社的。此前，我与他并不相识，只知道他在调来之前曾在河北安国淤村下放过一年，我社也有一批干部与他同时下放锻炼。他调到出版社后，先后当过朱语今、边春光两位社长的秘书。那时正值三年困难时期。为了解决口粮不足的问题，社领导想了很多办法，我还被派去东北打鱼，后来又在京郊天竺（现在机场附近）农场种过地，直到出版社出了一些重点书，如《红岩》、《王若飞在狱中》、《朝阳花》、《红旗飘飘》丛刊等，出版社才叫我归队。此时老蔡作为社长秘书，因为工作关系，我与他就开始熟悉起来。他给我的第一印象是，工作老练，为人和气，笔杆子硬。社领导开会由他记录，交秘书科来打印文件时,都是他起草的。后来成立总编室时,社里任命他为主任,我和洪鹏成了他仅有的两名干部。但由于我俩要应付紧张的出版发行工作,实在忙不过来,他就让我们多做些本职工作,兼任的总编室事务工作就不再交下来了。后来出版社的两本书出了"政治错误":一本是《红旗飘飘》第十九集,因为有一篇《古城斗胡骑》,被康生诬为是"利用小说进行反党";另一本是凡尔纳的科幻小说《气球上的五星期》,说是内容有人吃人的描写,是对黑人的污蔑。两本"大毒草"被中宣部派工作组下来调查,弄得出版社上上下下十分紧张。老蔡更是忙碌万分,经常到我这里(我管出书档案)来调材料。查书进行了相当长的一段时间,结果社里通知我给发行所下通知,全部图书收回报废,一本也不许出售,已卖出去的要限期收回,否则就要书店负责。

　　"十年动乱"还未结束,我社因为要出《李自成》第二卷,是毛主席亲自批准出版的,在出版界第一家得到复业。不久,老蔡被调任副总编辑。1986年,团中央任命老蔡为中青社社长兼党组书记。那时,我正在发行处处长任上。这年春天,出版界遇到了新一轮的印数滑坡期,许多新书通过发行所向书店征求订数,结果报来印数很少,无法开印,而且还有继续下滑的势头。在京许多出版社社长紧急开会,联名写信给国家出版局,希望采取有效措施,不然出版社只好关门了。就在这一年,出版局作了新的规定,将图书的总发行权归还出版社。这样一来,各出版社就纷纷加强自办发行。老蔡亲自抓发行工作,要我根据新的规定提出我社改进自办发行的方案,方案写好后,他又亲自作了审核批准。但正在这时,团中央决定中青、中少两社分家,分家工作要由老蔡主持。这样一来,老蔡便把全部精力放在分家上了。两社一起经营已达30年之久,一旦分开,工作量太大了,诸如人员调整、资金分配、固定资产和有价值的图书资料等都要一一划分。所以老蔡已顾不上抓发行了,把发行一摊交给了王文启副社长。但王社长任务也很繁重,既要管印刷厂的工作,还要负责出版社的经营管理。因此,当我提出要和人民、人民文学等六家出版社搞发行联合体时,蔡社长认为是件大事,便竭力支持,并亲自出面参加,还抽出时间与各社社长一起去外地参加"六联"活动。

　　两社分家后,洪鹏担任了中青出版发行处处长,分配我当中少的同一职务,我不愿离开中青。老蔡很理解我的心情,就把我留在中青,让我负责"六联"(后改"七联"、"十联"、"十二联")和全国订货会的工作。这一安排为我提供了更多为本市与全国同行服务的机会,使我在出版界做出了一点成绩。我非常感谢老蔡和社领导们对我的照顾。

老蔡为人正派,平易近人,严于律己,宽以待人,在他手下工作大家感到非常愉快。他离休以后,因为我们同住一座宿舍楼,有时间经常见面,我也愿意去他家串门,二人无所不谈,引为知己。他对公益事情也十分热心。十年前幸福大楼决定拆迁,大家推举他和许纯仓同志作为百家住户的代表,与开发商进行谈判。当代表责任重大,住户之间意见很难一致,弄得不好还要受气,是一件出力不讨好的差事。但老蔡和大许为了公众利益,毅然接受了这一繁重的任务。谈判进行了将近两年,和开发商不知谈了多少轮,每次谈完,老蔡总要召集单元负责人一起商量,直到大家满意。最后,对方给了比较优厚的拆迁补偿,终于被绝大多数住户认可。拆迁以后,百家住户就各奔东西了。老蔡迁到了丰台区,虽和大家离得较远,但去他家看望的老邻居们络绎不绝。从拆迁这件事上,也可看到老蔡的为人,是多么受人信赖与爱戴。

我与老蔡交往 53 年,在这长长的岁月中,曾经多次得到他工作上的支持、思想上的指导和生活上的帮助。去年,我在他的一再鼓励下出了一本回忆录,从发稿到出版一年多的时间里,他无时无刻不在关心。出校样后,他还为我通读一遍,提出不少问题与我商量(这是他一贯的作风),使我改正了许多错误。他还问我出版社收不收费用,如有困难,他可以赞助。我听后,十分感动!

现在老蔡已经远去了,再也见不到了。党失去了一名优秀的老党员,同事们失去了自己的贴心人,而我更失去了一位好领导、好邻居、好朋友!

老蔡呀,您一路走好吧!

您对我的关怀将永远铭记在我心中,您的为人我将学习一辈子!

(原载《中青出版通讯》2013 年第 17 期)

一生为革命的蔡云同志

蔡 云

蔡云同志离开我们整整 6 年了。他是我近 20 年的邻居，近 50 年的好友，又是 12 年的领导。

蔡云 18 岁就参加革命，19 岁加入中国共产党，新中国成立前参加过武工队，任副组长，与国民党军队进行过英勇的斗争，是一位地地道道的老革命。新中国成立后，他担任过团区委书记、团县委宣传部部长和团中央农青部干事。1959 年从团中央调来出版社工作，他开始是当边春光社长的秘书。

1966 年，出版社在幸福一村兴建一座宿舍大楼，百户干部及家属迁入新居，喜气洋洋。20 世纪 70 年代初，出版社开始复业，他和高珍蕊才迁入大楼，与洪鹏同一单元，我住一单元，几乎每天见面。他小我一岁，称我老大哥，十分亲切！

老蔡一生为中青社作出了重大贡献。后来，他长期从事编辑工作，并在担任总编室主任期间，协助社领导深入调查研究，精心编制年度和长远选题计划，为中青社出版一大批有重大社会影响力的图书创造条件。他创办的《青少年之友》小报，不仅为编辑出版工作交流经验，还为宣传中青版书刊提供园地，受到出版局负责同志肯定。后在担任副总编辑特别是社长期间，他规划和推出了《祖国丛书》、《青年文库》等一系列重大出版工程，在社会上屡屡得奖，受到中宣部表彰。1981年，《青年文摘》创刊，他连续6年负责终审。1990年，他首次组织全国青少年爱国主义读书教育活动，出版"三热爱"主题图书，发行480万册，900万名青少年学生参加学习。这一活动延续至今，取得社会效益和经济效益双丰收。

20世纪80年代初，在国家出版局顾问王益同志领导下，出版界进行了发行体制改革，我参加了这一改革的全过程。蔡云对发行体制改革十分支持。那时正值书荒时期，读者以买不到书为苦，我学习开明书店过去办邮购的经验，建议领导为外地读者办理邮购服务。当时《青年文摘》初创，我便利用刊物大量发行的有利条件，在封三刊我社新书广告，老蔡特别支持。广告刊出后不到一周，便有读者大批汇款购买。那时我社不断出版好书，如《文学描写辞典》《诗词例话》《第二次握手》《李自成》《红旗飘飘》丛刊等。事先我就备足图书，汇款一到就立即发书。后来邮购业务越办越大，邮局要用邮袋送汇款单，邮购部要用卡车运寄。办公地点不够，社里向团中央借了灰楼整整一层。人手不够，社领导发动干部待业子女前来参加。我手把手地教会他们登记、打包、写贴头等邮购业务，教育他们一定要工作细致，不能写错地址和收件人姓名。这批青年有二三十人，个个聪明肯干。后来因发行体制改革初见成效，市场开始复原，邮购逐渐减少，这些青年便都转入发行部门，成为中青、中少两社发行工作的骨干。还要补充一点，因邮购业务发展得这样快，也是出乎我的意料，我还要以发行工作为主，所以老蔡便派了张婉华同志前来协助管理。老张对这些青年要求很严，工作也十分负责，邮购工作没有发生过读者投诉事件。

1986年，正是蔡云担任社长的时候，也是我社自办发行走向鼎盛时期。我组织了人民、人民文学、世界知识、社会科学和中青、中少六家出版社的发行联合体，对外开展销售工作，立刻与长沙、北京等几家新华书店合作，成立"六联"特约经销处。接着与南京、重庆、广州三家市新华书店建立图书批发中心。1987年，"六联"组织首都十多家出版社，发起举办第一届首都社科图书交易会，开始只有44家出版社参加，后来逐年增加。老蔡对我社组织"六联"（后改"七联"、"十联"）特别支持，还亲自参加联合体的一些重要活动，并与人民出版社副社长庄浦明、新华出版社社长许邦、社科出版社社长张定、人民文学出版社副社长谢明清交往深厚，曾结伴参加十家联合体在山东临沂举行的大型地区性订货会。十社社长莅临，受到当地政府与出版局领导热情接待，影响很大。

北京图书订货会越办越大，因场地发生困难，国家一级展馆费用太高，一般展场地方太小，办到 1993 年间，在"十联"之一的中央党校出版社副社长刘忠礼提议下，去到西郊中央党校举办。订货会办会时间是 1 月份，正好党校放寒假，学员全部回家，所有宿舍楼都可用作店社双方代表住宿，而且还有教室可做展场，大食堂也照常开饭，是个非常理想的办会场所。党校领导认为举办图书订货会是件建设精神文明的大好事，十分支持。后来一直坚持办了五届，到 1997 年，党校因内部装修，我们就移师丰台体育馆举办。2000 年开始，我们与中国国际展览中心谈判成功，以低价租用，便一直办到今年，已 32 载。

蔡社长在任期内，对订货会非常支持，认为是出版界办得最成功的一项活动。他要求各部门必须做好一切准备工作，推出一大批优秀读物，并在会议期间组织各种活动推荐我社新书，效果很好。因此，每届订货会上中青版图书销售码洋总在前十名。

蔡云还特别支持发行处利用本社有利条件，为"十联"与外地书店合作进行销售活动。比如，利用我社有车，可以对外地书店业务员送往迎来；有招待所，可解决食宿问题；有平房会议室，可用来办小型订货会以及信息交流活动；等等。因此在相当一段时间内，大家都把中青社当成与外地书店之间的联络站。

老蔡严于律己，宽以待人，爱岗敬业，甘于奉献，淡泊名利，廉洁奉公，生活简朴。我从未见到他穿过一件高档衣服，也很少见到他乘公车出行，是我们这代人的模范。值此中青社成立 70 周年之际，我在写回忆录之时，首先想到要为他的优秀事迹写点纪念文字，并以此感谢他对我长期以来孜孜不倦的教导！

（写于 2020 年 1 月 10 日）

怀念出版社的两位功臣
——杨光仪和洪光仪

杨光仪是在 1949 年青年出版社成立时，就从华北大学毕业分配到出版社来的。之前，他已在桂林、重庆、香港、成都等地的革命书店工作过十年。到出版社之后，一直在出版部和美编室负责图书的设计与出版工作，可算是老出版家了。

洪光仪 1946 年考入上海开明书店，当了四年练习生和实习员。1950 年，开明书店为申请公私合营，从上海迁到北京，成立总管理处。1952 年，开明书店与青年出版社合并为中国青年出版社，他被分配在出版部副主任唐锡光手下当秘书，从此一直在出版部门工作。

两位"光仪"，不仅名字相同、年龄相仿，许多地方也很相似。比如

杨光仪(右一)、作者(右三)、洪光仪(左一)

在性格上,二人看上去都很内向,却都有一颗火热的爱心。这一点,凡是和他们接触过的同志,都会有深刻的感受。有一段时间,我曾在老杨手下工作,我因一直搞发行工作,对印装不太熟悉,老杨便手把手地教我怎样开印单、算成本、算用纸等,还在思想上对我进行开导,后来成了我的入党介绍人。刘钟嵘原来被分配在幼儿园工作,后来被调到出版部工作,也是在老杨的热心指导下,很快掌握了出版业务,在工作上能独当一面。

洪光仪后来被调到校对科当科长,除了钻研业务、提高校对水平,还要帮助新来的校对人员熟悉业务。当年出版社有一条规定:凡是招进来的大学生,都必须先在校对科工作一段时间,然后再分配去编辑室,如原总编辑韩亚君也是先从当校对开始的。洪光仪既要带好新手,自己也有业务指标,任务很重,但他总是做到两不误,超额完成任务,受到大家的尊重。他还根据自己长期的校对实践,总结出一套校对方法,印发给大家参考,使校对人员获益不小。

又比如,他们二人原来的学历都不高,但都能刻苦学习。我和杨光仪在当年幸福村宿舍大楼同住一单元三楼,长达40年。我常常看到老杨下班后,不是在家埋头加班加点工作,就是一个人在书房静悄悄地读书。他经常向资料室借来古典史籍,如《史记》、《资治通鉴》之类。他读书较多,深明事理,对问题的看法总有独到的见解,政治理论水平也很高,常常和大家交流学习心得和体会,帮助大家提高理论水平。

洪光仪在刚考进开明书店的时候,只有初中文化水平,后来觉得在出版单位工作,自己必须提高文化,才能适应工作的要求,便下决心报名电大,连续学了四年,这对以后知识面的开阔大有益处。他后来不但能校对高深的理论读物、历史地理读物和自然科学读物,还能校对音乐理论读物,知识十分广博。当然,这些都是靠自己勤学苦练得来的。

下面,再讲述他们二人的一些事迹。

杨光仪本人在工作上的刻苦钻研也是人所共知的。20世纪五六十年代,我国纸张十分缺乏,新闻出版纸张管理部门分配给出版社的用纸往往不够用,有些重点书的印数受到限制。杨光仪主管出版用纸,对此深有体会,他就尽量在节约纸张上下功夫。当时纸库设在青年印刷

厂,归印刷厂管理。杨光仪就对编
辑室所发的每一本书稿开本以及美
编室设计的封面插图反复计算,研
究出一个精确的用纸开张方案,交
给纸库和印装车间,使它被最大限
度地利用。事后,他还要求纸库把
每本图书(包括正文和封面插图)
所剩余的纸张列表上报,便于日后
选用。这样日积月累,为出版社节
约了大量用纸。记得在 20 世纪 50
年代中期,我社开展增产节约运动
中,杨光仪曾得到全社的表彰。

杨光仪

　　他又是财务部门的"靠山"。
财务处虽然也有专职会计审核印刷厂(包括外厂)开来的每本图书的
印装费用,但因不熟悉生产业务,很难发现问题,所以领导规定,凡是印
刷厂前来结账,最后都必须由杨光仪审核签字才能付款。因为老杨经
常下厂,对印制情况十分熟悉,某些厂家想从中多算一点费用,很难通
过老杨这一关。但如果厂家一时疏忽,少算了工价,老杨也会给予更
正,使厂家信服。

　　老杨到了离休年龄后,本可回家安享晚年,但财务处向社领导请
求,希望能把老杨返聘几年。这样,老杨便又专门当了财务处的把关
人,一直到他视力不行了才下来。在返聘期间,我常常看到财务处派人
送来大批账单,让老杨在家中帮助审核。

　　洪光仪的最大功绩,在于他把住了我社出版物校对质量的大关。
当年我社出版的许多重点书,如《创业史》、《红岩》、《中国共产党历史
讲话》、《中国思想史纲》、《李自成》等,都是由他终校签字付印的,经过
多年考验,没有发现错字。20 世纪 50 年代,首都几家大出版社还联合
开展过校对大赛,洪光仪获得"校对能手"光荣称号,受到出版界的推
崇。当年,出版协会、作家协会等团体曾举办过各类评奖,其中很重要
的一条,就是参加评奖的图书事先自查错误率必须在规定范围之内,否

则便会被取消评奖资格。而我社参加评奖的重点书都是由洪光仪终校的,为我社参加评奖扫清了障碍。

特别需要提到的,1964年间,在中央领导下,全国掀起了学习毛主席著作的高潮,中宣部布置出版《毛泽东著作选读本》甲、乙两种版本,甲种本归人民出版社出版,乙种本交由我社出版。任务下达,全社上下一片欢腾,认为这是中央对我社的极大信任,是一项光荣使命。但是接下来,领导和出版部门感到压力很大。一是对校对的质量要求高。如果说对评奖图书,校对质量还允许有万分之一的差错率的话,对毛主席著作只能是零。人民出版社的《毛泽东选集》四卷本已经做到了,这次甲种本和乙种本也必须做到。倘有一点疏忽,便要全部报废,而且影响不好。二是时间太紧。中央规定:甲、乙两种版本,必须同时出版发行。这是政治任务,不容讨价还价。

人所共知,人民出版社是全国唯一专门出版马恩列斯和毛主席著作的出版社。它们的编辑和校对力量相当雄厚,《毛泽东选集》四卷本一只字不错,已传为出版界佳话,校对科长白以坦也成了名人,后被评为"新中国60年百名优秀出版人物"。相对而言,我社校对力量比较薄弱。面对现实,社领导对全体校对人员进行了思想动员,一定要在规定时间内完成任务。科长洪光仪义无反顾地接受了这一艰巨任务,他带领全科人员完成初、二校之后,由他担任三校并签字,终于顺利完成任务。接下来便是出版部要承担大量印装的任务。上面已说到,中央规定甲、乙两种版本必须同时向全国出版发行。但甲种本是给干部学习的,印数相对较少,而乙种本是给全国亿万青年学习的,印数很大。工厂接到任务后,对全体工人也作了动员,要求工人创造性地完成任务,本来印这类质量要求高的图书,都用平板印刷机,但工人们几经试验,创造性地运用高速轮转机来大量印刷,并获得成功,做到了按质保量出版,得到出版印刷管理部门嘉奖。

洪光仪在个人生活上十分节俭,20世纪60年代迁移幸福村大楼时,住房面积有所扩大,但未曾添置一件新家具,平时穿着也非常朴素,少有积蓄。但他有着一颗大爱之心,看到别人生活困难,便会慷慨解囊,给予支援。20世纪50年代中期,我社精简机构,一位出版部门青年被精简,返回原籍,与老洪有通信联系。他知道这位同事在家发生困难后,便伸出援助之手,给他多次汇款,帮助他克服困难。1992年间,政府号召为希望工程捐款,老洪开始汇款较少,后来收到一位青年教师给他写的信,告诉他该校有两名学生,学习成绩很好,因家境困难将面临失学,希望老洪能够资助。老洪毫不犹豫,就汇去一笔较大的款项。后来每逢春秋开学,他都汇钱给孩子作为学费,连续14年,共汇款40次,人民币22324元,平均每年1600元。当时老洪已经退休,工资有所减少,靠一点返聘收入去支援希望工程。此事在14年中,家人并未知晓,直到老洪去世,家人从他的抽屉里发现一叠汇款收据,一统计才觉数字很大。这两个孩子受老洪资助,从小学读到大学毕业,与老洪一直保持联系,后来得悉老洪去世,二人双双跪在地上,面向首都、朝着老洪遗像叩头。此情此景,实在令人感动。这些情况都是洪光仪夫人杜小川告诉我的。

现在老杨和老洪都已逝世多年,但他们的高尚品德和对出版工作作出的贡献,应当记入出版社的史册。今年是新中国成立70周年,我们出版社也成立了69年,我们(包括洪鹏、刘钟嵘和我)这些建社开始就参加工作的老同志,常在夜深人静的时候,回忆这些往事,觉得人生苦短,但他们这种为出版事业尽心尽力、助人为乐的高尚品德,却会永远留在人们心间,值得永远怀念!

(原载《中青出版通讯》2019年第9期)

向傅小北同志学习

傅小北

读了傅小北在《中青出版通讯》2019年第15期《退休之后》的文章,不禁令人叫好!

一个人退休以后,一般都认为自己年已花甲,不再工作,可以自由自在安度晚年幸福生活,不再操心了。这也不错。但小北的退休生活,从他的这篇回忆录中看,却与众不同。他除了不断与病魔作斗争,还做了大量的工作,尽了一个共产党员应尽的义务。他不但被第十四党支部选为书记,带领大家学习党的文件,自己还写了学习党的十九大精神的体会文章,又把支部工作搞得风风火火。出版社领导决定为老干部出一本内部刊物,他又被选为编委,积极组织老同志写稿,并建议把这份刊物定名为《红叶林》。而他本人又从退休之日开始,笔耕不辍,五年中竟为我社《红叶林》和《中青出版通讯》撰写了近20篇回忆文章,为后人留下了宝贵的工作经验。

小北平时待人热情、厚道,工作认真敬业,我因退休后仍受出版社返聘,和他工作上接触较多,在他身上学到许多优秀品质和作风,令人难忘。当我读了《追忆钱卫二三事》的悼念文章后,深感他与钱卫之间的深厚感情。钱卫比他小13岁,自从钱卫调到《青年文摘(人物版)》工作后,他与钱卫情同手足。作为主编,他不断在思想上鼓励钱卫进取,在工作上放手,让钱卫发挥创造性。仅举一例:在当年全国报刊宣传活动中,经钱卫联系,《青年文摘(人物版)》的招贴画与《人民日报》、《求是》名报大刊一同悬挂在活动主席台下方,十分引人注目,对扩大刊物的影响起到了良好作用。钱卫工作的投入可见一斑,小北对他的栽培也由此可见。

小北的退休生活是丰富多彩的,可想而知,他的精神世界也是十分美好的。能在晚年继续为党和人民尽心尽力地工作,我应当向小北好好学习!

(原载《中青出版通讯》2019 年第 22 期)

哭大许

　　猛一听说大许走了，令我难以置信。但众多同事来电，证实了这个噩耗，令人悲痛！十天之前，我参加了社里召开的老干部会，会上未见大许，很不放心。会后给他去了个电话，从电话中传来的不是往常爽朗的声音，而是沉闷无力的低调。我说，您是否病了？我去看看您。他婉言谢绝了。想不到这竟是和他最后的一次诀别，怎不使人痛心？老同志们得知后无不悲痛，都说太意外、太可惜了！

　　许纯仓同志是安徽人，长得又高又大，十分魁梧，为人爽朗热情，很有思想，理论水平很高，能联系实际，能干勤快，大伙都喜欢叫他"大许"。他是我社刚复业不久，社领导特地向团中央请调过来的。在团

许纯仓（右一）

中央时搞的是秘书处的工作,人缘很好。我所认识的几位团中央干部也都对我说过"大许是个好人、能干的人"。他的调来,主要是因为出版社复业时已得到中央特批,要把四合院盖成"资料楼",大许就是来负责这项重要任务的。大许一到任,就马不停蹄地到处奔跑,从出版社到团中央,再到中直机关,又到中央和地方各有关单位,这里批条,那里盖章,终于把方方面面的关系打通,各种手续办妥。又根据社领导的意图,提出自己的设想,向施工队招标,提出严格周密的要求,使第一座楼(现在中少社用的一座)盖得经济实用,质量达到预定标准。大许原来在团中央机关是搞秘书处工作的,但他也经常关心团中央行政处的基本建设过程,到出版社后就认真担起盖建大楼的任务。凭他的聪明才智和负责精神,使第一座大楼盖得又快又好。而且在盖此楼之前,又附带先在出版社沿胡同马路盖了一座宿舍大楼,做盖楼时编辑部门周转之用。这座宿舍楼后来住进了几十家两社干部,大家非常满意。

第一座办公楼建成后不久,由于中青、中少两社分家,大许又接受要在大楼东面再建一座大楼的任务,要求规格和质量都与前者相同。后来第二座大楼盖成,两社就顺利地分了家,各奔前程。值得一提的是,这两座办公楼都有地下室,可做招待所,还有大会议室和食堂,后来全都派上了大用场。那时不像现在,宾馆还寥寥无几,且宿费昂贵。我社的招待所与食堂,不仅为编辑部门请来的作者修改稿件创造了良好的住宿和用餐条件,也为我们出版发行部门搞订货会和发行联合体的活动创造了有利条件。别的兄弟出版社都乐于前来我社参加联合活动,我社竟成了首都各出版社联合体的活动中心了。

大许担任行政处处长的十多年中,一贯兢兢业业,认认真真,作风廉洁,工作踏实,颇得全社各部门好评。在他带领下,行政部门的干部工人也都以他为榜样,全心全意做好后勤服务工作。就以我社食堂来说,现在很多单位自己都已不办伙食,唯独我社还一直坚持在办食堂,使工作人员能按时吃上自己食堂的热菜热饭。大许在这方面为出版社作出了很大贡献。

在我社幸福一村宿舍大楼拆迁之时,大许和老社长蔡云同志被全楼住户推举为拆迁领导小组负责人,和各单元居民代表一起,共同研讨对策,和开发商进行谈判。由于领导小组的成功策划和大许的谈判才能,终于使全楼居民获得满意结果,最后高高兴兴地迁出宿舍大楼。大家都佩服大许的才能。

在复业初期,大许还担任出版和行政部门联合党支部支委职务。他对支部工作满腔热情,曾多次找我谈心,我就是在他热心关怀下入党的。那时,我正好 50 周岁,他作为我的入党介绍人,在党旗下领着我宣誓。我永远不会忘记这难忘的一幕。

大许的走,使我失去了一位知心朋友,也使全社老同志失去了一位好同志,我们将永远怀念他。

(原载《中青出版通讯》2012 年第 16 期)

怀念杜耀珊和洪鹏同志

我的两位好同事、好朋友,杜耀珊和洪鹏同志,在不到半个月的时间里,相继去世。噩耗传来,令我悲痛万分! 他们可都为中青社在出版发行方面作出重大贡献,是出版社的功臣啊!

一

20 世纪 80 年代,国家出版局进行了发行体制改革,作出了"一主三多一少"的决定(即以国营新华书店为主体,多种经济成分、多条流通渠道、多种购销形式、减少流通环节),并允许出版社自办发行。为此,首都各出版社纷纷成立了发行部,本社领导便任命我为发行部主任。那时,首都各出版社多的是编辑出版和行政管理人才,很少有发行管理人员。有的出版社就派人去各区新华书店物色发行人员,但多遭拒绝。

杜耀珊此时正在王府井东安市场新华书店工作,经理许振声原是老开明人,与我十分要好。老杜试探性地向许经理表达想去中青社工作的想法,说王久安那里缺少发行人员,自己想去那里工作。许经理认为老杜是书店骨干,开始有点犹豫,但又想自己和我是好友,不如让老杜去帮助我。于是,老杜就顺利调进我社发行部,成为我的得力助手。

老杜工作勤恳,业务熟练,待人和气,凡是新调来的同志,他总是热心帮助他们早日熟悉

杜耀珊

业务。正如周毅同志所说的那样：他刚到发行部工作，什么也不懂，老杜就手把手地教他各类发行工作；也有同志在悼念老杜的文章中说：杜耀珊是发行的行家里手，从新华书店调来后，做了许多工作，与新华书店首都发行所关系十分融洽，在"首都十联"的组织工作方面，发挥了重要作用，功不可没。胡守文同志看到老杜逝世的讣告后，也给我发了微信说："惊闻杜耀珊同志去世，不胜哀悼。我与老杜共事 20 余年，他勤勉敬业，对出版社发行事业贡献了自己的一份心力。"老杜因工作需要，常常单独一人携带一摞新书去各地书店举行小型订货会，推销本版图书，不辞劳累。当时，我社发行工作搞得红红火火，人手不够，社领导便从工作人员家属中招来一批待业青年，先到邮购部工作，然后从中抽调一部分人员来发行部。在老杜带领下，这些小青年个个聪明能干，很快进入角色，逐渐成为发行骨干。

20 世纪 90 年代中期，老杜因为工作成绩突出，在发行界颇有名气，与徐迎新一起获得中国图书业协会的"书刊发行奖"，又与姚海天、何述祺同志一起被选为党支部委员，并在北京图书订货会中担任过财务组组长，受到大家信任。

二

洪 鹏

洪鹏是 1951 年从上海青年出版社华东营业处调来北京青年出版社的，工作地点在雍和宫大街书库。他开始做的是《中国青年》杂志的订阅和发行工作，工作人员只有他和刘钟嵘等少数几人。但因刊物的发行量较大，他们白天还有许多其他工作，一到刊物出版，便只好加班加点，打包或捲卷一直工作到深夜，才在附近大街上买碗馄饨充饥；到了第二天上午，就把本期刊物送到邮局寄出。工作虽然紧张，但能及时把刊物寄到读者手里，颇受读者好评。我之所以说了这些琐碎的事，是想说明这样一个以刊物为主的小出版单位，经过 70 年的努力，特别是在 20 世纪 50 年代初与开明书店合并，出版队伍壮大，出了像"三红一创"、《李自成》、《人的一生应当怎样度过》、《闪光的生活道路》、《人世间》等大量优秀读物，成为全国闻名的一流出版社。

老洪思想进步，工作积极，20 世纪 50 年代就已经入党，成为全社青年的榜样。1957 年 3 月，他曾当选为团中央系统社会主义建设青年积极分子，在正义路团中央礼堂前和团中央第一书记胡耀邦同志及书记处领导合影留念。1957 年五四青年节前夕，又当选中共中央直属机关社会主义建设青年积极分子，并在中南海怀仁堂受到毛主席和新中国第一代党中央领导人集体接见，后来又曾当选团中央系统优秀党员。2021 年 7 月，又获得"光荣在党 50 年"纪念章，由皮钧社长亲自颁发。

老洪为人厚道、耿直，并富有同情心。在被社领导任命为分房小组组长时，他听说电话总机接线员徐宝芝住房狭小，母女二人实有困难，即前往了解，经过与行政部协商，才为她换了一间较为宽敞的宿舍。接着，他又听说徐宝芝的爱人闫更义还在黑龙江哈尔滨生活，夫妻分居两地，困难很大，便在 1986 年通过人事部门借调来出版社，后于 1988 年正式调用，在麦子店书库工作。闫更义为人勤快，书库工作十分劳累，但他不辞辛劳，来回多次为社里送书，毫无怨言。

我与老洪闲聊时，曾说起我俩的经历和命运十分相似。比如，我俩都从中青社开创时参加工作，一直干到退休；两人都当过经理部副经理。又比如，20 世纪 60 年代初，出版社因精简机构，调走一批干部去山西，我也名列其中，后因当时东北打鱼，队长王业康不放，还因社内唐锡光、金云江二位向社长求情，社里才打消了调我去山西的想法。而老洪也差点调去内蒙古一个出版社，后来也没有调成。80 年代初，中央文献出版社社长高勇同志曾先后向老洪和我表示，是否愿意调去该社当副社长，主管出版发行工作，我俩经过商量，认为都已到退休年龄，没有必要调来调去,就都婉言谢绝了。

我与老洪共事一生,在工作上相互配合,在感情上情同手足。想不到他走得那么急,令我一时难以接受,写下此文,聊表纪念!

（原载《中青出版通讯》2023 年第 4 期）

我与洪鹏七十年的友谊

　　洪鹏是 1951 年从上海的青年出版社华东营业处调到北京青年出版社总管理处来的。先后同来的还有顾联瑜、张汉民、陈建樑、洪嘉猷、沈佩静、徐文娟、潘伟方、钟守成等。1953 年 4 月，青年出版社与开明书店合并，成立中国青年出版社，洪鹏被分配在出版部工作。我是 1950 年从上海开明书店总公司，调到北京开明书店总管理处的，两社合并后，被分配在办公室计

洪鹏(左)与作者

划科。计划科除了编制各种选题、发稿、出版计划，还负责全社稿件运转和与新华书店北京发行所打交道。那时出版发行体制刚进行改革，出版发行实行分工，出版社所出图书全部交由新华书店北京发行所发行。计划科负责向发行所提供新书内容介绍，由发行所每月编印图书征订目录，向全国 3000 多个市县级销货店征订目录，然后由发行所向我社订货。我就根据订数加上样本开单交出版部印制，出书后由印刷厂直接运送新华书店储运公司，七天后发行所便将货款划给我社。这一制度对出版社十分有利，一直实行了 30 年。

　　从这一过程中可以看出，计划科和出版部之间关系非常密切。老洪有个婶子，叫吴兰芳，原是中青社的发行人员，后调到北京发行所财务科，负责与各出版社结算货款工作。出版社资金周转遇到困难时，只

要我打个电话过去,便可通融提前几天结算,她对"娘家"的事,给予了很多支持关照。

我与老洪在各自的岗位上互相支持,十分融洽。回忆70年来,我们二人的经历颇有相似之处。譬如,1958年至1960年三年困难时期,中央提出干部去农村下放锻炼,我俩曾先后到河北安国齐村下放一年,因口粮不足,都得了浮肿病。团中央第一书记胡耀邦同志曾两次到齐村来看望我们,出主意,采取措施帮我们下放人员渡过困难。"文革"期间,团中央"一锅端"到河南潢川黄湖去办五七干校,在军代表率领下,按部队编制把全团中央直属单位编成11个连队。我们中青、中少两社被编为七连,我与老洪曾都在七连当过食堂管理员。又比如,内蒙古一度要调老洪去工作,我也差点调去山西,结果二人均未调成。"文革"期间,出版社因毛主席批准出版《李自成》第二卷,中宣部通知出版社提前复业。因书荒严重,为了多印好书,满足读者需求,我社重印了许多各类优秀读物,工作十分紧张。出版部主任杨光仪离休,由老洪继任。而我因一直搞发行工作取得成效,也被递升为发行处处长。1987年年初,中青、中少两社分家,根据团中央指示,为了紧缩编制,两社只能各设出版发行处,不再单设发行处。老洪被任命为中青社出版发行处处长。此时中少社副社长燕生前来找我,希望我去中少担任出版发行处处长。我觉得自己即将退休,建议把位子留给年轻人,中少就任命王修文担任此职。而我就提前从发行处处长职位上退下,改任调研员,协助老洪搞自办发行。过去,中央某出版社曾分别找到老洪和我去该社担任副社长,我们觉得那时我们已年龄偏大,去到新单位如果干不出显著成绩,又退休在新单位不是滋味,我与老洪都婉言谢绝。

以上这些经历,足以说明老洪和我是何等相似乃尔!

出版发行处合并后,由老洪任处长,我就专心去搞七家出版社(人民、人民文学、中青、中少、社科、世界知识、法律)发行联合体的工作了。这个联合体是我和人民出版社发行部主任施茂仙共同策划建立起来的,目的是想把几家大社联合起来,向全国各大城市新华书店推销本版图书。这个做法一开始就收到效果,"七联"与北京市新华书店和长沙市新华书店签订特约经销合同,接着七社各派一人,由我带队去南京、重庆、广州三大城市新华书店,建立图书批销中心,招牌还是请叶至善先生用叶圣陶老的书法拼成的。从此,七社出版就在长江三角洲、珠江三角洲和西南广大地区源源不断地去销售。"七联"后来又吸收中央党校等出版社参加成为"十联",影响更大。从第五届北京图书订货会起,在中央党校出版社副社长刘忠礼的支持下,订货会会场移到西郊中央党校办了五届。每逢年初,正逢党校寒假,全国出版社和新华书店云集党校,影响巨大。若不是办订货会,全国哪能有这么多人踏进党校门槛呢?后来,老洪也亲自参加"七联"的工作,他利用中青社的优势,有车可以接送外地书店业务员来开会订购"七联"的货,有招待所可供食宿,有平房会议室可供开会,还有金文玺在丰台搞的货运站可在书店订货后直接运往各地。为了满足各地书店要求,我们还扩大请在京出版单位也来参加供书,老洪对外地书店十分热情。中青社的声誉不断扩大,大家都把中青社视为首都社店之间的联络站。

在出版社发行联合体的基础上,我又牵头和首都13家出版社办起首都社科书市,并被推为书市办公室主任。首届书市1985年在劳动人民文化宫举行,接待读者数十万人,首战获得成功。第三年(1987年),我们又在书市的基础上加办首都图书交易会(后改为北京图书订货会)。自办发行越办越大,受到中宣部、出版总署、团中央、北京市委的重视。书市和订货会每年举办一次,直到今天,被新闻媒体誉为"出版风向标"。

老洪接手管发行工作以后,在徐迎新、杜耀珊、周毅、赵集中、梁伏生、余庆燮、张可凤、金文玺、王增玉、刘金玉等同志积极努力下,我社自办发行更加红火,销售码洋不断上升。每年参展图书,他早早与编辑室沟通,精心编制参展书目,而且抓紧印制出版,使我社参展图书不断增加。订货会结束后,他又抓紧供货满足书店要求,因此在各订货单位中有较好的声誉。

老洪作风正派,为人公正、耿直,热心公益。我与老洪相处70年,工作中得到他的支持,生活中受到他的照顾。他先于我入党,工作上很有魄力,我常以他为榜样,视他为知己。古人云,人生得一知己足矣。我真的够满足的了!

怀念朱肇本同志

朱肇本

朱肇本同志是我的好友、好同事。他是 1954 年从南京新华日报社调到我社资料室来的,1979 年任资料室副主任,一直干到离休。他思想进步,很早就参加革命,学习也十分努力,曾利用业余时间参加北京大学图书馆学系函授班,坚持学习了四年。他还参加了《出版词典》、《编辑实用辞书》和《新编中国文史词典》等部分词条的编辑与撰写工作,并与人合著《美哉! 中华》、《中国古典名城巡礼》、《中国旅游必备》等书。

他为人厚道,待人和气,工作勤奋,把资料室十多万本藏书整理得井井有条。当年胡耀邦同志常来资料室借书,许多住在出版社改稿的著名作家如姚雪垠、罗广斌、孙峻青、李克异等也常来资料室看书,老朱总是热情接待,颇得作家好评。茅盾为了出版文集,到处寻找他十分喜爱、曾在抗日战争时期内地一家出版社出版的小说《炮火的洗礼》,曾托人在重庆、成都、昆明等各书店找了多次,一直没有下落,后来竟在我社资料室找到了。茅盾喜出望外,特专门写信向我社道谢。这虽然是件小事,但也足以说明我社藏书之丰富和老朱管理之完善。

1958 年 1 月,首都兴修水利,在十三陵建造水库,要求各单位派人参加,我社派了朱肇本同志前去劳动。历时 160 天,竣工后召开表彰大会,朱肇本同志获得劳动模范称号,为我社争了光。

老朱总是吃苦在先,享受在后。三年困难时期,曾与我在财务科长林师鋆带领下,在社内大厅种起蘑菇,先去邻近农村买来一大卡车稻草,在厅内用大量自来水浇透,又用大火炉把厅内加热,晚上还要轮流值班,看温度表是否合适,十分辛苦。蘑菇还未成熟,老朱义和王济民、陈兆祥等人去东北打猎。那时东北十分寒冷,大家找到我社原副秘书长丁立准同志(此时在黑龙江省某地当领导)去借猎枪,丁立准一听哈哈大笑说,你们来的不是时候,这时哪有动物出来,你们还是回去吧。临走,他送了几袋肉食。

1969年春,首都各中央机关兴起了办五七干校的热潮,团中央机关也和各直属单位在河南潢川办了五七干校,归军队领导,按部队编制,各单位被称为"连队",干部被称为"五七战士"。当时,中青、中少尚未分家,被编为"七连",连长是中青社社长边春光。连队住在地势最低的湖底。我被分配为食堂管理员,称为"班长",老朱也在食堂烧火。第一天,我看到食堂旁边有一大堆细煤,是以前国营农场留下来的,要作价付还。第一天,食堂做完早餐和午餐,两顿饭下来,这一大堆煤竟用了一个尖头,估计到不了一星期就会烧光。老朱说,这是炉灶有问题,必须改灶。我马上到校部机工连请求帮忙,他们立刻派师傅来看了一下,并打听到附近有一个解放军连队,可以去了解他们是怎么做饭的,我便请老朱和机工连师傅一起去参观,然后在机工连帮助下进行改灶,并做了一套笼屉,有七八层。这样,节煤问题就解决了。因我们七连工作成绩突出,伙食也搞得不错,后来校部在评"四好连队"、"五好战士"时,七连获得"四好连队"、"五好食堂"称号,老朱还获得了"五好战士"的荣誉。

离休以后,老朱又为出版社做了一件功德无量的好事,他向出版部借来我社从1949年到2004年出版的全部书目,分年分类,编了一本很厚的书目,包括书名、作(译)者、定价、初版及再版日期、每次印数,为我撰写回忆录提供了方便,也为编辑室新书选题提供参考。前副总编辑郑一奇同志回忆说:"资料室之好超出想象";对朱老的书(指上述书目)认为是"研究社史必备书"。"我过去是资料室常客,借书甚多,深知资料室价值,对做学问人来说是宝库……几十年资料室管理有序,收藏丰富,服务周到。"这段话代表了我社各编辑室编辑的心声。艾传更同志回忆说:"他(指老朱)爱社如家,爱资料如自己的孩子,对资料的价值,都在自己心中。当中青、中少分家时,资料室的各类书登记得明明白白,真是'小葱拌豆腐,一清二白'。当资料室要彻底分开时,朱老经常关照,×××书、×××资料,可是价值连城啊!"老朱就是这样热爱自己的工作,可敬可佩!

他热心助人,刘淑珍同志去五七干校前,要把老母和五个月的孩子送回老家,老朱见她困难,便提起行李,搀扶老太太送上火车。此事使老刘十分感动,一生难忘。老朱就是这样一个热心人!

(原载《中青出版通讯》2023 年第 4 期)

做人要做这样的人

——回忆与范坤祥、杨光仪同志相处的日子

今年春节刚过，就连续传来范坤祥和杨光仪两位好友逝世的噩耗，令我全家十分悲痛！

老范和老杨都是抗日战争时期参加革命的老党员和老革命，为新中国的成立立下过汗马功劳！本社成立时，他们就都调来工作，直到离休，是我社发展壮大的亲历者和见证人，也是出版社的功臣！

老范开始被分配在幼儿园，是园长刘守玉的得力助手，她是20多名工作人员中年龄最大的党员，事事都带着头干。一个单位办自己的幼儿园，这在当时并不多见，我社领导比较重视后勤工作，在社里不仅办了幼儿园，还办了食堂。这方面，洪鹏和刘钟嵘二位曾在为纪念中青社成立60周年出版的《青春永驻》(第162页，中国青年出版社2010年1月出版)一书中作过详细叙述，我就不多说了。

老范在幼儿园工作勤勤恳恳、任劳任怨，园长把最难管的小班交给她负责。那时小孩很多，难免得病，园里设有一辆专车专门送孩子去医院看病，有时发生传染病，就需要隔离。这时，老范就整天整夜地照顾孩子。这种情况不是个别，而老范总是无怨无悔，努力把工作做好。由于像老范这样

范坤祥

老党员的带头作用，园里的工作人员，个个兢兢业业，团结一心，把孩子照顾得很周到，使幼儿园成为社里的先进部门之一，家长们都很满意。

"文革"结束，当年的孩子都已长成大人，小孩明显减少，幼儿园停办了。老范被调到行政科，负责招待所的工作。当年社里办招待所，主要是接待作者修改书稿，后来盖了大楼，地下室可以容纳较多的客人，所以也可接待一些职工的亲友。我的一些亲友也曾在这里住过，都夸奖范所长待人热情，服务周到。作者和其他住客临走时，也都一再道谢。我见到在招待所的走道里有一块"宾至如归"的长匾，可能是客人赠送的。

后来，因为我社自办发行搞得红红火火，来自四面八方新华书店的业务人员，都嫌北京旅馆价钱太贵，条件也不理想，所以都愿意住到我社招待所来。一旦住过，认为环境干净、交通方便、价目便宜、服务周到，以后就成为常客了。特别是每年年初，我社与兄弟社联合举办的北京图书订货会期间，我社招待所就被订货会包了，全都住满。我退休后，发行管理由洪鹏负责，正好"七联"成立，我社因有平房会议室可作会场，又有招待所可以提供住宿，便成为"七联"活动中心，连续多年人来人往，热闹非凡。一直到五年之后，订货会改到较远的中央党校去办，我社招待所才不再接待订货会来客。但平时"七联"召开的会议较多，各地书店业务人员来住的仍络绎不绝，他们常有感谢留言。

老范离休后，领导请她当幸福村宿舍居委会负责人，为保障居民权益、协调居民纠纷、帮助居民解决困难、保护社区安全做了许多工作，甚至连分发居民报刊信件等许多项事，老范也都管得井井有条，受到大家好评。也许她在抗日战争和解放战争期间做过群众工作，因此做街道工作是驾轻就熟，干得十分出色。当年我因搞发行，经常去外地出差，家里老人较多，老伴要照顾孙女，有点儿忙不过来。老范与我同住大楼，关系较好，她便常到我家看望老人。后来，老人先后去世，多亏她协助办理后事，令我感激万分。刘钟嵘的公公从台湾来京，还未办上户口，但又病重，感到为难，常由老范帮忙，才解决了难题。这样的例子很多，说明老范在这方面做了很多实事。2003年幸福村宿舍大楼拆迁后，百家住户各奔东西，见面机会大减，平时只能以电话联系问好。去年上半年，她和刘钟嵘都到我家来看望，共进午餐。想不到这却是最后一次与她见面了！

杨光仪同志与我从两社合并起就在一起共事,虽开始不在一个部门工作,但因工作关系密切,经常与他打交道。"文革"开始,宿舍大楼已建成,两家迁在一起,正好住在同一层楼的对面,加上他爱人金大姐是我同乡,又同在开明书店共事过,所以共同语言较多,来往更为密切,两家相互串门,可以不必敲门,亲似一家。

老杨为人正直,虽担任多年领导,但平易近人,毫无架子,向他请教,他会认真向你讲解。他表面上沉默寡言、形似冷漠,但内心非常热心,并且十分关心下属的生活。我印象最深的是,办公室内一对年轻夫妇将要生小孩,因家境困难,老杨亲自带头,发动同事们捐助衣物。他的慈爱之心,可见一斑!

老杨 1939 年就参加了生活书店工作,因环境险恶,不断调遣,先后到过桂林、成都、重庆、汉口、香港等地,都在革命书店工作。大家读过《红岩》,知道革命书店是日寇和国民党反动派的眼中钉,随时都有被捕或牺牲的危险。老杨就是在这种险恶的环境中与敌人斗争、为读者服务的。1948 年,老杨被组织上调到华北大学学习。一年后,在共和国诞生前夕,调进青年出版社,可称是我社的"开社元老"了。从此,他就一直在设计科、校对科、美编室和出版部担任领导工作,整整工作了半个世纪。

我社在"文革"还未结束时,就因出版《李自成》第二卷而提前复业,我与老杨先后从五七干校调回。改革开放后,老杨一直主持出版部工作,我与洪鹏,后来又有刘钟嵘,都在他麾下工作。他对下属要求很严,工作上如有失误之处,他会及时指出,要求改正,并且说明道理,让你心服口服。我们从他的言传身教中获益匪浅。

在工作上,老杨刻苦钻研的精神,十分令人佩服。他对书刊纸张利用率的精确计算,为我社节约了大量纸张和成本,特别是在纸张紧缺年代,节约下来的纸张是用钱难以买到的。我记得在 20 世纪五六十年代的增产节约运动中,老杨曾获得过大奖。程绍沛同志告诉我:在他和张洪溪同志主持《青年文摘》编辑出版初期,将该刊由少量几家分区造货扩大到多区造货后,发行量增加了三分之一。由于在老杨的建议下,将用纸成本每册节约了一元,这一年千余万册的刊物该节约多少成本啊!

老杨不仅对出版社的书刊在节约用纸和降低成本方面作出过重大贡献，还把他的经验传授给了不少同志。原中国青年杂志社的胡子光同志曾虚心向他请教，老杨手把手地帮助他掌握了出版印制方面的技术和如何节约纸张的经验，使他后来被调到电影出版社去当社长。王修文同志在两社分家后担任中国少年儿童出版社发行处处长，也常来向老杨学习这方面的经验。别的兄弟出版社在相互交流出版工作经验时，老杨总会毫无保留地介绍给他们，所以人们都称他为"出版专家"。

老杨离休后，在很长时期内受出版部门返聘，继续为社里掌管与印刷厂的结账工作，财务部门只凭老杨的签字支付印刷费用。因为在宿舍大楼拆迁之前，我和他紧邻，常去他家串门，经常看到他的桌上堆满了账单。因为出版社发展得快，出书众多，老杨往往要加班加点地进行复核，由于他既懂书刊的印装过程，又熟悉工价，所以常能发现印刷厂多开费用，他就把它纠正，计算出正确的费用。我经常见到厂方业务人员与他争得面红耳赤，最后往往以印刷厂服输了结。倘若印刷厂一时疏忽，或在算法上错了位，向社里少收了，老杨也会给予补足，厂方更加信服老杨的公道了。

老杨一生淡泊名利，一心为公，从不计较个人得失，家有困难也从不开口向领导要求帮助解决。他离休后，成为副局级干部，从不以此要求特殊照顾。其实，我对他家情况比较了解。她和金大姐年事都已很高，金大姐后来长期卧病，生活不能自理，老杨耳朵、眼睛都不方便了，开支自然大大增加；孙儿已经大学毕业，很长时间没有工作，别人劝他找找社里帮忙，他坚决不让，认为这要使社里为难。

老杨学习抓得很紧，对自己要求特别严格。我经常看到他在家里正襟危坐，手拿书本，进行学习。离休后，他读了我国的许多古籍，如《史记》《资治通鉴》等。为此，他的学识渊博，对待事物的看法和见解往往高人一筹。

老范和老杨对子女们的家教很严，家风很正，这就直接影响到他们的子女和小辈。子女们个个都很有礼貌，也很孝顺。人事处的田华同志对我说，通过为二老办后事，她发现：老范和老杨的子女个个都很有教养，很懂礼貌，让人敬佩。后事办完后，他们有的专门打电话，有的还亲自开车来社表示感谢。

　　写到这里,我感受颇深,不禁想起了《红灯记》中李铁梅的一句唱词:"做人要做这样的人。"是的,我要永远向二位好友学习,做一个这样高尚的人。

　　　　　　　　　　　　　　　　　　(原载《中青出版通讯》2016 年第 7 期)

回忆老友黄伊

黄伊

黄伊是我社元老级编辑。他从青年出版社一成立,就由华南区团委调来我社。那时编制还不正规,在编辑部打杂。1953年4月,开明书店和青年出版社合并,成立中国青年出版社,这才开始正规起来。社刚成立,共有五个编辑室,另外还有办公室、出版部、资料室和行政处。黄伊被分配在二编室(文学编辑室),我在办公室稿件科。因为工作关系,一开始我就结识了这位广西籍同事。他是当时二编室唯一的大学生,毕业于中山大学文学院,工作兢兢业业,还善于做公关工作,全社没有一人不认识他。

实行计划化以后,出版的各项计划工作都由计划科(原稿件科)汇总编印,诸如长远选题计划、年度出版计划、月度印制计划和年度、季度、月度发稿计划等,我和各编室打交道的机会增多了。而黄伊虽是大学生,却总管二编室的零碎事务工作,诸如去行政科领稿纸、信纸信封、毛笔墨水等,然后发给各个编辑。他对这些杂务不嫌麻烦,总是笑嘻嘻、乐呵呵地干得很欢。

因为他管编辑室的这些杂务,了解二编室本年的发稿出书情况,所以常常写些稿子投给各家报社,宣传即将出版的新书。当时,中青社对外声誉很好,以出各种英模人物出名,报社很愿意宣传中青社的新书。

只要黄伊写好稿子,就不愁无处发表,久而久之,这位报道员社内外还都出了名。因他介绍的新书内容字数都很少,报上登出来只有豆腐干一般大,因而办公室的同事都戏称他是"豆腐干作者"。而他总是乐呵呵地接受这一称呼,并说:文章字数少,报社还欢迎哩。黄伊就一直这样为本社文学读物做不花钱的广告。我搞发行工作,也非常欢迎他做这些新书介绍,只要报上刊出他的新书"广告",特别是英雄模范人物,如董存瑞、黄继光、王杰、雷锋、王若飞、《红旗飘飘》、《红岩》等,新华书店就会有反应,要求重版供应。这方面,我觉得黄伊是有贡献的。

深入农村找柳青,约写《创业史》
奔赴天津访梁斌,争回《红旗谱》

1956 年间,二编室主任江晓天听说大作家柳青已下到陕西农村去落户,他预料几年后必然会写出一部大手笔,连忙派黄伊前去组稿,要求必须把这部稿子约到手。黄伊立即出发,带着约稿合同前赴陕西。柳青开始觉得刚到陕西农村,八字还没一撇,怎么就可签约。黄伊心想,主任讲得明白,一定要说服柳青把合同签下来,便施展他的公关本领,终于让柳青折服。黄伊回到编辑室向主任交令,江晓天从此十分欣赏这位助编的公关能力。这样的情况多了,二编室的几位编辑都对黄伊刮目相看。

"文革"后,出版社复业,《红旗谱》作者梁斌因对出版社给他的稿费定得不满意,期满后想交别的出版社出版。主任阙道隆得知后,深恐以后的几部续篇也会失去,"三红一创"将不复存在,而且在出版界会造成不良影响,经过研究,认为黄伊也许会挽回局面,便派他去游说,要求务必劝阻作者这一行动,力争把《红旗谱》及其续篇《播火记》、《烽烟图》,统统签回出版合同。黄伊临危受命,战战兢兢地上了火车,到天津去拜访梁斌。他很有策略地首先祝贺梁斌乔迁之喜,送上一份茶叶作为礼物,开始把文艺界新近动态和梁斌畅谈起来。梁斌听得津津有味,又见黄伊如此彬彬有礼,首先获得个好印象。黄伊把话题转到三本作品上,他诚恳地说,《红旗谱》已出版多年,编辑部曾收到一些反映,有些地方必须作些修改,才更为完美,希望这三部书稿仍由中青出版……经过交谈,梁斌最后还真同意了,但梁斌说:"你没来之前,我已答应交给天津文艺出版社去出了,我不能失信呀!"原来黄伊在拜访梁斌之前,先造访了好朋友、天津百花社长。社长毫不犹豫地答应中青出版,黄伊心里有底,便哈哈大笑地说:"这事你就别管了,我保证不会使你为难。"就这样,黄伊带着三份出版合同,顺利回京。后来,《红旗谱》很快修订重版;《播火记》1979 年 9 月出版,连续印了 265400 册;《烽烟图》1983年 2 月出版,连续印了 376000 册。黄伊又为中青社立下了汗马功劳。

学生戏考老师,无法难倒更佩服
全社保护作者,脱离险境情更深

黄伊在二编室正好坐在周振甫先生对面,周先生工作时专心看稿,从不说话,黄伊怕打扰他,也只好忍着。他听人说周先生学富五车,人称"周夫子",为了想了解周先生到底学问有多深厚,便想考考他。事先他已查了《唐诗三百首》,从中选了几首难懂的诗篇,故意请教周先生:"我记得古诗中有一句××××××的,前面和后面几句都忘了,请您告诉我是什么句。"周先生听完后,便把前言后语都接了上去,并告诉这是×××的一首名诗,意思是什么,里面出典又是什么,等等。黄伊接着又提了几首,周先生一一作了回答。黄伊心想,周夫子果然学问深奥,内心更加敬佩。

"文革"初期,《红岩》被诬为"为叛徒翻案",在重庆闹得很凶。作者之一的罗广斌惨遭迫害,另一作者杨益言,被到处搜捕,他只好逃到北京,戴着口罩,蒙着脸,来找出版社避难。在出版社群众与黄伊、张羽等人的保护下,他躲在后院;黄伊、张羽同时又编印《红岩战报》,一连出了两期,由我和资料室赵宜明等人到大街上叫卖。后来听说"重大八一八"追到北京来抓捕杨益言,我们就紧闭大门,连续放假好几天。"重大八一八"无果而返,我们才放心继续搞本社的"文革"。

求安逸,作家王蒙去新疆落户
别友人,编辑黄伊到车站送行

"反右"时,作家王蒙因发表《组织部新来的年轻人》而受到批判,吃尽了苦头。摘帽以后，他又写了一部《青春万岁》，交中青出版。交稿不久，谁知形势又发生变化，他赶快把稿子收回来，自己越想越没劲，便决定去新疆落户，求个安逸的日子。临行那天，主任江晓天因家庭问题受到处分，不便前去送行，便委托黄伊和吴小武二人找司机刘守恭，驱车到王蒙家里，连人带行李把他送上火车。临别时，双方相对无言，互祝珍重。

四处求人，为周先生张罗印全集
一锤定音，我中青社慨允出精品

黄伊不但佩服周先生的学识渊博，而且敬仰他的人格魅力，在政治上积极争取入党（后来成为中共党员），在大是大非面前，又敢于挺身而出。"文革"中，一群青印厂工人突然到出版社来夺权，高呼"工人阶级领导一切"，召集所有出版社人员在饭厅举行夺权大会，高呼"打倒走资派边张胡"（边春光、张宇、胡德华），"打倒牛鬼蛇神"，"毛主席万岁"……一片喧哗。正在这时，大伙儿忽然听到群众中有人站出来细声细语地说道："工人同志们，你们这样做是完全错误的，是违反毛主席最高指示的！"大家回头一看，竟是平时很少说话的周振甫先生，在一阵鼓掌声中，青印厂工人只好灰溜溜地回工厂去了。这件事给大家留下了深刻的印象。

在一次和朋友们的聚会中，黄伊提出周先生的作品等身，应当出版一部全集。我和在场的陈斯庸、施竹筠（均为二编室同事）等都十分赞成。但周先生却说："我的这些书已印了不少，出全集是要赔钱的。"大家七嘴八舌地议论了一通，都希望能全集出版。事后，黄伊居然四处写信，给已调离外地的出版社老同事和时任出版署署长的于友先同志。过了一些时候，四川文艺出版社的原老同事刘令蒙回信表示愿出，但提出条件是全集出版以后，所有周先生在各社出的单行本就不能再出。黄伊觉得这个条件十分苛刻，与周先生一说，周先生坚决不干。接着，黄伊又接到于署长托图书司转来的信件，信上说："鉴于周先生在学术上的成就和对出版工作的贡献，署里拟将全集列入'九五'重点规划，并积极支持全集出版。"黄伊喜出望外，连忙将两封信送到我家里，让我帮着出主意。我看了也十分高兴,但觉得两封信还都没有落实。四川文艺出版社的条件绝对不能同意,这是要使周先生为难的;于署长的信倒是表明了署里的态度。我便打电话给时任出版社总编辑的陈浩增,他听后毫不犹豫地说:"周先生的书大部分在中青出版,又是中青社的老人,中青社应当出他的全集。回头和守文商量后决定。"黄伊在旁高兴极了。接着,陈总又把社长胡守文同意出版的话转告了我。就这样,一部精装十卷本的《周振甫文集》终于在 1999 年问世,黄伊为此又尽了一位学生的责任。

黄伊与我同岁,但他不幸因病去世,今年是他逝世 15 周年了。生前,我与他有许多共同语言,特别是退休以后,二人同住一楼,见面常有说不完的话。他是一位正直的人、善良的人、热情的人,无论对工作还是对朋友,真正做到了尽心尽力,善待他人。

(原载《中青出版通讯》2019 年第 12 期)

一位发行员谈编辑的故事

几年前,我曾读过作家王立道写的《烛照篇》,它生动地记述了编辑家黄伊辛勤为他人作嫁衣裳的许多感人事例,专为一名编辑写书,这在出版界尚属首见。今天,我们又见到了黄伊自己把多年从事编辑工作所积累的经验之谈结集出书,书名《编辑的故事》,由金城出版社出版,这又是一件值得高兴的事。

我在中国青年出版社做了多年发行工作,长年累月和编辑们打交道,和许多新老编辑结为好友,黄伊是其中之一。我们之间无话不谈,无所不议,半个多世纪以来,在风风雨雨的经历中,我俩结下了不解之缘,成为亲密的合作伙伴。

编辑是无名英雄,在计划经济时期更是如此。一本优秀读物出了名,作家一下成名,还有丰厚的报酬,而编辑却连在封四上署个名都不行。发行工作更是如此,在出版界,编辑还是有地位的,而发行人员是不在话下的。一本书发行了几十万、几百万册,人们都称赞作家写得好,谁能提一下发行人员为此下过多少功夫、出过多少力? 所以,发行人员也同样是无名英雄。

黄伊从中山大学走上编辑岗位,一干就是半个世纪,经他手编的书、发的文章不计其数,但他甘当无名英雄。我从他身上学到了许多优秀品质,特别是他干一行爱一行的敬业精神和认真对待书稿的负责态度。他从不计较个人名利地位,在编辑室甘当配角。20世纪五六十年代,中青社出版过一批优秀的文学读物,比如那脍炙人口的《红旗谱》、《红日》、《红岩》、《创业史》、《李自成》等,在社会上影响极大,创造了几多辉煌。这些书的出版,既不是上级指定的选题,也不是名作家自动送来的稿子,而是靠中青社有一支十分出色的编辑队伍。他们政治敏感、工作热情、业务娴熟,对作者诚恳,而且内部合作精神十分强,许多好书都是编辑室千方百计策划出来或争取来的。而黄伊,作为这个集体的一员,他虽然坐在一个不起眼的角落,也从未当过什么长之类,但他比别人更关爱这个集体,室里什么稿件、什么新书进度怎样,他都操心。用他自己的话说,喜欢多嘴多舌,也可以说不大安分。但就是这个角色,在集体心目中起着十分重要的作用,很多好稿是由他张罗出版的。没有他的努力,中青社怎么能争取到《烈火金钢》、《高玉宝》、《我们播种爱情》和《阿诗玛》,又哪里会创办《红旗飘飘》和出版《凡尔纳选集》呢?

黄伊的这本《编辑的故事》,是一本难得的好书,对年轻编辑记者来说,是一本很好的"经"。书中虽没有正经八百地讲编辑的修养,也没有堂而皇之写什么编辑学,(作者自语)但这正是这本"经"的特色。如果正面去谈修养、道德、学术之类,也许许多青年编辑记者早已学过了,而黄伊的每篇文章写得生动,看完一篇还想再看一篇,看完之后会让你在不知不觉中受到它的感染和启示,仿佛上了一堂实际的修养课,听了一段生动的编辑学。它教你怎样做人、怎样办事,它告诉你怎样张罗稿子,怎样选择作者,怎样发现新作品、帮助新作者;对名作者要尊重,但更应严要求,审稿不能马虎迁就;对新作者要多伸手相助,不要歧视冷落,尤其对待一些不得志或暂时受到不公正待遇的作者,更要多加一些关怀。这方面的事例太多了,人们可以从这本书的许多文章中看到,难怪王火、王蒙、刘流、公刘、徐怀中、吴越等一大批名作家和他有很深的感情。

黄伊还有一个特点,他当了一辈子编辑,编过无数部书稿,凡经他编辑出版的书,几乎都要在报刊发表一篇甚至几篇书讯或书评。老作家梁斌在未成名前,曾经因为黄伊发表第一篇评论《红旗谱》的文章十分感谢他。这一点也许在今天市场经济条件下并不奇怪,编辑们已重视对报刊媒体的炒作,但在计划经济时期,要求编辑写一篇书讯之类会被看成王婆卖瓜,不屑一顾,这一点我搞了多年发行工作,体会最深。而黄伊却不这么看,他每在报上发表书讯后总要带剪报给我看,要我做好发行准备。尽管他的书讯常被人讥为"豆腐干文章",但他却乐此不疲,这也反映了他的工作责任心。1981 年黄伊被调到人民文学出版社以后,这类书讯就很少有人写了。我因发行工作需要,紧随黄伊足迹自发写了一些书讯之类,几年中竟发表了百余篇之多,虽是班门弄斧,也算是受到黄伊的影响吧。

总之,今天金城出版社高瞻远瞩,出版黄伊这本《编辑的故事》是为出版界和读者办了一件好事,值得赞扬。通过这本书的出版,我想一定会有不少编辑记者从中受到启迪,也会使广大读者了解新中国半个世纪以来所出版的许多优秀作品的来龙去脉,为他们提供了翔实的第一手出版史料,而这些文字是很难从别的书报上见到的。

(写于 2003 年 5 月)

追念老邻居、好同事宋加沛同志

宋加沛

10 月 27 日一早，我接到加沛兄公子宋喆微信，说他父亲已于 27 日凌晨 2 时在泰颐春养老中心逝世。听到这个噩耗，我十分悲痛，不由得想起了许多与老宋相交的往事。

老宋在我的心目中，既是可敬的兄长，又是亲密的邻居。我们两家在宿舍大楼拆迁前，同住一单元三楼，长达 40 年之久，双方爱人、老人、孩子都常有走动，相互关照，情同手足。大楼拆迁后，我在西城区黄寺大街买了房子，他家也在丰台区西罗园买了一套新房，一南一北，相去较远，但我和爱人朱玉英还是驱车前去他的新房参观。大家都感到住得虽远，却享受到国家改革开放的成果，相当满足了！

几个月前，因受在美的洪鹏委托，询问老宋情况，我在微信中得到宋喆回复，说医院因无鼻饲办法，进了泰颐春养老中心治疗。中心没有护工，就靠他夫人宋淑清日夜护理。谁知不到两个月，他竟与世长辞，怎不令人伤心！

老宋 1951 年毕业于辅仁大学史学系，调来出版社之前，曾在马列学院历史研究班学习，后去中央团校教研室当辅导员。分配来出版社，应是他最理想的工作。他学历史，正好分配在出版社的社科编辑室当编辑，他如鱼得水，可以学有所用。30 年的编辑室生涯，他始终兢兢业业、尽心尽力，一部部优秀读物从他手中编出。1962 年由徐元冬、马晴波等编写的《中国共产党历史讲话》一书，从一出版就立刻受到社会各界关注，连续14次再版，并被评为全国通俗政治理论读物一等奖；他编辑的《中国近代史常识》和《辛亥革命时期的历史人物》二书，均获全国爱国主义通俗历史读物优秀奖。他还积极参加《祖国》、《美哉中华》、《出版词典》、《新编中国文史词典》的编写工作，个人也有作品《一·二八淞沪战争》、《中国历史基础知识讲座》先后问世。

他为人随和，对人诚恳，受到许多史学界作者的信任，作者们愿意把作品交与中青社出版。我查阅了本版书目，史地编辑虽人数不多，但每年都有新书出版，这与老宋的勤奋、美德是分不开的。在出版社内部，他与出版、发行、财务、行政部门关系也很融洽。我在群里发了他去世的噩耗以后，将近40位老同志（包括中少社3位）都纷纷发来唁电，要我转发他家属节哀，这里也可看出老宋与同事的关系是多么融洽。正如老社长胡守文在悼词中所说那样："老宋一生在名利上无欲无求，事业上勤奋尽责，是个好同道、好前辈。"原副总编辑郑一奇也说："我来中青是他（指老宋）手把手教我学编辑业务的，也是他介绍我入党的，他是我的恩师。"朱肇本同志说："加沛兄言行是我的表率，对我工作生活诸方面给以极大帮助。"洪鹏同志说："加沛兄勤恳工作，诚恳待人，身后捐献遗体，供医学研究，高风亮节，令人钦佩。"还有许多老同志，都痛悼加沛，大家表示要向他学习，足见他的人格魅力！

最后，我写了一副挽联以资悼念：

一辈子为他人作嫁衣　勤勤恳恳编出佳作无数功在千古

四十载与吾辈为同事　实实在在相交情同手足德炳日月

（原载《中青出版通讯》2019年第22期），

追忆书籍装帧设计艺术家沈云瑞

沈云瑞

说起沈云瑞的名字,在出版界也许知名度不高,但他却默默无闻地为开明、中青设计了无数封面和插图。出版社原社长胡守文在老沈近作《书籍装帧五十年情缘》(中国青年出版社 2018 年 4 月出版)一书序言中说:

中青社的沈云瑞先生是位老装帧设计家,从 20 世纪 50 年代入社,一直到 1990 年退休,历时整整四十年。经他手设计的书衣,无可计数了,耳熟能详的有《创业史》、《桑青与桃红》等。与他前后共事的有秦耘生、邓中和、小马哥等,这是一支十分出色的团队……老开明是我们对民国时期著名的出版机构"开明书店"的简称,20 世纪 50 年代公私合营,老开明和团中央的青年出版社合并,启用了一个新名称——中国青年出版社,因此说老开明是中青社的前身,是说得过去的;说老开明的员工,是中青社的老前辈,也是说得过去的;说老开明的书籍装帧,是中青社书籍装帧史的先声,还是说得过去的。

当胡守文发现沈云瑞兢兢业业地为开明、中青设计了这么多的封面和插图,认为他必有丰富的经验可谈,便鼓动他就这个课题做一点研究,以期对今天的工作有所裨益。老沈没有丝毫犹豫,痛快地答应了。经过多年努力,终于出版了这本 30 万字的《书籍装帧五十年情缘》。

我和老沈都是在新中国成立前加入开明书店的,他小我一岁,原在天津市一家私营银行当学徒，因为爱好绘画，业余在附近一家美术学校学了几天油画，这时恰巧开明书店新设的天津市发行所开张不久，正在招收一名门市部广告人员，沈云瑞在老师的指导下，画了一幅绘画，前去应征，竟被录用，于是进到天津开明书店门市部工作。1949 年年初，开明又在北京成立发行所，老沈便被调到北京发行所八面槽门市部（现为外文书店门面）。八面槽地处王府井附近，十分热闹，来往过客众多，门市部急需精美布置。沈云瑞在这片广阔天地里精心地设计了广告，除门口以外，还绘制了七八块广告牌，挂在书架上面的墙上，宣传新书《闻一多全集》和巴金、茅盾的小说。还在书厅中间画了一幅毛主席像，楼上插了几面国旗，马路对面拉起祝贺开明书店门市部成立的红布横幅，显得喜气洋洋，以吸引顾客上门购书。这在当时商店中还是极少见的，足见老沈的创新精神。

1950 年 6 月，开明同人为了争取公私合营，听从出版总署指示，将上海总店经理室、编译所、出版部迁至北京，在西总布胡同甲 50 号买了一座大宅院，作为办公室。

同人和家属也陆续分批来京，作了妥善安置。我是第一批来京的，因总店没有单人宿舍，就借住在八面槽门市部的单身宿舍里，和老沈同住一起。二人年岁相近，爱好相同，还各自买了一部旧照相机，业余拍了不少照片。他还教我学骑自行车，中午在王府井、东西长安街来回行车。那时北京不十分热闹，大街上大车小车都不多，电车只有一路环行线，沿着东单、西单、东四、西四环行，所以中午行人很少，由我任意骑行。

1953 年 4 月 15 日，开明书店和青年出版社合并，成立中国青年出版社，两社没有大办公地点，无法安排 200 多名员工的办公室，团中央将中央团校迁至紫竹院，把原址东四十二条 21 号一座四合院拨给了出版社。沈云瑞被分配在五编室，担任美术编辑；我在总编室，负责稿件登记运转、发行和版权工作，与各编室联系密切。

当初美术编辑人员很少，后来调来马振和不少美专院校毕业生，人员多了，出书也多了，便成立了美编室，由马振负责。沈云瑞没有上过专业的美术学院，完全靠自学成才，工作十分刻苦，一开始对美编工作

包括对封面、插图、制版十分生疏，幸亏科普编辑叶至善从旁指导，才慢慢熟悉起来。后来他又勤奋学习，发挥他绘画和书写美术字的优势，各类书都能设计，成为美编室的多面手。他负责设计的一套新文学选集，共有22本，其中当时健在的作者有郭沫若、叶圣陶、茅盾、丁玲、巴金、老舍、洪深、艾青、曹禺、张天翼、赵树理等11位；已故的作家有鲁迅、郁达夫、闻一多、朱自清、许地山、蒋光慈、鲁彦、柔石、胡也频、洪灵菲、殷夫等11位。这套书他花费了很大功夫，最后封面统一用深黄色的花纹作底色，征集健在的作者亲笔题写书名，并为编委会提供的插页安排版式；已故作家除《鲁迅选集》是他从鲁迅生前自题的"鲁迅自选集"五字中摘出，其余十位，请了郭沫若先生书写。后来这套书中的《茅盾选集》封面设计还入选了《中国现代美术全集·书籍装帧卷》。

老沈设计的《人的一生应当怎样度过》，作者是景山学校老师敢峰，这本书深受青年读者欢迎，共印200多万册。沈云瑞在设计封面时想起高尔基的《海燕之歌》，便把封面设计成用浅蓝色作底色，寥寥几笔作为风浪，画一只与风浪搏斗的海燕，意味深长。《毛主席诗词讲解》一书，他以牡丹图案设计封面，用深红色作底色，请郭沫若先生题写书名，显得十分庄重。孙犁的《白洋淀纪事》，他以满版浅绿色作画面，在书名右上角画了一朵精致的睡莲。

总之，他设计每本封面，都尽量和内容适应，而且画得十分细致，使人一看感觉舒服。

沈云瑞的模仿能力很强。两社合并时，团中央原想请毛主席题写中国青年出版社社名，《中国青年》杂志毛主席题过三次刊名，《中国青年报》也题过一次。但当时急于宣布，时间来不及，社领导就让沈云瑞仿照鲁迅先生笔迹，拼成出版社名字，一直沿用至今。

　　沈云瑞把一生奉献给了出版社的装帧设计事业,既创作了无数的封面插图,又是《出版词典》、《编辑实用百科全书》的主要撰稿人之一,为出版界作出了重大贡献。他编写的《书籍装帧五十年情缘》,更为后人提供了丰富的经验。他为人朴实,作风正派,工作积极,办事认真,是一位优秀的共产党员,也是我学习的榜样!

（原载《出版史料》2021 年）

沉痛悼念沈云瑞同志

沈云瑞

7月12日上午，看到人事处发的"沈云瑞同志逝世讣告"不胜悲痛，又陆续见到20多位同事的唁电，大家都沉痛地为他送行。

我与沈云瑞同志有老开明师兄弟情分。他小我一岁，1949年考入开明书店新设的天津分店，从事分店门市部广告工作。1950年，开明书店在北京八面槽成立东城发行所，他被调来搞门市广告工作。那时，开明书店正申请公私合营，出版总署希望开明总店从上海迁至北京，以便就近领导。于是，1950年6月，总店开始陆续迁京。我是首批迁来的，在西总布胡同甲50号新的开明书店总管理处工作。总管理处没有宿舍，我就寄住在八面槽东城发行所二楼，正好天天与老沈见面，二人情趣相投，渐渐成为好友。他喜欢摄影，二人各买了一部照相机，留下了不少照片。他会骑车，我不会，开始他教我，在马路上瞎跑，幸亏那时王府井至东西长安街人车稀少，任我在午休时常去大街学车。我发现他很聪明，并且富有创新精神，把门市部（现为锡拉胡同旁的外文书店）打扮得十分漂亮，店内进门处是他亲手画的毛主席巨像，这在当时还是少见的，四周墙上挂了许多开明版新书广告牌。马路边还悬挂大幅红布标语，显得喜气洋洋，吸引读者到店内参观选购图书。

他告诉我，他原在天津一家小银行当练习生，并在业余美术学校学了几天绘画,水平很低;开明招收美术广告人员时,在他业校老师的指导下,才被录取;来到八面槽后,开始拼命学习,才能应付工作。

1952年年底,开明、青年合并办公,他被分配在美编室工作,但对美编工作一窍不通,还是叶至善同志手把手地教他学会插图制作方法的。我对他这种刻苦学习、自学成才的精神十分佩服。

在中青社的近40年美编工作中,他曾设计了无数幅封面插图,其中耳熟能详的有《创业史》、《李自成》、《桑青与桃红》、《毛主席诗词讲解》、《祖国》等书。其作品曾参加过第一届全国书籍插图展览会、1959年莱比锡国际书籍美术展览会,以及第二、三、四届全国书籍艺术展览会,还曾参加由中国美术家协会和中国出版工作者协会联合举办的"书籍装帧艺术家十人作品联展",受到业内人士广泛好评。

这里还值得一提的是,1972年姚雪垠的《李自成》第二卷获得毛主席批准出版,使我社提前复业时,因原文字责编江晓天他调,出版社便指派老沈前去武汉接姚老来京,在姚老家中工作了数十天,顺便商量为《李自成》做插图装帧事宜。回京后,出版社便派他做《李自成》整部书的美术编辑。

老沈对工作一贯兢兢业业、一丝不苟,因而许多编辑都乐意和他合作。他也勤于下厂,深入车间,与工厂师傅也很熟悉,工作起来十分投缘。工人师傅特别赞赏老沈的美术字写得漂亮。除了做好本职工作,他还利用业余时间撰写了一部30万字的《书籍装帧五十年情缘》,由本社出版,为出版界留下了自己多年的工作经验,同时还参加了《出版词典》、《实用编辑学》等书的编写工作。应该说,老沈是为我国出版界作了许多贡献的。

这里还要告诉大家的是,我社的社名,其标准字也是由老沈设计的。两社合并时,原出版社出版部主任唐锡光先生建议新社名改为"中国青年出版社",意为是为中国青年出版的机构,被董事会一致通过。而当时因急于出书,团中央虽然已呈请毛主席题写社名,但不知要等多久,在众说纷纭中,遂一致通过以鲁迅先生字迹拼成我社社名。这一任务又落在老沈身上,一直沿用至今。

我与老沈从20世纪50年代开始,相交70年,情同手足,引为知己。前年,我问他,老开明许多同人都已先后入党,他为什么未曾提出?他说自己早有入党之心,但总觉得自己远远不够,还因在某些工作上与室领导意见不合,猜想在入党问题上会有障碍,因此拖了下来。退休以后,他主动与我商量,是否还可申请,我举了一些老同志入党的例子,说明党的大门永远向大家敞开,只要提出,经过考察,每个人都有机会,并表示愿意做他的介绍人(另一位我推荐与他相熟的邓中和同志)。他便高兴地写了申请书,在支书王晓秋和支委同志的支持与帮助下,终于经支部和党委批准,成为一名光荣的中国共产党党员。

(原载《中青出版通讯》2020 年第 13 期)

第三篇

中青社重要出版事件

亲历中国青年出版社的诞生

中国青年出版社是我国专门出版青年读物的出版社,它的前身是青年出版社和开明书店。青年出版社成立于 1950 年 1 月,是新中国成立后最先成立的六家出版社之一(另五家为人民、人民文学、人民教育、科学和工人出版社),足见党中央对青少年读物出版工作的重视和关怀。

青年出版社是共青团的直属单位,上世纪 50 年代初,胡耀邦同志主持团中央工作以后,对本社关怀备至,经常深入出版社,指导出版社的出书,并对出版质量要求甚高。他还大力促成青年与开明的合并,亲自担任新机构的常务董事。

开明书店成立于 1926 年 8 月,它在新中国成立前是一家进步书店,在广大读者中有很大的影响。1949 年 5 月上海解放后,开明书店同人在欢欣鼓舞之余,非常向往党的领导,希望早日争取公私合营。在全体职工的推动下,1950 年 2 月,董事会正式具文向出版总署申请,要求公私合作。出版总署于 4 月份作了批复,批文说:开明过去为人民出过好书,对出版事业有过贡献,但按目前国家情况以及开明现有资金、物资和所拟出版计划看来,尚可应付,不需要国家投资。既然开明书店迫切希望国家领导,可先进行公私合作,由出版总署、董事会、职工三方面各出三名代表,组成业务委员会,作为具体领导业务的机构,并要求开明速将上海总店和编译所迁京,以便就近合作。开明董事会立即遵照总署指示,将总店和编译所迁往北京,在西总布胡同甲 50 号购置了一座大院,作为总店和编译所办公室,并定于 6 月份在北京召开一次各单位负责干部会议,以便统一思想、提高认识,为公私合营作好思想和组织准备。

迁京工作进行得很顺利。我是 6 月 10 日与总店经理室秘书科长刘诗圣一起来北京的,参加干部会议筹备组。6 月中旬筹备完毕,于 17

日举行预备会议。会议请张明养、傅彬然等几位专家作了几个报告,于25日正式开幕。开幕当天,胡愈之署长作了长篇讲话。他充分肯定了开明过去25年的成就,为人民出版了许多好书,在读者中有很好的声誉。讲到出版总署当前的工作时,他谈了自己的几点想法。他说,出版界目前存在最大的问题,是出书盲目性很大,存在着无政府状态,而要改变这种局面,就要统一分工。对此,他认为,出版、发行、印刷必须实行分工,出版也要专业分工,这样公私关系可以搞得更好,出书盲目性和无政府状态才能克服。他透露,总署正在筹划召开一次全国出版会议,来解决这个问题。在讲话中,他表扬了开明书店员工积极希望公私合营、争取为人民多作贡献,这个愿望很好,待时机成熟了就能实现。他还指出,开明内部,特别是领导层需要解决三大问题:一是领导作风问题,二是团结问题,三是干部思想问题。他认为,这些问题不解决,不利于事业的发展,需要通过加强学习、开展批评和自我批评来解决。

开明书店召开订立爱国公约大会。时任开明书店工会主席的作者在会上发言

　　胡署长一席话,语重心长,给与会代表以极大的教育和鼓舞,使大

家看到了今后的光明前途和努力的方向,对未来增强了信心。会议到7月7日结束,历时21天,董事长邵力子先生和总经理、协理以及编译所主任都分别作了业务报告,讨论并通过了公司组织大纲、职工薪给制度、书店会计制度等一系列重大问题,又选出了参加业务委员会的三名代表:顾均正、唐锡光、章士敦。大会开得非常成功,达到了预期的目的。

会后,出版总署派出金灿然、沈静芷、史育才三名代表,开明董事会也派出章锡琛、范洗人、傅彬然三名董事,加上三名职工代表,成立了业务委员会。在业务委员会领导下,开明调整了组织机构和人事任命,完善了各项管理制度,调动了全体店员的积极性,很快编辑出版了一批优秀读物,如22本《新文学选集》、10余本《苏联青年科学丛书》以及高质量的语文读物,使开明走上了健康发展之路。

1950年9月,出版总署召开了全国出版会议,开明派出三名代表参加。会议讨论了国营出版事业的统一分工与专业化问题,公私合营出版、发行、期刊、印刷业的调整和分工合作等问题,并作了相应决议。从此,新中国的出版事业进入了一个崭新的历史阶段,开始了新的征程。

1950年冬,出版总署在着手解决私营出版社的领导关系问题时,胡愈之署长想到开明书店过去一直以出版青少年读物为主,并且出过不少有影响的好书,应当考虑交给团中央去领导。时任总署出版司副司长(原开明董事)傅彬然也极力表示支持。于是,总署便派公私合营处处长沈静芷,找到青年出版社总编辑李庚和办公室主任王业康进行商量。事后,李庚向团中央书记处作了汇报,除蒋南翔担心合营后出版社力量不足、难以领导外,其他书记表示同意,一时尚未形成一致。与此同时,总署在向中宣部副部长胡乔木汇报时,胡乔木认为,开明在当年对青少年文化教育方面很有影响,交团中央领导是合适的,可以加强团的出版力量。于是,由几个方面共同决定,开明书店与青年出版社进行合并。

合并要成立新的董事会,团中央即由书记处第一书记胡耀邦、书记处书记刘导生和开明书店原董事长邵力子三人担任常务董事,团中央的胡克实、于北辰、杨述、韦君宜、朱语今、李庚、左林、陈绪宗,和开明书店原董事郑振铎、章锡琛、章锡珊、王伯祥、章育文、傅彬然、吴觉农、傅耕莘为新董事会董事。新的董事会确定新机构名称为"中国青年出版社",对开明原股东换发了新股票。

就在此时,进行了"三反"、"五反"运动,因开明原是私营企业,必须进行"五反"运动。当时开明没有党的组织,运动就由以我为主席的开明工会领导。我们从未进行过这样轰轰烈烈的运动,为了加强领导,青年派江晓天和王业康二人前来协助,李庚和许立群还来作过动员报告。在运动中,职工揭发了开明在新中国成立后仍然保留汉奸周佛海、孙道始以及一些反动分子的股票,并发给其家属股息,还进行过一些套购黄金等非法活动。经过清查,开明被定为"基本守法户",按照公私合营条例,进行清产核资后,正式与青年出版社合并。1951 年底,《中学生》杂志首先由叶至善、刘重分别担任主编和副主编,在西总布胡同甲 50 号开始办公。其他工作人员分别在青年、开明原来比较分散的西总布胡同、甘雨胡同、灯市口办公。1952 年 4 月 15 日,中国青年出版社正式对外宣布成立。团中央很快拨给东四十二条 21 号原中央团校的四合院作为新机构的办公处(原本只有现在中少社所占的一部分,后与毗邻的法律出版社交换,扩到现在本社的地方)。

新机构成立时,成立了五个编辑室,即青年工作思想修养、社会科学历史地理、自然科学、文学、少年儿童;两个杂志社,即《中学生》和《语文学习》;还有办公室、出版部、资料室、行政处、美编室、人事处等部门。当时,青年印刷厂设在张自忠路,也属本社管理。本社第一任社长是杨述(团中央候补书记),朱语今任党组书记兼副社长,李庚任总编辑兼副社长,顾均正任副总编辑兼副社长,王伯祥任秘书长,丁立准任副秘书长,还任命了一批中层干部,组织机构基本上仿照人民出版社模式。

合营不久,全国各大行政区的分社机构被撤销,一大批业务干部集中到了北京,比较多的是编辑人员,大大增强了编辑力量,使中国青年出版社在以后的岁月中,不断创造新的辉煌!

(原载《中青出版通讯》2019 年第 19 期)

我所经历的中国青年出版社发展史上的几件大事

一

1946 年夏,那时我还只有 17 岁,便跟着母亲的一个远房亲戚去到江西谋生,在那里的开明书店分店当了两年多学徒,1949 年初才被调到上海开明书店总店。开明书店是一家私营书店,同人大多是"皇亲国戚",我在书店中没有靠山,随时都有被解雇的可能。幸亏不久,上海解放了,开明书店成立了工会,职业才算有了保障。

开明书店成立于 1926 年,是由章锡琛和章锡珊两位兄弟共同经营的,1928 年改为股份有限公司,是新中国成立前我国七大书店之一。店中有不少进步人士,如叶圣陶、夏丏尊、傅彬然、周予同、王伯祥、顾均正等。20 多年中,出版过许多优秀出版物,在读者中有很好的声誉。1949 年新中国成立后,全店职工向往党的直接领导,希望进行公私合营。1950 年 2 月,董事会具文呈送出版总署,请求公司合营。我那时是一名青年团员,在开明书店经理室工作,是工会主席。开明没有党的组织,抗美援朝运动中,在工会领导下为志愿军捐献飞机大炮,捐钱不少,受到东城区工会表彰。"三反"、"五反"运动期间,工会揭发出资方一些非法活动。后经核实,资方代表认错态度较好,被定为"基本守法户",遂进行清产核资,于 1953 年 4 月 15 日正式与青年出版社合并,成立了中国青年出版社。关于两社合并的经过情况,我在《亲历中国青年出版社诞生记》一文中作了详细说明,这里就不再重复了。

两社合并后人才济济,出版资源也大为丰富。经过审读,当年开明的一批数理化和通俗科学读物,连续重印,填补了这方面读物的缺口。

同时,两社先后出版的英雄模范人物故事,如《刘胡兰小传》、《卓娅和舒拉的故事》、《普通一兵——马特洛索夫》、《钢铁是怎样炼成的》、《牛虻》、《勇敢》、《海鸥》等一大批图书,受到广大青少年读者的欢迎,开创了我社出版史上的第一个辉煌。

二

青年出版社成立之初,曾以出版革命领袖论青年、青年团的基本知识以及思想修养读物为主,并大量翻译出版了苏联共青团的有关读物,为开展团的工作和培养青年树立人生观、世界观起了不小作用。两社合并后,又出版了一批社科读物,如《〈实践论〉解释》、《〈矛盾论〉浅说》、《平凡的真理》等。而1964年6月出版的《毛泽东著作选读(乙种本)》两年内就印了一亿两千多万册,创下了全国图书发行量的最高纪录。此外还有胡绳的《怎样搞通思想方法》、中央党校韩树英主编的《通俗哲学》、张海迪的《闪光的生活道路》,以及本社编的《毛主席的好战士——雷锋》等,都是发行量在百万册以上的优秀读物。

三

1954年,文学编辑室主任江晓天听说著名作家柳青已去陕西长安落户,知道必有一部以农村为题材的长篇小说问世,便命编辑黄伊前去长安约稿。黄伊千里迢迢来到长安,找到柳青,以他擅长的公关能力,说服柳青签回了这部小说的约稿合同。江晓天十分满意。过了几年,柳青果然把稿件寄来。1960年6月此书第一部首先出版,书名《创业史》。

20世纪50年代中期,部队作家吴强写了一部长篇小说《红日》,我

"三红一创"

社与总政文化部关系很好,他们便将稿子交到我社。经过审核,编辑室与总编辑都认为这是一部十分难得的精品,以最快的速度于1957年7月出版,成为"三红一创"的第一部红色经典。

因为中青社出了不少优秀文学作品,声名远扬,作家协会文学研究所所长马烽得知河北文联的梁斌正在写一部描写冀中地区农民反抗地主和反动派斗争的故事,便告诉中青社文学编辑室。主任江晓天即派张羽和吴小武前去梁斌家拜访,想把此稿出版。编辑亲自登门拜访,令梁斌深受感动,立即同意将稿子交给中青社出版。不久,梁斌来到北京,把稿子送来,《红旗谱》便顺利地在中青社出版。

1958年,江晓天代表中青社去参加作家协会的国庆十周年献礼小组,从一份《简报》中发现罗广斌、杨益言正在创作一部长篇小说,立刻打电话给吴小武,要他赶快联系作者,把这部小说约到手。后来,罗广斌果然把这部小说交到中青社出版,开始取名为《禁锢的世界》。江晓天此时已不担任文学编辑室主任,他把自己的意见告诉了新主任阙道隆,认为《禁锢的世界》书名不好,不能把渣滓洞和白公馆只写成从肉体到灵魂的禁锢世界;另外,在艺术上也要有所升华,摆脱回忆录的痕迹和真人真事的局限,对人物要再创造,注意细节描写,描写人物的内心世界和情感活动等。主任和作者都很重视江晓天的意见,最后将稿子定名为《红岩》,由张羽担任责任编辑。因为考虑到罗、杨二位并非专业作家,原稿将会有很大修改,便写信去邀请作家赴京,住在出版社招待所,与编辑一起面对面商量修改。张羽本人也是作家,曾出版过《王孝和》等人物传记。他们花费不少功夫,把稿子修改完成。1961年底,《红岩》正式出版,并不断重印。直至今年,《红岩》还重印百万余册,是全国长篇创作中印数最大的一部作品,在国内外影响很大。

四

《青年文摘》创刊号

1980年,时任副总编辑的阙道隆带队去到天津调研,在一次读者座谈会上,听到青年读者建议中青社出一本文摘类的刊物,把报刊上的好文章摘编成期刊。读者不但少花钱,又省时间,还能读到更多的好文章。回社后,阙道隆向出版社领导反映,得到社委会一致同意,立即组成班子,先以丛刊形式,作为试刊。一年后,社领导从青年读物编辑室调来编辑周奇主编刊物,定名《青年文摘》。周奇是个很有思想、很有魄力、善于思考、点子很多的资深编辑,他一开始便带领编辑收集全国所有文摘类报刊,进行分析研究,定下了《青年文摘》既有青年特色又有文摘性质的办刊方针。出版以后,立刻受到广大青年读者欢迎,初版19万册,立刻被抢购一空。到了第6期,印数猛增到40万册,刊物越办越好。发行量越来越大,不久从双月刊改成月刊,在读者中影响更大。从20世纪80年代到今天,40多年中,《青年文摘》又由月刊改为半月刊,分成红版、绿版,发行量成倍增长,双效全收,成为出版社一项重要经济支柱。

五

1989年的北京政治风波使有关领导部门意识到,对青年进行爱国主义教育是一件刻不容缓的大事。此时,中共中央发出了对青少年进行爱党爱国爱民的"三热爱"教育的通知,我社立即响应。在团中央书记处的正确领导下,我们编辑了以"三热爱"为主题的两本中小学教材,通过全国各地新华书店发行,受到各地中小学校的热烈欢迎,共发

我社举办青少年"党在我心中"读书教育活动表彰大会暨北京夏令营开营仪式

行480万册,900万名学生参加了学习,也得到了各地团委、教委和关工委的大力支持,声势浩大。1990年7月,我社在北戴河举办了首届教育活动总结大会暨夏令营,300名学生和教师代表参会。大家欢聚一堂,畅谈读书活动的体会,老一辈革命家陈丕显出席授奖,团中央书记李源潮到会讲话。这项活动搞得很成功,从这年开始一直坚持了30多年,几亿青少年受到了爱国主义教育,成了我社一项传统活动,受到各级领导重视。

六

我社自办发行是从1981年开始的。在此之前,按出版总署规定,出版社出版的图书必须全部由新华书店发行,本社只能保留少量样本。改革开放以后,这个实行了30年的制度,已经不适应图书发行的要求,新华书店不愿多进出版社的新书,出版社的新书印数越来越少,以致不能出版,而民营书店的出现又加剧了这一矛盾。在出版总署的领导下,进行了一次发行体制改革。改革方案中规定,必须实行"三多一少"(即多种经济成分、多条流通渠道、多种购销形式、减少流通环节)的改革措施。为此,我就学习新中国成立前开明书店的做法,与王府井新华书店建立了第一家特约经销处,约定:1. 我社图书可以不通过北京市新华书店,直接发到特约经销处,做到新书及早和读者见面,减少了中间环节;2. 我社图书应集中在店内几个书架上陈列,品种要求齐全,售缺立即向我社补足;3. 我社优惠特约店三个折扣货款,鼓励书店多进多销。这一办法果然见效。后来有的出版社认为这种办法不仅推销了图书,还获得大量信息,便开始模仿。接着,我们又和天津、上海、广州、成都、长春、太原等六大城市建立了特约关系。到1983年,全国共建特约经销处20余家,发货码洋占到总发行量的15%,大大缓解了销售难的问题。后来,我们又自办邮购业务,人手不足,从干部子女中招来20多名待业青年,这些青年工作热情很高,又很聪明,经过在工作中的磨炼,很快掌握邮购业务。不少新书的发行量大大增加,有的新书发行部一次竟要为邮购部加印七八万册。

自从建立特约经销和邮购部获得成功以后,我的目光便盯在建立出版社发行联合体上面,便与人民出版社的施茂仙、人民文学出版社的范保华、社科出版社的杲文川、中少出版社的王修文、世界知识出版社的马高基五个出版社发行部主任商量,成立六家出版社发行联合体,以便以集体的优势,吸引大城市新华书店与我们合作,建立六家图书批销中心。1986年底,"六联"派代表去到南京、重庆,与两家市新华书店建立了图书联合批销中心,接着广州市新华书店主动来与我们联系,要求与该店建立联合批销中心。从此,六社图书在长江三角洲、珠江三角洲和广大西南地区有了广阔的市场。1987年,我提前从发行处长岗位上退下来,在洪鹏的主持下,发行工作搞得更为活跃。我们充分利用出版社有车、有招待所、有人力、有会议室的优势,经常举办活动,为首都出版社和各地新华书店牵线。一时中青社名震全国,成了首都出版界的联络中心,受到出版界的好评。

1985年,我牵头组织首都一批出版社在劳动人民文化宫举办第一届首都社科书市,我被推选为书市办公室主任。因文化宫地处天安门旁边,游客众多,前来参观和购书者每天都有几万人次。书市举办了一周,售出图书几十万册,成为首都出版界的一次盛会。北京市委书记徐惟诚非常赞扬出版社自办书市,认为比新华书店办得好,因为书店办书市只是一起搬个家,品种相同,而出版社办书市,都销售本版图书,各有特色,读者挑选余地很大,更受读者和图书馆欢迎。

书市办了两届,从第三届开始,我们又办起了首届北京图书订货会(原名交易会)。订货会每年一月举办一次,到今年已连续举办了32届,驰名全球。关于订货会的情况,我在《红叶林》和拙著《我与"开明" 我与"中青"》一书中都有详细介绍,这里就不再细说了。

1989年,我退休以后,又被出版社发行部、邮购部和法律图书出版中心返聘20年,还编了《全国图书发行单位名录》17本(每年一本),受到全国各地出版社和书店欢迎。在此期间,我还担任中国出版工作者协会经营管理委员会副会长兼秘书长15年,2008年才退休居家,享受幸福的晚年生活。

(原载《中青出版通讯》2020年第23期)

中青社最初出版的三本毛主席传记

毛泽东同志离开我们已经 47 年了。他的光辉形象,永远活在我们心中,他的杰出著作,永远是我们的指路明灯。

我们中国青年出版社肩负着向青年读者宣传学习毛泽东同志事迹的责任,从 1954 年到 1981 年出版了三本关于毛主席青少年时代和初期革命活动的图书,现记述如下。

一

20 世纪 50 年代初期,我社刚刚成立就约请萧三同志撰写一本《毛泽东同志青少年时代和初期革命活动》一稿,得到萧三同志的慨然允诺。

萧三同志原是毛主席小学和师范学校同学,一起参加过新民学会成立会和五四运动。20 世纪 30 年代末期又在延安相处六年有余,以后在阜平、西柏坡都长期受到毛主席的关爱,接触较多。

1943 年秋,任弼时同志认为应当给毛泽东同志写一本传记,以教育青年,便推荐萧三执笔撰写。萧三不负嘱托,就一直牢记使命,不断笔耕,他原本就写了不少有关毛主席的革命史料,又在延安找了周恩来、朱德、董必武、林伯渠、徐特立、谢觉哉、蔡畅、陈毅、贺龙、罗瑞卿、谭政、陈赓等同志,或作长谈,或作短叙,或连谈多次,或仅片言只语,请他们讲述毛主席的革命实践。因此积累了不少资料,也曾在延安、张家口等地发表过几篇,后来又继续写了井冈山、古田、遵义会议直至"七大",这些回忆录发表后极受广大读者欢迎,给予他极大的鼓励。

1949年春,他基本上完成了《毛泽东同志的初期革命活动》一稿,为了补写青少年时代部分,1952年冬,他专门去到长沙、韶山、湘乡,遍访乡间父老、旧友,又同毛泽民烈士前夫人王淑兰叙谈毛主席青少年时代故事。终于在1954年写成了《毛泽东同志青少年时代和初期革命活动》一书,交由我社出版。

我这时已在本社发行部门工作,负责和新华书店北京发行所联系图书发行事宜。当我接到文学编辑室交来《毛泽东同志青少年时代和初期革命活动》一书的内容介绍以后,连忙给北京发行所联系,要求作为急件向基层店征订,订数报来后数量极大,又连忙告知编辑室主任江晓天,同时开单通知出版部秘书洪光仪。此时稿件科长姚平已自告奋勇请著名画家冯法祀画了毛主席青年时代的画像,配上美编室沈云瑞漂亮的书名美术字,一张完美的封面完成了。

当印刷厂告诉我,书已送到新华书店储运部后,忽见文学编辑室编辑黄伊前来找我,说大事不好,中央通知《毛泽东同志青少年时代和初期革命活动》要停止发行,已发出去的书还要追回。

我还来不及醒悟,江晓天、王业康都过来了,说快点通知北京发行所停发,已发出的要追回,损失由我们承担,追不回的书店负责……后来我才明白,原来是毛主席要求停出的。我的心凉了半截儿。

二

1957年,我社社会科学编辑室要出李锐同志著的《毛泽东同志的初期革命活动》一书,要我去新华书店北京发行所征求订数,说这书已得中宣部批准,可以出版。此书字数比第一本多一倍,约20万字。后来新华书店北京发行新订数报来84000册,因纸张已很紧缺,我社自己印了20000册,其余发给外地出版社租型造货。

李锐同志在本书《结束语》中说,毛泽东同志开始革命活动时,一方面极其重视党的领导作用,同时一贯地极其重视群众的力量,特别是

群众的伟大创造力。因而"他在每个工作阶段中,都站在最重要最前面的岗位,埋头工作,不事喧哗,接触实际最多,联系群众最广,对革命操心最切,思虑最深,既没有陈独秀这类人的书呆子习气,也没有另一类人的纨绔子弟的习气,因此从创造党起,即成为我党最卓越的布尔什维克的代表"。意思是他写此书就是要青年读者学习和继承这种精神。

三

20世纪80年代初,我社文学编辑室再次找到萧三同志,请他修改补充《毛泽东同志的青少年时代和初期革命活动》一书,仍交由我社出版。萧三同志表示,第一次合作没有成功,深表遗憾,他愿在原来基础上作些修改,并补充几节,交与中青来出。不久,萧三将修改稿送来,我社也就在1980年7月出版,由美编室邓中和设计封面,印了78500册。

四

此后我社又陆续出了几本毛主席的传记,1998年朱仲丽著的《我知道的毛主席》、《毛泽东自传》和《毛泽东——革命者与建设者》,2004年英国作家菲力普·肖特著的《毛泽东传》,因不属于本文范围之内,就不多说了。

(原载中国青年出版总社微信公众号)

从观看"烈士纪念日"纪念仪式
想到《革命烈士诗抄》

今年 9 月 30 日,是个值得纪念的日子,首都各界人民在天安门广场集会,隆重举行首届"烈士纪念日"纪念仪式,党中央常委全部参加了。大会庄严肃穆,盛况空前,看到电视台转播节目,我思绪万千。为了打倒反动派,创建和保卫新中国,千千万万的革命烈士不屈不挠,英勇牺牲,终于使我们过上了今天的幸福生活。在观看节目之余,我想起了 1959 年我社出版的一部《革命烈士诗抄》(以下简称《诗抄》),现在应该是再次进行宣

传的好时机。我们应积极配合中央有关部门,将此书的宣传重版工作做够做足,让烈士们的光辉思想永留人间,发扬光大!

事有凑巧,半个月之前,《诗抄》初版的责编刘令蒙同志,委托他在山东的弟子徐叔通特地打电话给林君雄和我(林是当时刘所在党小组的组长),说刘令蒙现已 94 岁,现为四川人民出版社离休老干部,他非常关心当年他责编的《诗抄》:在经历了 50 多年的风风雨雨之后,现在的情况怎样了?是否还在重版?当年的选题策划和他亲笔所写的审读报告,以及几位老一辈革命家(如董必武、谢觉哉、郭沫若等)为《诗抄》所题的诗词手稿是否还保存着?我一边接电话,一边想起了刘令蒙同志的模样和《诗抄》的初版版本(我正好保存了一本),便在电话中告诉

他，我一定满足刘令蒙同志的要求，尽可能快地回复这些问题。第二天，我便去出版社找到王瑞同志，得到支持后又在总编室郑志娟、出版部赵慕兰同志的帮助下，查阅了相关资料。资料表明，本书出版书稿档案中，刘令蒙同志想了解的选题策划、审读意见和与主编萧三的往来信件及出版合同，都已荡然无存，非常遗憾。只见到 1962 年增订本的一批读者来信和烈士们遗属的补充或订正的信件，以及多次重印的责任签字单。其中有一封是萧三的亲笔回信，更多的是当年助理编辑李裕康的回信存底。因为此时刘令蒙同志已被调往外地，此书重印工作就由李裕康接替。在资料中我发现李对每封来信都作了详尽的答复，看得出是下了很大功夫的。

谈到刘令蒙同志，我至今印象还很深刻，因为当年我负责发行工作这一摊，时刻要去编辑室和编辑打交道。当时刘令蒙已 40 岁左右了，清瘦的脸庞，高高的个子，很有文人气质和诗人风度，与人很少交谈，成天埋头工作。我有事找他，他会详细地告诉我，亲切而和善，给我留下了好感。编辑《诗抄》一书，对他来说十分适宜，因为他本人就是一个诗人，而且有很高的学历和长期参加革命斗争的经历。但因收集烈士的遗作需要花费大量的精力，还要去和大批的烈士遗属打交道，主编萧三同志不可能做这样繁重的工作，刘令蒙同志也难以担当，编辑室主任就派了助编李裕康去协助完成这项工作。李裕康是我原开明书店的老同事，当时只有 27 岁，而且当过著名编辑家周振甫先生的助手，对古典文学读物的知识很有储备，让他协助做这项工作也是十分恰当的。这也为刘令蒙同志他调后由他接替重印工作创造了条件。

刘令蒙同志 20 世纪 40 年代初就参加了郭沫若领导的文化工作委员会，并在四川编过《学生报》；新中国成立后曾担任四川西南团工委宣传部科长。大区团委撤销后，调来我社的编辑室工作，不幸因涉嫌胡风问题蒙冤坐牢近一年，出狱后回到我社继续当编辑。室主任江晓天十分器重刘令蒙，就把《诗抄》这一重担交与他负责。在他和主编萧三的密切配合下，《诗抄》终于在 1959 年新中国成立十周年之际，顺利出版。这个初版版本共收入烈士 44 位的遗诗 122 首。因它是全国第一部为革命烈士所编诗抄，受到社会舆论的重视和好评，五位革命前辈纷纷为它题诗,更加引起各方面的重视,初版 10 万册立刻售完。为了满足全国各地读者需求,我所在的出版发行部门,立即决定分区造货,将纸型分别寄给大区出版社(如辽宁人民、广东人民、上海文艺等),请它们就地印发。这样才算缓和了供求矛盾。

1962 年,刘令蒙同志调走后,我社又增订重印了几次。改革开放后的 1982 年,出了合订本。20 世纪 90 年代后,中央要求编一套对未成年人进行教育的读物,令我社的《红岩》、《诗抄》和人民文学出版社的《青春之歌》等共十种同时出版供应。此时编辑部门有所调整,我社青春读物编辑中心由冈宁担任责编,又重印一次。到了 2011 年 11 月,我社经典再造读物编辑中心根据前版版本加以补充,重新排印,封面装帧和内容编排印刷用纸也更为精致,又连续重印多次。至此,《诗抄》从 1959 年初至 2014 年,总共印刷 4 版 37 次,总印数为 1439170 册。一部诗集,能在各个时期不断重印,畅销不衰,实为罕见。

至于刘令蒙同志另一关心的革命老前辈的题诗,其原稿我已在我社 2006 年出版的《现存社藏文献及文物精品》一书中见到,说明已完好地珍藏着。

以上这些情况,我已于 9 月 25 日写了长篇说明寄给徐叔通同志,并已接到徐老回电,说已详细地告诉刘令蒙同志,刘老表示欣慰。

(原载《中青出版通讯》2014 年第 19 期)

《李自成》出版发行亲历记

首卷问世震撼文坛

作家姚雪垠在新中国成立前就是一位名作家,他的作品受到普遍好评。他为人耿直,遇到不平之事敢于直言,1957 年"反右"运动中被错划,受到不公正待遇。但他并不气馁,在十分艰苦的条件下,笔耕不辍,写下了长篇历史小说《李自成》第一卷。中国青年出版社社长边春光闻讯后,立即要文学编辑室主任江晓天亲赴武汉前去约稿。稿成后,经过三审,江晓天和边春光都认为这是一部非常难得的好书,立即拍板要求出版发行部门作为急件处理,争取早日问世。我就根据编辑室交来的内容介绍,要求新华书店北京发行所作为急件向各地书店征求订数。出版部门也立即将稿件发到青年印刷厂,定好排版、校对、打型、印刷到装订出书诸多环节的日期。边社长要求每个环节只许提前,不许拖后。等到这部巨著打型完毕,新华书店订数也到了我这里,初版于 1963 年 7 月出版。

《李自成》第一卷发到书店后,立刻在读者和出版界引起轰动,好评如潮。中青社继"三红一创"之后,又一次在社会上名声大振。那时三年困难时期刚刚过去,国家各类物资尚处于紧缺时期,出版用纸十分困难,而中青社又在前几年出版了一大批优秀读物,除"三红一创"以外,还有学习雷锋的书和社科、思想修养方面的优秀读物,用纸已到了十分紧张的程度。边社长指示首先要保证《李自成》一书的用纸,一本不能少,纸张不足可让一些好书去外地分区造货,并向管理部门申请额外拨纸,管理部门鉴于中青社出版的好书较多,遂增拨了部分纸张,使《李自成》第一卷在出书后九个月内,连续重印三次,印数达到165000部,初步满足了读者的需要。

姚老在《李自成》第一卷出书后,曾呈送毛主席一部,得到毛主席赏识。这是后话。

主席批准二卷出版

1966年5月,"文化大革命"开始后,中青社便停止了出版业务,在社内进行"革命"。其间,《红岩》作者之一杨益言曾被重庆建工学院818战斗队追捕,逃到中青社避难,全体职工同心协力,保护了这位作者。还在黄伊、张羽、吴小武等主持下,出版了两期《红岩战报》,为作者罗广斌被害鸣冤,也为《红岩》被作为"大毒草"进行驳斥,报纸由我和赵宜明同志一起去王府井大街上叫卖,很快卖光,后来连一份都没有留下,十分遗憾!

1969年4月,中青社全体干部,跟随团中央机关去河南潢川黄湖五七干校劳动,到1976年10月打倒"四人帮",在这十年中,全国新华书店除销售毛主席的著作和八个样板戏以外,很少见到其他出版物。1976年12月,我社复业后出版的第一部书,就是姚老的《李自成》第二卷。

据编辑部门告知:姚老在"文革"伊始,一度受到冲击,幸而他曾把第一卷送与毛主席看过,受到毛主席的赞赏。1966年6月,"文革"开始,毛主席在政治局扩大会议上向出席会议的湖北省委书记王任重指示:"姚雪垠的《李自成》第一卷分上下两册,上册我已经看过了,写得不错,你赶快通知武汉市委,对他加以保护,让他把书写完。"王任重立即照办,姚老这才逃过一劫。1970年2月,姚老被下放到五七干校。在干校一边参加体力劳动,一边还坚持写作《李自成》第二卷,又时时受到干扰。那时中青社江晓天还在黄湖五七干校劳动,就写信给姚老,建议他上书毛主席,向他老人家汇报写作情况,请求支持。1975年10月,姚老接受江晓天建议,给毛主席写了封信,毛主席即于11月批示胡乔木:"印发政治局各同志,我同意他写《李自成》小说二卷、三卷至五卷。"姚老得到消息,告诉江晓天,江晓天奉命去武汉找到姚老,姚老就把打字稿交给了他,并签了出版合同。第二天,另一出版社也派人赶到姚老家里,说是中宣部通知她前来取走《李自成》第二卷的原稿。姚老据实以告,那位同志只好无果而归。中青社也因要出版《李自成》第二卷而提前于1976年1月复业。

为了方便和姚老共同商榷《李自成》第二卷的审改问题,出版社接姚老及其夫人王梅彩到幸福村宿舍大楼暂住,姚老住的单元和我相近。听说他喜欢书法,写得一手好字,我便送了他一方大砚台,姚老十分喜欢。这里还有一个小插曲,当时《中国青年报》还未复业,中青社把报社编辑顾志诚借调到文学编辑室来,为姚老录音。顾志诚是个热心人,她想到姚老夫妇初到大楼,生活上会有许多困难,便在从东四十二条到大楼长长的五里路上,买了一些蔬菜和生活用品,走着送给姚老和夫人,姚夫人特别感激。1976年7月28日,唐山发生大地震,影响到首都,中青社大楼干部全跑到马路旁搭起抗震棚。那时姚老的组织关系还在外文局,而顾志诚爱人陈浩增也正巧在外文局《中国文学》工作,他奉命从海淀区外文局骑车为姚老送来一大捆竹竿和塑料布,替二老搭起了抗震棚。后来中青社决定办文学杂志,便和外文局协商,将陈浩增调来创办并主编《小说季刊》(后改为《青年文学》),这又是一个小插曲。

《李自成》第二卷编审工作进行得很顺利,出版部门以最快速度于1976年12月出版。《李自成》第二卷共83万字、43个印张,用纸需要20吨。因第一卷已多年未印,我考虑到第一卷还应当再版,以备读者购买。新华书店北京发行所表示同意,也加印了一部分。此时正值书荒时期,我社许多优秀读物都等着重版,便又面临用纸危机。在出版部门妥善安排下,将部分优秀读物寄纸型去外地分区造货,《李自成》一书才能在一定程度上满足读者需求。

记得当时因买书困难,许多本地读者不得不跑到中青社发行部来买书。《智取威虎山》扮演杨子荣的演员童祥苓还亲自登门求购,被我一眼看出,他连说《李自成》这部好书真难买,只好来你们社里来购买。

中央重视领导关怀

《李自成》第二卷出版后，受到党中央领导关怀。1977 年 11 月 2 日下午，中宣部部长张平化受邓小平同志委托，来到幸福一村中青社宿舍大楼，看望姚老，他转达了邓小平同志对《李自成》一、二卷的高度评价，说姚雪垠同志为党和人民作出了贡献，并很关心姚老的生活，问他有什么困难需要帮助解决。其实当时姚老困难很多，比如户口、工资、医疗、粮食等关系还都在武汉，写作用的资料卡片都不在身边，在创作上有许多不便。但姚老却说："谢谢领导关心，请转告邓主席，我在这里没有任何困难，请他放心。"后来中央还是了解到上述困难，很快为他解决，并把他安置到复兴门外一套四室两厅的住房里，使他有了更好的生活和创作环境，顺利地把其余几卷写完。1982 年，《李自成》第二卷荣获首届茅盾文学奖。

五卷出齐贡献巨大

自从《李自成》第二卷在 1976 年 12 月出版，又一次引起全国轰动，读者急切盼望能看到随后的几卷，1981 年《李自成》第三卷出版。然而，由于种种原因，剩下的书稿姚老一直未给出版社交稿。1989 年年底，我虽退休，但仍受发行部返聘，一直惦念这部书的续集，希望早日出

版。许多新华书店的朋友,也一直向我询问。1999 年 8 月,在新世纪到来之前,《李自成》四、五卷终于同时出版,另外还出版了一套《李自成》十卷本,真是喜上加喜。前者印了 5 万套,后者也印了 1 万套。

随着改革开放不断深入,国家出版局对出版发行体制进行了重大改革,新华书店发挥了主渠道的积极作用,民营书店不断壮大,出版社自办发行蓬勃发展,图书市场非常活跃,读者买书难的问题得到解决,中青社出版的各类优秀读物大量满足供应,《李自成》一至五卷不断重版,充分满足了各地读者的需要。

姚老离开我们多年了,他一生笔耕不辍,写出了这部 330 万言对人民富有教育意义的巨著,贡献巨大。欣逢中青社成立 70 周年之际,特写下这篇回忆,既是对他老人家的深切怀念,也为我们这代中青人深深感到自豪!

(原载《出版史料》2020 年)

精选名人散文出版
《典藏开明书店名家散文系列》

1953年4月,开明书店和青年出版社合并,成立中国青年出版社,当时即把老开明在新中国成立前最畅销的一批文学读物转给了人民文学出版社,又把一批语文读物和《语文学习》刊物一并转给了人民教育出版社。

1995年,胡守文担任我社社长以后,认为老开明的文学读物中,有不少《开明文学新刊》很有重印价值,便和总编辑陈浩增商量,决定精选其中一批(此时人民文学出版社已放弃出版),计有叶圣陶的《未厌居习作》、夏丏尊的《平屋杂文》、茅盾的《速写与随笔》、巴金的《怀念》、冰心的《关于女人》、俞平伯的《杂拌儿集》、丰子恺的《缘缘堂再笔》、朱自清的《背影》、秦牧的《火种集》等16本,每本各印5000册,两年后又各印10000册。而其中朱自清的《背影》,从1995年到2000年的五年中,连印六次,印数达到36000册。这批名家散文系列的出版,达到了社会效益和经济效益的双丰收。

《世贸组织基本法律制度讲话》出版
深受读者厚爱

我版《世贸组织基本法律制度讲话》一书,自今年4月份出版以来,到目前为止,已连续重印七次,印数达到20万册,实际已发行18万册。各地订单还不断寄来,预计国庆节前可全部发完,年内还有重印可能。

这本书之所以能够热销,主要抓住了"以读者为中心,将营销策略贯穿图书出版的全过程"这一思想,积极运用这一策略。

一、选题策划正确

这个选题原作为《法律宣传资料》3月份的重点稿,作者曹建明是最高人民法院主管经贸方面的副院长,另一作者是他的助手,法学博士研究生。书稿交到刊物编辑部,我们感到这篇稿子分量较重,作为刊物选登有点可惜,当前正是我国积极准备参加WTO(世界贸易组织)的

大好时机,如能把它作为图书出版,肯定影响更大。特别是作者是这方面的权威人士,他的稿子内容通俗、文字生动、材料可靠、论述正确,确是一部难得的好稿子。于是与有关方面协商,将此稿留下出书,并关照出版部门做好快速出书准备。

二、编辑出版部门紧密合作

此稿决定出书后,为了争取时间,编辑出版部门共同策划:怎样把书出得既美观又大方,怎样把成本降

得最低而又保证质量。经过各方紧张筹划，请有丰富经验的编辑、校对、设计共同合作，把书籍的版面设计、校对质量、印刷装帧都做成一流，并与印刷厂谈妥用纸规格和出书时间，在各方共同努力下，此书从发稿到出书不到半个月时间，2万册印制精美的新书终于如期出版。

三、发行工作紧跟配合

本书尚未出版，发行工作先走一步，争取到全国普法办的支持，向全国31个省、自治区、直辖市普法办下达了红头文件，作为全国普法办的推荐读物。这样，这本适合于系统发行的图书，立即受到全国司法部门的关注。发行部门并不是坐等订数上门，而是抓住时机，把全部发行人员分为三大片，每人负责两个大区，深入进行联系。有的省、市还在发行人员的推动下，转发了全国普法办的文件，使文件深入基层；发行人员还分头与中央各部委法规司联系，争取他们向本系统发个文件，使全国各行各业的条条块块都能知道这本书的出版消息。经过这样策划与努力，4月份出书以后，从4月份下半月到5月份，立即发行67000余册；六七月份又发行近90000册。此外，发行部门考虑到此书与金融界关系密切，经与中国人民银行总行协商，由总行向全国金融界发出推荐文件，很快各地银行的订单和汇单纷纷寄来，现已获得金融界12000余册的订数。这样，在短短四个月中，这本书已发行18万册。

通过本书的出版发行，笔者深深感到，要想出好一本受人欢迎的书，一定要从读者需要出发，经过深入细致的策划研究并付出艰苦的努力。今年《中青社讯》七月号发表周毅同志的文章《以读者为中心，将营销策略贯穿图书出版的全过程》，笔者反复阅读多遍，很赞赏这位年轻发行工作者所论及的观点。谨以此文作为自己学习心得，希望得到同志们的指教。

（原载《社讯》2000年8月）

作家写编辑

——《烛照篇》出版

作家写编辑,在我国还是新鲜事。青海作协副主席、作家王立道和中国青年出版社编辑黄伊曾在中青社一起共事,对黄伊40余年来所作出的无私奉献极为赞赏。黄伊现在人民文学出版社当编辑,主编《文学故事报》,仍在为他人作嫁衣裳。他为人正直、热情、豪放,富同情心,与他打过交道的作家不下数百人,无不留下美好的印象。王立道所著《烛照篇——黄伊和当代作家》(青海人民出版社 1995 年 9 月出版)一书,写了 45 个故事,这些故事篇篇反映出黄伊为读者、为文艺界、为新中国的出版事业,如何忠心耿耿、勤勤恳恳、不辞劳苦、不避艰险地和作家密切合作,编出了一本又一本的好书。20 世纪 50 年代中国青年出版社出版了一大批优秀作品:《红岩》、《红日》、《红旗谱》、《创业史》、《烈火金钢》、《红旗飘飘》、《太阳从东方升起》、《军队的女儿》、

《革命烈士诗抄》、《凡尔纳选集》等,都有黄伊的一份心血。《西望长安》一文,写了黄伊千里迢迢,不辞劳苦,深入西北农村,找到正在山区体验生活的作家柳青,坚持要向他约一部稿子,柳青"无奈"签了合同,一部光辉的作品《创业史》终于被他约到了手。《红日东升》一文,写他以敏感的"触角"、诚恳的态度,感动了部队作家吴强,中青这才获得了《红日》一书的出版权。《关山万里行》一文,写他从报

上偶见一篇电讯,由此引发联想,积极建议,并不辞辛苦,亲赴新疆,与作家邓普合作,促成了《军队的女儿》一书的出版。《风雪送君行》一文,写他在王蒙被错划"右派"后,别人不敢接近,他却冒着风雪严寒,亲自到北京站送王蒙到新疆去落户;"十年动乱"后,他又写信到新疆找到王蒙,并把王蒙请到北京改稿,终于使这位才华出众的作家重登文坛。《为刘流安魂》一篇,写了刘流遭迫害致死后,《烈火金钢》一书一直未能得到社会承认,他四处奔走呼号,为刘流鸣不平,中青社还一再重印《烈火金钢》,终于使这部优秀读物列入了五部委推荐的百部爱国主义教育读物丛书。

《烛照篇》以烛为喻,销蚀自己,照亮别人,照亮人间。黄伊不愧为一个好编辑,笔者谨以此文向出版界推荐,使黄伊这种"红烛"精神在新时期中,在当前建设精神文明中发扬光大。

（原载《出版参考》1996 年第 9 期）

揭穿伪书真面目

　　去年上半年，我在报上看到机工社出版的《没有任何借口》一书被列为全国各大书城畅销书榜首，又看到去年五月份的广西书市上这家出版社的零售总额被列为全国几百家参展出版单位第一名，此事引起了我的注意，就去书店买来一本《没有任何借口》，想看看究竟为什么如此畅销。书的封面装帧很讲究，上面印有十分引人注目的副标题——"美国西点军校200年来最重要的行为准则"，再看封底，只见印有《哈佛商业评论》的推荐词——"西点军校对学生的要求：准时、守纪、严格、正直、刚毅，在一些工商管理学专家看来，这正是21世纪企业管理所必备的"。而《纽约时报书评》又把此书誉为"最完美的企业员工培训读本"，"应当像员工手册一样，分发给企业的每一位员工"。多么诱人的广告词！

　　再翻翻内容，只见目录中一个个小标题都十分引人注目，如"纪律——敬业的基础"、"工作就意味着责任"、"忠诚是无价之宝"、"带着热情去工作"等，每篇文章很短，文字比较通顺，没有翻译书那种晦涩难懂的味道，自以为确是一本优秀的经管读物，值得向周围年轻同事推荐，或选择其中几篇，复印出来，辅导大家学习，提高大家的业务能力。后因工作忙，搁了下来，但这一想法始终没有忘记。直到今年年初，我才听说"伪书"这一新词，并把《没有任何借口》列为第一本伪书，这才使自己大吃一惊，连忙翻阅有关报刊资料，并向社科出版社王磊同志打听，因为听说他们也出了一本同名图书。据王磊告知：社科版的一本是从美国引进的正版，今年北京订货会上搞了一个新书发布会，假李逵(鬼)碰上了真李逵，问题就被揭穿了。事情闹得很大，引起了中宣部和新闻出版总署重视，一场反伪书、查伪书的斗争展开了。据告，现已查出 100 多种伪书，涉及 30 余家正式出版单位。《没有任何借口》就有三家出版社出了三种伪书(包括机工、长安和工人)。伪书的手法很恶劣，也很巧妙，往往利用当前市场上经管类图书畅销的契机，利用人们对西方国家先进企业的崇拜心理，冒名编造出一些所谓先进管理经验，再用移花接木的手法，在装帧设计上大做文章，使不明真相的读者受其欺骗。

伪书的编造者也利用某些管理制度不严的出版社，使它们为利益驱动，不加核实原文，轻易接受出版，大量发行，从中获取暴利。这一切说明当前我国出版界还存在复杂的斗争。伪书不仅损害了读者的利益，也使出版界在读者心目中丧失了信誉，罪莫大焉！

最近，中国出版工作者协会为此发出倡议：制止虚假图书，提倡诚实守信，多出精品，满足读者需要。我们要提高政治敏感，遵守各项制度，严密防范伪书，抵制和揭穿伪书真面目，不让不法分子有可乘之机！

(原载《中青出版通讯》2005 年第 13 期)

关于广告宣传工作的几点建议

近日,在我社邮购科看到一本新书——《官运》(中国青年出版社2006 年 3 月出版),顺手一翻,偶尔在书的最后几页见到我社出版的新书广告,不觉眼前一亮:"啊!久违了!"

记得在 20 世纪五六十年代,社里有一个不成文的规定,新书中如有空白页都要做同类书的广告,可惜后来忽略了。90 年代初,笔者见到金盾出版社、三联书店出版的书上都登本版书的广告,也曾和有关部门同志议论过,但没有实行。今天偶尔见到本社出版物上也有了广告,怎不令人兴奋?

进入市场经济后,编辑也介入发行工作,重视了营销、推销、促销工作,这是大势所趋,形势所逼,是件大好事。怎样搞好营销、促销,自然会想到宣传工作。宣传的方式很多,造舆论、新闻发布会、报刊写评介文章、登广告、搞读书活动、请作者做报告等,都会收到一定效果,但也不可能都这样做。比如登广告,现在新闻媒介的广告费实在太贵了,令人难以承受,而且许多出版社刊登广告的时机,往往选择在逢年过节、书市、订货会或本社几周年大庆等。当然从主观意图来说,是想引起社会重视,但实际效果是不会好的,因为刊登这类广告往往在本行业的报刊上,而且往往"一窝蜂"地刊出来,

本行业的报刊,读者是见不到的,书店是没有工夫看的(因为它们要看的订货目录堆积如山),而逢年过节向社会上作汇报性的广告,往往登了广告,书店的书已卖完了。笔者认为,花费这些钱不如实实在在为读者办点事,即以新书空白页做广告来说,那是最实际不过的了。一、省钱。每种新书,只要编辑用心,都能挤出一两页空白来(有的本来就有)做广告,不用花一分钱。二、时间长、针对性强。书中做广告,虽然没有电视、报纸、期刊广告接触面广、时效快,但它有另一方面的优势,即寿命长、对象明确、针对性强。而这一点,电视不如报纸,报纸不如刊物,刊物不如书本。三、效果好。一旦形成制度,形成特色,成为传统,爱书或有心的读者自然会到书店去主动寻找这个出版社的书后广告,购买自己所需要的图书,从而达到宣传的目的。当然这样做先要统一思想、统一认识,要求责任编辑做到自觉自愿,不要形成被迫,或可做可不做,因为别的部门是无法代替责编的。我深信这种合作会收到很好的效果。

　　谈到宣传工作,现在新闻媒介的广告费贵得骇人,但我以为,作为一个大社、名社、老社,我们不能舍不得花宣传广告费。一年二三百万元的广告费也只占图书销售总码洋的2%—3%,但宣传广告费一定要使用得当。我不认为逢年过节或利用书市订货会做大幅广告是一种好办法。因为此时此刻,大家都去凑热闹,而本行业的报刊往往也乘机大拉广告,为其创利招徕,专业报刊的读者并非一定是买书人,真正的爱书人不会订专业报,因此看到这些广告的往往是主管部门领导人,或者出版社编辑人员,最理想的是书店业务员,但书店业务员此时此刻连出版社的订单都看不过来,而且这类报纸有的店只有经理才能见到,其效果可想而知。所以我认为我社如要刊登广告,可否选择一些与我社读者相近或文化性浓点的报刊,比如《中国青年报》、《中国青年》、《北京青年报》、《光明日报》、《中华读书报》等,可能效果会好一些,而且要把重点放在平时,不去赶热闹。最好能选择一家报纸,如《中国青年报》,刊登每月新书,实行"三固定",即固定日期、固定版面、固定栏数。新书多时,字体小些;新书少时,字体大些。或者放点重点书的重印书(要注明),如无把握,可试行一年,听取反映,总结经验,使其更加完善。此外,本社出版各种刊物,也建议社领导作出决定,经常刊登本版书广告。过去开明书店出版的四大刊物《中学生》、《开明少年》、《国文月刊》、《英文月刊》,每期都刊本版书广告。那是在新中国成立前,也是市场经济,总编辑叶圣陶先生应当说是编辑家了,但他很重视宣传工作,还亲自撰写广告词,登在刊物上。在叶老的文集中专门有一辑集中了叶老写的新书广告词,很值得一读。叶老写广告,不仅仅着眼于推销图书,更是把它看作读者服务的一个方面,因此他写的广告词非常切合实际,文字生动朴实,毫不虚夸。这种为读者服务和向读者负责的精神,永远值得我们很好学习。

（原载《社讯》2002 年 2 月）

让《荐书录》发挥更大的作用

前几天,我很高兴地又见到了总编室编的 2003 年荐书录,这次编印得比往年更精致、更充实,把我社 2003 年出版的全部新书,都作了简要介绍。可以想见,编者是下了很大功夫的。

书目,反映了出版社全体工作人员辛勤劳动的果实,编书目虽然是一件十分麻烦的具体事,但作用是很大的。这类资料汇编出来,近则可以总结近年来的工作,日子久了还可看出一个历史阶段出版社的出书导向。10 年、20 年之后,又可以作为多少周年总书目,时间越长,价值越大。编辑部门还可经常翻阅,看看哪些书值得重印,适应市场的新要求。这方面,笔者有深刻体会,直到现在,我还保存着我编的出版社 40 年全部书目,包括创业初期出版的少儿读物、语文读物和体育读物(后来这些书都转给专业出版社了)。特别值得一提的是,直到今天,我还保存着几本当年老开明书店出版的全部书目。这些书目不时被一些业内人士辗转找

到我,向我索取,作为研究开明书店的重要资料。开明书店成立于 1926 年,1952 年和青年出版社合并,26 年中出版了千余种读物,在读者中影响很大,它在编辑、装帧、校对、发行、管理上都有一套成功的经验。从它出版的书目中,也可反映出来。《爱的教育》、《文心》、《家》、《春》、《秋》、《子夜》、《谈艺录》、《背影》、《寄小读者》、《丰子恺漫画集》以及《二十五史》等,至今别的出版社还经常再版。直到最近,还有一

家出版社向我打听,开明版的《医师忏悔录》的译者现在何处,它们想翻译出版。上面讲的是编印书目,作用不但近时有用,时间久了也有查考价值。这是讲的保存价值。其次,我认为编印这份荐书录,顾名思义,目的是想向读者推荐本社出版物。从这个意义上讲,这本目录对读者来说,比发行部编印的订货目录会更实用。因为订货目录的对象是书店,书店不可能从头到尾去看一家出版社全部书目的内容介绍,因此除了重点图书有一些简要介绍,一般只有定价,书店只能隔山买牛式地填上几本订数,有的就 pass 了。而读者,更不可能得到这种订货目录,所以说,这本荐书录的真正对象,应当是读者——爱书者。我社一位忠实读者福建的周凉坤,几乎每年都要向我索要这份荐书录,如漏寄一年,他就会三番五次写信或打长途电话来要。可见荐书录对一位青年读者的需要程度。也就是这位周凉坤,从 1987 年起,到最近为止,已购买了本社出版物2000 多种,占他全部藏书的五分之一。他每次得到我寄给他的书目,总要买上几百元甚至上千元的书。如果没有书目,他就没辙了。

因此,我认为,总编室所编的这本目录,既然花了这么大的功夫,客观又有这个需要,能否多印一些,让《青年文摘》读者俱乐部去散发?散发的办法有两种:

一、通过读者俱乐部会员汇款买书的机会,顺便赠送一本,这是十分省事,又十分见效的办法。久而久之,可以把买书的读者吸引住,成为"回头客"。因为读者邮购图书时有一种心理,怕汇款出去以后,如石沉大海,一旦我们把书发去,他们已是十分高兴,再赠送一册精美的荐书录,每个读者都会产生感激之情和提高对本社的忠诚度。

二、还可利用《中国青年》、《青年文摘》、《青年文摘(人物版)》、《青年心理》、《青年文学》、《农村青年》、《校园》、《同学》、《虹》等刊物,刊出这样一段广告词:"中国青年出版社竭诚为读者服务,请给一个机会,试验它是否有为您服务的热情和能力。本社印有一本 2003 年本版书全部书目(附作者、内容说明、定价),函索即寄。"

这段广告词,我是借用老开明书店邮购部的广告词,朴实而诚恳,确实收到过很好的效果。我希望这个建议能引起有关部门的关注。

责任编辑负有宣传和推广的责任

我不是编辑，没有资格谈论这个问题。但在退休前，我长期从事发行工作，与编辑室打过很多交道。最近又读了《中国出版家叶至善》一书，其中谈到"一个编辑，不仅要把书编好，而且还有另外一个任务，就是要把出书后的宣传工作做好"。

20世纪50年代初，出版界流传着这样一句话："当编辑，不光要会'生孩子'，还要会'养孩子'。"这句话的意思是，作为一个编辑，深知个中辛苦，会把每一本经手编辑的书都看成自己的孩子。在编辑工作过程中，文字加工、邀约插图、装帧设计等安排付印前的工作，都属于"生孩子"这个环节；而"养孩子"主要是指出书后还要做艰苦的宣传推广工作，使它在社会上起到应有的作用。著名编辑家叶至善不仅提倡这样做，自己也身体力行。他编辑出版的青少年读物无数，几乎每本书都挖空心思做广告词，把广告词写得既真实又生动。

例如，叶至善编的一本《小布头奇遇记》，他的广告词这样写："这本书讲些什么？ 有一个小朋友，名字叫苹苹。苹苹得到了一个小布娃娃，名叫小布头。小布娃娃干吗叫'小布头'呢？ 这，你看书就知道啦！"接着，他又把小布头遇到的一个个奇怪的事，用简要的文字，引人入胜地来叙述。广告词不过百把字，家长和孩子看了都想去书店买来先睹为快。叶至善认定这本《小布头奇遇记》是优

秀童话,特地请《中国少年报》著名画家沈培绘制漫画多幅和精彩封面,用优质纸张精印。经过叶至善的多方宣传推荐,《小布头奇遇记》发行量大增,至今印数已达百万册,深受几代小读者的喜爱。

叶至善本人既是诗人、文学家,又是科普作家。他编辑出版了不少科普读物,值得一提的是,为中少社创办了《我们爱科学》杂志,至今每月发行量都在百万册以上。他在介绍每本科学读物的广告词中,首先把题目写得很巧妙,使人看了题目就想看广告词,看了广告词又想看这本书。

比如,他介绍伊林的《几点钟》,广告词题目是"没有钟成了什么世界?",开始就写这个世界如果没有钟会变成怎样,学生不能按时上课,老师也不知什么时候去讲课,火车、轮船不知什么时候出发和到达,也无法推算行程……总之,一切都会变得乱七八糟。后来经过一代代的聪明人,费了很多心血,一步步创造,才有了今天的钟。如果你想知道这些经过,就去看开明书店出版的伊林写的《几点钟》。

又如,他介绍《趣味物理学》,广告词题目是《请你站起来》。"你先坐下来,挺直胸膛,大腿放平,小腿放直。然后,上身不要向前倾,两腿保持原来的样子,请你站起来,不论你使出多大力气,你总站不起来。你想知道是什么原因吗?就请你看开明书店新近出版的《趣味物理学》。像这样有趣的问题,那本书里多得很哩!"

再比如,他写《物理世界的漫游》广告词的题目是"一吨木头比一吨铁重"。他用空气浮力的原理,解释一吨木头的体积比一吨铁要大16倍,所以在空气中所称的一吨木头,实际上要比一吨铁重。接着说:"在《物理世界的漫游》一书中,类似的问题很多。这是一本有趣的科学漫谈,是由开明书店出版、顾均正先生翻译的《物理世界的漫游》。"

上面举的例子,都是叶至善写的广告词。著名女编辑家欧阳文彬一生在生活书店、新知书店、文化供应社、开明书店当过多年编辑。在刚进开明书店的时候,被分配在徐调孚手下当推广科科员。徐调孚要她把开明书店新出版的图书,每本都写一篇内容介绍,并交代:一要讲清楚这本书讲的是什么、有什么特点,二是字数不能太多,三是文字必须实事求是、不许夸张。说是要编一本目录,分发给各地开明分店门市部和函购部送给读者,宣传开明新书,这是推广科一项重要任务。欧阳文彬平时喜欢读书,她看的文学读物较多,对开明新出文学读物很有兴趣,很快看完,写篇内容介绍也比较容易。但总感觉搞这一工作对她没有什么帮助,也不能提高编辑能力,所以情绪不高,对自己不熟悉的科普读物和社科读物往往不愿深入了解,撰写内容介绍时,也只写些空洞的文字,如"内容丰富"、"文字生动"、"对读者很有帮助"之类的话。徐调孚很不满意,凡是有这类词句的广告词都被退回重写,直到合格为止。后来,欧阳文彬在工作上尽心尽力,认真撰写内容提要,而且认识到这项工作的重要性,并亲自收集以往叶圣陶、叶至善撰写的几百部图书的广告词,编了一本《叶氏父子图书广告集》,由上海三联书店出版。

回过头来再说叶至善对图书推广工作的重视。他曾想过许多办法,让自己编辑出版的新书能使读者广泛了解,所以或在刊物上文章结尾空白处,或在图书最后白页上,或者亲自执笔撰写书评,等等。他认为,推广工作也是一个责任编辑的责任。

20 世纪八九十年代,我社曾出版过一种小报,叫《青少年之友》,请茅盾书写刊名,介绍我社出版的新书,每期印好发给各地书店和邮购部,可惜后来停刊了。说实在的,即使不停刊,新华书店也不再像以前那样重视,寄去以后也可能当作废纸卖了。现在我想最好的办法,还是责编广泛与媒体交友,自己动手写新书书评,或组织作者写推荐稿,能在《中国出版传媒商报》、《光明日报》写点报道或推荐的文章。我社出版的《人世间》,我想编辑一定在这方面下了很多功夫,据说还在电台连续广播过。当然,主要是靠书的题材和质量,媒体才愿意刊登书评、推荐文章或广播。但出了好书,再加编辑的努力,影响会更大。我社先前出版的"三红一创"、《李自成》和《红旗飘飘》丛刊,当年我是亲手做发行工作的,编辑部的编辑,特别是黄伊,经常在各种报刊上写文章推荐,我也不断在新华书店北京发行所发给全国各地的内部刊物《京所通讯》上发表广告词。《京所通讯》主编沈志刚非常欢迎出版社同志给他写稿,后来我俩成了好友,每期《京所通讯》都用我的报道,这些报道我至今还剪贴保存着。在《京所通讯》上发表文章,既不用花钱,又可以直接发到各地书店业务员手里,效果比报上登广告好多了,这也算是开明书店的传统吧。

(原载《中青出版通讯》2022 年第 16 期)

出版社编辑与作者的关系

　　一个编辑，如果水平高，能识别某部作品的长处，从而帮助作者提出修订意见或者共同修订出版，成为一部优秀作品。这样的编辑多了，作品也多了，这个出版社的知名度就高了，对作者的吸引力也就大了。我认为，20 世纪 30 年代的开明书店和 50 年代成立的中国青年出版社，就是这样的出版社。因为我在开明和中青工作了一辈子，目睹许多编辑和作者的亲密关系，从而使一部部优秀作品不断重印，从我手中流向全国书店。今天，乘着《中青出版通讯》和《红叶林》征稿之际，特不揣冒昧，把我所耳闻目睹的一些动人故事写在下面，请大家批评指正。

萧也牧为孙犁解燃眉之急

　　孙犁是我国著名的作家。1957 年间，孙犁得了重病。消息传到我社文学编辑萧也牧耳里，他焦急万分，知道孙犁并不富裕，自己也没钱接济他，便去找作家康濯商量，请他为孙犁编一本散文集，中青社可以预付他一笔稿费，以解燃眉之急。康濯立刻找到孙犁，代他编了一本集子，交到我社出版。出版社用最快的速度，一次就印精装本 35000 册，这就是今天还在重版的《白洋淀纪事》。此书接下来不断重版，20 年间共印了 7 次，24 万册。最近听皮社长说，这几年此书还在重印，受到文艺界的好评。从 1958 年出书到现在，该书整整印了一个甲子年，其生命力之强，由此可见。

黄伊将《红旗谱》重新回归中青出版

　　"文革"中，我社的"三红一创"、《红旗飘飘》等书都被当作大毒草受到批判。《红岩》作者之一的罗广斌，被害致死；另一作者杨益言，被到处搜捕,最后逃到我社,受到群众保护;而编辑萧也牧,却在五七干校死于非命。"文革"后,我社复业,许多好书亟待重版,"三红一创"中的其他三本都顺利重印,只有《红旗谱》一书,因责编萧也牧去世,编辑室主任阙道隆便让黄伊去接替责编。黄伊曾在编辑室参加过许多优秀作品的编辑工作,他是文学编辑室中唯一的大学毕业生,善于做公关工作。但他知道,《红旗谱》一书在"文革"前就和作者梁斌发生过纠葛,主要是作者认为出版社计算的稿费不合理。当年,萧也牧也曾和梁斌谈判多次,张羽也参与其中。但梁斌绝不买账,只要听到萧、张二人的电话,就挂断不接,事情闹得很僵。黄伊接了这个烫手的山芋,不知如何是好。为了负责,他先重读了这部名著,发现书中有不少地方需要修改,特别是那些冀中高阳蠡县一带的土话,让人读起来特别别扭。修改不好,就又增加了谈判的难度。为此,他苦恼了好几天。后来又耳闻梁斌要把《红旗谱》版权收回,另交地方出版社出版,第二部《播火记》已有行动,黄伊心急如焚,立刻硬着头皮出差去天津,找到梁斌新居。梁斌开始有点冷落他,但黄伊使出全身公关解数,一直面带笑容,很有礼貌地向梁斌谈了些当前文艺界的动向,梁斌听得津津有味,然后言归正传,希望梁斌能把《红旗谱》继续交由中青社出版,并且诚恳地说,这次重版,有些地方希望能作些修改,由他担任责编,把这部名著早点重版,以供应读者急需。梁斌是个吃软不吃硬的作家,一见黄伊如此谦恭,便把心里话都讲了。最后他说,过去的事就一笔勾销,我俩重新开始;只是第二部《播火记》已与天津百花文艺出版社订了出版合同,不好办了。黄伊一听急了,便再与梁斌商量,如第二部给了百花,对外影响不好,请他仍交由中青出版;百花方面,他会去做工作,放心好了。得到梁斌同意,黄伊连忙去找百花出版社社长商谈,原来百花出版社社长是黄伊的好朋友,二话不说,《播火记》归还了中青出版。当然,第三部《烽烟图》理所当然地到了中青手里。一件难办的事,终于得到圆满解决。

叶圣陶先生帮助年轻作家出书

1953 年以前,我在开明书店工作了七年,经常听说开明的编辑不但有学问,还和作者关系密切,有时经常聚会,交往甚深,多数还参加一些文学团体。最为突出的是叶圣陶先生,他与茅盾、冰心、朱自清、丰子恺、俞平伯、钱锺书等大作家交往密切。因他为人正直,作风严谨,待人真诚,赢得了朋友们的信任,凡有作品,首先会送到开明出版。但我下面要讲的却是叶老对年轻作者的扶植。

第一位是后来大名鼎鼎的丁玲。

1928 年以前,丁玲还是某工厂的一个学徒工,但她爱好文学,经常写点小说在刊物上发表。当她在《小说月报》上发表第四篇小说《阿毛姑娘》时,叶先生看到后就写信给她说,可以和前三篇一起出个集子,由开明书店出版。丁玲受宠若惊,立刻把四篇作品交到开明书店。1929 年,丁玲的第一部作品《在黑暗中》问世。若干年后,丁玲回忆当时的心情说,她当时十分激动,连一句感谢的话都忘了说,更不知道请叶老给她写个序言之类,有点傻!

第二位更是众所周知的大作家巴金。

1980 年,巴金在人民文学出版社出版了一套《随想录》,共五集。在第五集中专门有一篇《我的责任编辑》,写了他和叶圣陶先生的深厚情谊。

巴金年轻时喜爱写作。1928 年,他从法国回到上海,看到书坊里正在卖着丁玲新出的《在黑暗中》,受到启发,立刻去找在开明工作的好友索非,请他帮忙也出一本小说集。很快,得到叶先生首肯,《灭亡》顺利出版。后又交去《新生》一稿,也被接受出版。这一下子就不可收拾了,他是个多产作家,没日没夜地一连写了许多小说,按他自己的话说,想说什么就写什么。到 1941 年,巴金竟在开明出版了 15 部小说,其中包括《家》《春》《秋》这样的巨著和几部翻译小说。

巴金在《我的责任编辑》一文中,深情地写道:"叶先生虽然很少同我接触,很少同我交谈,却一直在暗中注视着我。""我仿佛常常看见那张正直善良的脸上的笑容,他不是在责备我,他是在鼓励我。即使失去了信心,我也会恢复勇气,在正路上继续前进。我指的不仅是写作的道路,还有做人的道路。""叶先生是我头一本小说的责任编辑","他又是我一生的责任编辑"。可见,这位大作家对叶老何等尊敬,何等感激!

第三位是当年一位青年作家秦牧。

1944 年,秦牧逃难到了重庆,穷困潦倒,无以为生,听了朋友的话,准备把自己发表过的作品结集出版,以挣得一点稿费。此时开明已在内地成立了编辑部,由叶先生主持。秦牧抱着试试看的心态,把稿子送到叶先生手里,希望能够出版。叶先生把稿子带到家里,与三个孩子共同讨论稿子内容,孩子们分别看了内容,都说很好,叶先生便决定出版。秦牧非常高兴,要请叶先生起个书名,叶先生就把它定为《秦牧杂文》,于抗战胜利后的第二年出版。秦牧从此笔耕不辍,后来竟成了大作家。

我之所以写这些小故事,无非是想告诉大家:文坛上的这些名人,开始并非都是大作家,一方面当然靠他们自己努力,另一方面也离不开编辑的栽培。像丁玲、巴金、秦牧以及我社 20 世纪五六十年代出版的《红旗谱》《红岩》等名著,都是在编辑的帮助下才得以出版的。作家是出版社的衣食父母,出版社是成功作家的摇篮,二者通过合作,才能为国家作贡献。

写到这里,我不得不提到,我社 1982 年创刊的《青年文学》,36 年来始终以发表青年作家的作品、培养青年作家成长为己任,发表了数以万计的以青年为题材的优秀创作,培养出千百位青年作家,其中包括张抗抗、池莉、刘醒龙、毕淑敏、铁凝等文学大家,有的甚至还成为党和政府的高级干部。当然,不仅《青年文学》,我社其他编室几十年来也出现许多优秀作品和优秀作家,得到党和政府的奖励。这里肯定也有许多动人的故事,希望编辑同志能够互相交流、互相学习,把中青这个优良传统代代传承下去,发扬光大!

(原载《中青出版通讯》2018 年第 15 期)

中国出版界的一次盛会

　　正当国家推行"十一五"规划伊始,继中国编辑学会代表大会胜利举行之后,出版界又迎来了一次盛大的集会,中国出版工作者协会4月25日至26日召开了第五届会员代表大会。来自全国出版行业的360余名代表,走进了两个月以前曾在这里举行编辑学会代表大会的新大都饭店。中宣部常务副部长吉炳轩参加大会,并宣读了中央政治局委员、书记处书记、中宣部部长刘云山给大会的贺信;国家新闻出版总署署长龙新民作讲话;中国版协主席于友先,总署副署长于永湛、石峰、柳斌杰、邬书林,中宣部出版局局长张小影,编辑学会会长桂晓风,以及出版界老前辈宋木文、王益、许力以、王仿子、刘杲、卢玉忆等同志参加大会,表明党和政府以及老一代出版家对版协工作的重视和支持。我社党组成员、常务副社长张景岩,青春分社社长兼总编辑冈宁和王久安等同志作为本届代表出席了会议。大会气氛热烈、紧张有序。经过两天会期,审议通过了上届版协工作报告、财务报告和新的章程,并选出于友先同志为新一届版协主席,刘波、谢明清、杨德炎同志为常务副主席,邬书林、张小影、桂晓风、韩绍祥等19位同志为副主席,刘波兼任秘书长;大会选举了258名理事,理事中又选举产生134名常务理事,我社张景岩同志当选为常务理事;会议还聘请龙新民和宋木文为名誉主席;聘请李东生和出版界11位老前辈为顾问。

　　在第一天的开幕式上,龙新民署长代表总署党组发表讲话,充分肯定了上届版协所做的卓有成效的工作,对版协多年来举办评奖、评优,开展培训教育,推动对外合作交流和举办北京图书订货会给予高度评价。龙署长指出,新一届版协领导班子的产生,正逢"十一五"规划开局之年,也是我国文化体制改革深入推进的五年。在这样一个形势下,中国版协的工作是大有可为的。当前,总署决定把推进出版发行体制改革、促进出版事业繁荣、加强出版物市场监管、建设高素质的出版工作者队伍作为出版行业四项重点工作。希望新一届版协要紧紧围绕这些重点,开展调查研究,多听听行业意见,多做思想政治工作,多做凝聚力量、化解矛盾的工作,使版协在发挥自己的优势、围绕中心服务大局方面作出更大贡献。

从公布的新一届版协领导班子成员看,大家不难发现,处于本行业一线(现职)的领导同志占了绝大多数,特别是在理事、常务理事和领导班子中,吸纳了大批有实力又热心版协工作的同志,一改以往各届一线同志较少的情况,这是新班子的一大特点。它将使版协工作更加充满活力,及时贯彻中央精神,更好成为党和政府与出版界密切联系的桥梁和纽带,从而更好体现为出版社服务的宗旨。

中国版协与全国各省、自治区、直辖市的地方版协,属于业务上的指导关系。它们都归当地新闻出版局领导,多年来结合各地实际,为出版界做了许多工作,也协助中国版协完成多项评奖评优、组织竞赛等工作;此外,中国版协自身还有 31 个下属二级组织——各类工作委员会,包括青年读物工作委员会、经营管理工作委员会、国际合作出版工作委员会、材料工作委员会、校对工作委员会、装帧艺术工作委员会等,这些委员会多年来结合各自性质特点,积极开展工作,为出版界做了大量工作,成为版协的可靠支柱。这些委员会的工作同志都是出版界的热心分子(我社兼职参加的约有十名),对工作认真负责、义务效劳作出奉献。新的一届版协成立后,他们中有的年事已高,任期已满,也将陆续在换届改选后退位。

(原载《中青出版通讯》2006 年第 11 期)

中国书法名品选

著

王人水

2017年1月12日，在中国出版发展高层论坛上，全国人大教科文卫委员会主任、中国出版协会理事长柳斌杰（左七）向王久安（左五）等颁发"北京图书订货会30周年特殊贡献奖"

1992年2月18日，王久安（右一）向中央宣传部常务副部长徐惟诚（左二）汇报交易会情况

中国出版工作者协会与本社联合举办王久安同志从事发行工作五十五年座谈会，新闻出版署署长于友先为座谈会题字
前排左起：胡守文、谢明清、王益、王仿子、刘新明

中国版协经营管理委员会举办首都社科书市。图为王久安（右二）向出版单位了解参展情况

目 录

第一篇

发行与发行体制改革

北京图书订货会:见证图书发行体制改革

——王久安访谈口述实录

北京图书订货会已连续举办了 34 届,在订货会创办 20 周年的时候,时任新闻出版署署长宋木文同志在《中国图书商报》发表的文章中说:"图书订货会是中国出版、发行体制改革的产物。""王久安等开创者们以党和政府出版主管部门的政策为依据,经过精心筹划,在 1987 年 5 月,首届社科图书交易会便应运而生了。"

为了进一步了解北京图书订货会在图书发行体制改革中"破圈"的"前世今生",见证图书发行体制改革的成果,我们采访了当年亲历发行体制改革和北京图书订货会的发起人之一王久安同志。

问:您作为 20 世纪 80 年代图书发行体制改革的亲历者和首届社科图书交易会的发起人之一,能否介绍一下图书订货会的发展情况?

王久安:北京图书订货会从 1987 年创办以来,到现在已办了 34 届。订货会从无到有,从小到大,多年来年订货码洋都在 30 亿元以上,已成为全球最大的华文图书市场。

作为 80 年代图书发行体制改革的亲历者,和第一届首都社科图书交易会的发起人之一,我见证了我国 30 多年来图书发行体制改革的曲折变化以及北京图书订货会应运而生的历程。

问:30 年一贯制的图书发行体制,当时在哪些方面不适应新时期的图书发行工作?

王久安:1982 年以前,我国出版界已经实行了 30 年的图书出版发行分工制,这种体制与新中国成立初期出版发行一体化相比,显然是一大进步。实行出版与发行分开后,经过全国"三大改造",私营书店没

有了,图书发行业成了新华书店的"一统天下"。当时在购销形式上实行的是单一的征订包销,出版社自己不承担发行业务,出版社出版的每种新书,都由新华书店包销。出版社则向新华书店提供每一本新书200字的内容介绍,以及估计定价和出版时间,由新华书店发行所去全国各新华书店征求订数。大约一个半月全国订数报上来以后,发行所就向出版社订货,出版社则按照新华书店报订的数字,进行造货,这是典型的"以销定产"的计划经济运作模式。这种模式对出版社来说,比较有利。其原因,第一,出版社不必为发行图书操心;第二,出版社不用建立书库,始终保持"零库存",既省人又省事,又不用承担经营风险;第三,能很快回笼资金。但这种计划经济的运行模式,建立在出版社出书品种不多、生产规模较小的基础之上。新华书店为此虽然也承受了一些经营风险,但由于卖不完的书可以报废,向国家财政核销报销,因图书积压库存而造成的经营矛盾并不突出。这个出版社"旱涝保收"、新华书店积压的库存由国家财政"买单"的制度一直延续了30年。

国家实行改革开放后,各行各业都在改革,一些不合理的制度受到了冲击。出版界"隔山买牛"式的征订包销制度,首先受到冲击。据新华书店的内部统计,一个基层新华书店的进货员,每年至少要看300万字的新书内容介绍,还要对每本书提出具体的订货数量,实在难以应付,而且也是勉为其难。在这种制度环境下,基层新华书店订货员采取了"少进勤添"的办法,即每次只进少量的书,根据书店的实际销售情况及时添货。后来逐步发展到"少进不添"乃至"不进不添"。这样反映到新华书店发行所的汇总表的订数也就越来越少。1982年,我做过一个统计,中国青年出版社出版的新书,经过北京发行所编目征订,全国3000多家基层书店,订数覆盖率只占47%,也就是说:一半以上的基层书店,订数为零。时任文化部出版局顾问的王益同志听到后大为吃惊,他说:"中国青年出版社的新书订数覆盖率一半都不到,其他专业出版社就更少了,这种现象不太正常。"可是后来事态发展得更加严重,有些出版社的新书征订单发往全国3000家新华书店后,竟然"全军覆没",吃了"零蛋"。出版社为此感到"恐慌"。有的社长说,想不到发行问题成了出版社生死存亡的关键问题了。不少出版社开始对这种征

订制度产生质疑。有的社长"戏称"这是新华书店的"小辫子专政"。意思是，基层书店的进货员都是女孩子，不熟悉业务，见到新书"熟视无睹"，作者辛辛苦苦写出来、编辑辛辛苦苦编出来的好书，都被她们"无情扼杀"了。从出版社方面来说，这个问题确实比较严重，影响到出版社的生存。许多新书因为订数太少，没法开机印刷，只好打成纸型压在印刷厂。这样不但影响了出版社资金周转，对作者也难以交代，更谈不上满足读者需求，造成了出版社的"出书难"。而新华书店也有难言的"苦衷"，对征订的图书，仅凭简略的内容介绍，就要作出是否订货及征订数量的"决策"，存在着不确定的经营风险。面对这种"隔山买牛"式的征订包销制度，如果订多了造成积压，又不让退货，而订少了很快脱销，又会受到读者指责，造成了新华书店"卖书难"。"出书难"和"卖书难"，导致了读者"买书难"。20 世纪 80 年代初期，原有的图书发行体制与新时期出版发行工作不相适应的矛盾，突出表现为图书市场出现的"三难"现象。

问：当年图书市场出现的"三难"问题确实不容忽视，书店和出版社相互责难，读者呼声很高，反应强烈。后来是怎样解决的？

王久安：出现"三难"问题以前，党和政府就开始注意协调出版社和书店之间的关系。当时新华书店对征订包销制度采取谨慎态度，提出"少进勤添"来应付。因为少进，许多新书一出版就卖光，读者呼声很高。我在 1981 年 3 月 29 日的《人民日报》上发表了一篇文章，呼吁新华书店要根据图书内容和读者需要认真研究订数，不要千篇一律地"少进勤添"，把书当成青菜萝卜一样，要趁新鲜卖掉。吕叔湘先生看到以后，也在《人民日报》刊载文章，希望出版社出书不要"一版定终身"，应当不断再版供应读者，解决"买书难"问题。针对出版界人士的呼声及社会的反响，文化部出版局在王益同志的主持下，做了许多调研工作。1982 年 6 月，文化部在北京召开了全国图书发行体制改革座谈会，听取出版发行部门意见，研究如何解决"三难"问题。我曾自始至终参加了座谈会，在会上反映了出版社的困难和读者的呼声。会议首次提出，将在全国组建一个以国营新华书店为主体的多种经济成分、多

文化部文件

文出字（82）第754号

关于图书发行体制改革工作的通知

各省、市、自治区出版局，中央一级出版社，新华书店总店、北京发行所、储运公司：

现将中央宣传部原则同意的《关于图书发行体制改革问题的报告》和我部出版局制定的《关于出版社和新华书店业务关系的若干原则规定（1982年修正本）》发给你们，希按今年六月全国图书发行体制改革座谈会的精神贯彻执行。

图书发行体制改革是一个新的课题，涉及的方面较

— 1 —

1982年7月，文化部印发
《关于图书发行体制工作的通知》

条流通渠道、多种购销形式、减少流通环节的图书发行网。会议确定，今后将大力支持出版社自办发行，改革购销形式。有一次座谈会还邀请了商业部门的负责人参加会议，介绍他们的改革经验，给大家很多启示。

根据座谈会形成的意见，文化部于1982年7月印发了《关于图书发行体制工作的通知》，明确提出："图书发行工作的现行体制，不能充分调动出版社和书店两个积极性，不利于出版事业的发展，已不能适应社会主义建设的要求，必须加以改革。图书发行体制根本改革的目标是：在全国组成一个以国营新华书店为主体的多种经济成分、多条流通渠道、多种购销形式、减少流通环节的图书发行网，使货畅其流、书尽其用，更好地贯彻出版工作为社会主义服务、为人民服务的方针，最大限度地满足读者对图书的需要。"文化部的这个通知，拉开了全国图书发行体制改革的序幕。

问：文化部为什么要在文件中规定图书总发行权归出版社所有？这给出版社的发展带来什么好处？

王久安：文化部的通知，宣告了我国图书发行体制改革正式启动。从计划经济体制下图书发行工作由新华书店独家经营，转变为"一主三多一少"，这是一个具有里程碑意义的重大改革，预示出版社要加强自办发行，并且要发展多种经济成分，增加流通渠道，提倡多种购销形式，减少中间环节，为解决图书市场的"三难"问题下了一剂"猛药"。各出版社积极响应，纷纷成立发行机构，配备发行力量，包括人员、资金、库房、交通工具等。我所在的中国青年出版社较早开始了自办发

行。由于受图书发行体制的局限，20世纪70年代末，中国青年出版社出版的不少图书，出现了读者想买、书店无书可买的状况。如《第二次握手》的征订很不顺利，很多书店看到简单的内容介绍，由于心里吃不准，不敢"贸然"进货，但不少读者却四处寻书。我社只好少量控制，加印了2万册，作为门市部和邮购应急之用，结果读者登门求购者之多，出乎我们的意料。《李自成》一、二卷书店征订甚少，要书的读者却很多，由于我社没有书库，只能在出版社门口搭个书棚卖书，扮演《智取威虎山》杨子荣的著名演员童祥苓因在书店买不到书，不得不亲自跑到我社发行部求购，并抱怨说，这书怎么这么难买。我社出版的其他图书，如《文学描写辞典》、《通俗哲学》、《革命烈士书信》等也深受读者欢迎，我们从中感受到读者对图书日益剧增的需求，于是不失时机地成立了读者服务部和邮购部，逐步扩大自办发行。当时因无力多设门市部，我便想到借鉴开明书店的经验，在出版社力所不及的城市，与信誉较好的同行合作，建立特约经销关系，代销本版图书。于是便与本市王府井新华书店的门市负责人王曰成同志商量合作事宜，得到了他的大力支持。经过几轮谈判，我们双方于1981年2月正式建立特约经销关系。这期间，其他兄弟出版社也有许多创新的改革措施，如水利电力出版社把门市部办成了"读者之家"；纺织工业出版社选择好几个纺织工业发达的城市办起了特约经销处；特别要提到的是上海辞书出版社，它们经过调研和核算，首先独家成立起发行所，本版图书全部自办发行。一时间，全国图书发行体制改革风起云涌，浙江省新华书店和湖南省新华书店都不约而同地和本省出版社合作，对全部出版物试行联合寄销，实行"三个不变、一个转移"的方式，即征订方式、发货折扣和货款结算时间都不变，销不完的图书，损失由出版社承担。而我社和王府井新华书店创建的特约经销办法，以其品种全、到货快、折扣优惠的三大特点，深受书店欢迎，一时成为热点，全国不少出版社和书店都纷纷效仿。

1983年10月，文化部出版局在成都召开图书发行体制改革经验交流会。会上，代表们详细地介绍了各自的改革经验，可说是百花齐放、异彩纷呈。我也在会上介绍了中青社自办发行的经验。王益同志在总结报告中，充分肯定了一年多来图书发行体制改革所取得的成绩，

鼓励出版社要加强自办发行，配备足够的发行人员，创造条件，解决资金与仓库等问题，把自办发行看作一项战略措施，而不是权宜之计。他对上海辞书出版社全部自办发行进行了表扬；对各地社店建立的特约经销处给予肯定，认为这种形式受到出版社、书店和读者三方面的欢迎，要坚持办好；对各地发货店在建立特约经销店方面存在的顾虑，则进行了解释。他还鼓励推行寄销制度，认为浙江、湖南实行的社店联合寄销，好处很多，出版社可以掌握印数的主动权，书店可以解除"背包袱"的后顾之忧，敢于大胆进货，从而丰富书店的备货品种，扩大销售，满足读者需要，充分发挥书籍的效用。此外，对新华书店实行经营责任制和发展集体、个体书店等问题，王益同志也发表了看法，给予了支持和鼓励。

这次经验交流会后，全国图书发行改革掀起了一个新的高潮。除了出版社的自办发行和特约经销店有更大发展，出版社与发货店之间的合作也得到进一步加强，各地民营书店在扶持中有了发展，这些都是可喜的现象。

问：1986 年 7 月国家出版局印发的《关于认真贯彻全国图书发行工作会议精神的通知》及《关于推行图书多种购销形式的试行方案》等文件，对深化图书发行体制改革起到了怎样的推动作用？

王久安：改革是一个不断深化的持续过程，原有的问题解决了，又会出现新的问题，需要创新思路，提出新的对策。图书发行体制的改革也是如此，其间遇到不少曲折和阻碍，在新问题的解决中，图书发行体制改革不断取得新的成果，促进了出版业的发展。首先在购销形式上，由于多种原因，图书寄销制度的实行困难重重，当初浙江、湖南两省所推行的社店联合寄销，后来因故停滞不前；其他地区社店之间也难以形成共识。1985 年 6 月 26 日，在京 20 多家出版社在中国广播电视出版社开会，邀请新华书店总店和北京发行所领导参加，试图通过协商，推进联合寄销。文化部出版局王益、陆本瑞和中国出版工作者协会王仿子等领导也参加了，但在寄销问题上，社店双方难以达成协议。北京发行所在会上提出，当前他们最大的困难是将近 6000

万元码洋的图书,因铁路运输不
畅不能入库,按照以往发货规
律,还要好几个月才能疏通。出
版社对此很有意见。因此,原来
实行的初版试销、再版包销以及
社店联合备货等改革措施将难
以坚持,更不要说寄销了。此
外,前些年搞得红红火火的特约
经销方式,因不少地方社店争相
建立,搞得太多太滥,致使许多
特约经销店有名无实,失去了特
色,只起到了一般经销的作用。
出版社没有图书总发行权,自办
发行量加大后,与发货店之间的
矛盾便随之而来。一方面出版

国家出版局文件

（86）出发字第707号

发出《〈关于推行图书多种购销形式的
试行方案〉的补充规定》的通知

各省、自治区、直辖市出版（文化）局（厅）、社、重庆出版社、
中央一级出版社、新华书店总店：

现将我局《关于推行图书多种购销形式〈试行方案〉的补充规
定》发给你们，望结合本地区实际情况认真贯彻执行。

附：《〈关于推行图书多种购销形式的试行方案〉的补充规定》

1986 年 9 月,国家出版局印发
《〈关于推行图书多种购销
的试行方案〉的补充规定的通知》

社发货渠道受到限制;另一方面,发货店的发货受到阻塞。眼看"三
难"问题又将死灰复燃。国家出版局于1985 年 11 月 22 日印发了《关
于推行多种购销方式的初步方案(征求意见稿)》,提出了四种购销形
式:一、凡党政文件、领导人著作、教科书、年画挂历和内部发行图书,一
律采取征订包销;二、寄销分为分配寄销和征订寄销;三、自销和选销;
四、特约经销。

1986 年 1 月 20 日,人民出版社庄浦明副社长和新华出版社许邦
社长牵头,组织在京部分出版社社长开了一个座谈会,对出版局的方
案进行讨论,提出了三条颇有远见的建设性建议:一、除征订包销图
书以外,一般图书总发行权应归出版社所有,出版社可以委托书店经
销或搞特约经销,使出版社真正能决定印数,承担起出版发行的全部
责任;二、鉴于基层书店任重利薄,出版社应让利三个发行折扣给基
层书店,以提高其销售积极性;三、在全国范围内筹建 50—100 个一
级批发站,以利扩大流通渠道。这三条建议由我执笔,提交国家出
版局。

3月19日,中国出版工作者协会邀请北京地区部分出版社社长在中国青年出版社印刷厂开会,再次听取大家的意见和建议,国家出版局顾问王益、专员陆本瑞、发行处长高文龙,中国出版工作者协会副主席王仿子等应邀到会,秘书长王业康主持会议,人民出版社、人民文学出版社、中国青年出版社、中国少年儿童出版社、大百科出版社、社会科学出版社、世界知识出版社、新华出版社、北京出版社、对外翻译出版社、农业出版社、铁道出版社等20余家出版社社长到会,有16位社长在会上发了言,会议气氛十分热烈,充分反映了大家对即将召开的全国图书发行工作会议的高度重视和期待。不少社长再次强调了1月20日提出的三条建议。王业康秘书长表示,一定把大家意见整理后送交出版局领导参考。

同年4月,国家出版局召开了全国图书发行工作会议。会议主要有四个方面内容:一、端正思想,统一认识,正确对待当前出现的新问题;二、坚定信心,巩固成果,积极推行多种购销形式;三、书店进行自身改革建设,充分发挥主渠道作用;四、加强对发行工作的领导和管理。这次会议非常适时,在关键时期作出了许多重要决定。社长们提出的三条建议中,有两条被出版局采纳,写进了文件,实施后起到了很好的作用。出版社掌握总发行权以后,可以选择多条发行渠道和多种购销形式,与各地新华书店、民营书店进行合作,解决了过去许多矛盾;对书店发货折扣降低,使基层书店得到经济上的实惠,销售积极性大为提高。所有这些都对出版社自办发行有利。但这次改革最重要的还是出版社有了总发行权,正是这一条改变,进一步促进了出版社之间的联合。

全国图书发行工作会议后不久,1986年6月,人民、人民文学、世界知识、中国青年、中国少儿和社会科学六家出版社的发行部自发成立了发行联合体(简称"六联")。"六联"的成立,是出版社发行部门横向联合的一个创举,为共同开拓图书发行渠道创造了条件。正是这种联合的态势,加强了六家出版社发行部门与北京、上海、南京、重庆、广州、长沙、临沂等许多大中城市新华书店的合作,有的还建立了联合批销中心。

问：创办图书订货会，并不断拓展图书订货会的功能，见证了图书发行体制改革不断深化的历程，请您具体谈谈北京图书订货会是如何应运而生的。

王久安：1987 年初，在京十多家出版社的发行部主任，为了进一步开拓图书市场，在已经成功举办了两届首都社科书市的基础上，决定利用已经得到的总发行权，着手创办图书看样订货会，这个想法立刻得到中国出版工作者协会秘书长王业康的大力支持。经过精心策划和积极筹备，第一届首都新闻出版界社科图书交易会与第三届首都社科书市同时在劳动人民文化宫开幕，成为举办至今的北京图书订货会的开端。这一届书市设在文化宫前院东西松树林，交易会设在文化宫东配殿，面积不到 300 平方米，正好安排 44 家参展出版社。书市和交易会开幕当天，请了著名编辑家、科普作家叶至善和北京大学学生会主席陆昊同志前来剪彩，体现了出版社秉持的读者至上、敬畏作者的理念。书市期间，中宣部副部长李彦、北京市委副书记徐惟诚、共青团中央书记处书记冯军、国家出版委员会主任王子野、司法部副部长鲁坚和《光明日报》总编辑姚锡华等领导都来参观指导。

这一届图书交易会办了 8 天，订货 676 万元；书市办了 12 天，销售 114 万元。图书交易会接待来自全国各地的 290 位书店代表，为他们安排食宿。为了节省开支，代表们都被安排在出版社和部队招待所，而且安排了车辆接送，接待工作十分周到，书店代表都比较满意。图书交易会期间还邀请 60 家书店举行了一次座谈会，征求他们对举办图书交易会意见和建议，为进一步办好图书交易会起到了促进作用。

上述首都社科书市和首都社科图书交易会，从一开始就是由北京十多家出版社的发行部主任自发联合起来主办的。其中包括对外翻译、人民、中青、中少、人民文学、世界知识、新华、法律、工人、北大、财经、中国广播电视、群众、商务、北京、中国社科等出版社，并由这些出版社的发行部主任参加，成立书市办公室，挂靠在中国出版工作者协会之下开展工作。第一届首都社科书市是 1985 年举办的，地点在劳动人民文化宫，办了两届以后，到办第三届时，大家看到在书市中有不少书店的进货员也来采购，于是萌发了办看样订货会的想法。1987 年，在举

办第三届首都社科书市时,同时举办了首都社科图书交易会。随着图书交易会规模的扩大,1991年底,书市办公室希望得到中国出版工作者协会的具体指导,在版协秘书长王业康同志的协调下,以上述部分出版社的社长为主,成立了版协的二级组织——经营管理研究委员会,由新华出版社社长许邦任主任,中央党校出版社副社长刘忠礼、商务印书馆总经理林尔蔚和中国少儿出版社社长杨永源等任副主任,聘请王仿子同志为顾问。书市办公室在版协经营管理研究委员会领导下开展工作。

1997年筹办第十届首都社科图书交易会时,中国书刊发行业协会也决定筹办全国性的订货会,在同一地区举办两次同一性质的订货会,将使参展单位和订货单位无所适从,而且会造成人力物力的浪费。经过中国出版工作者协会和中国书刊发行业协会领导协调,并得到新闻出版总署批准,决定从1997年开始,首都社科图书交易会改由中版协和中发协联合举办。经管会作为中版协的内设机构,原办会人员全部进入新的组委会。宋木文同志写的《亲历出版三十年》,其中有一篇《协调共进谋发展的北京图书订货会》,把协调经过情况讲得很清楚。

从1997年开始,"首都社科图书交易会"的名称改为"北京图书订货会"。由于两个协会合办、新闻出版总署参与协调,领导力量显著增强,订货会规格得到提高,各项措施也越来越规范,其功能逐步由单一的看样订货增加到展示形象、交流信息、版权交易、看样订货、为图书馆配书等多元化功能,从自发性的书市成为全国三大书市盛会之一,成为出版界高度关注的图书市场风向标,越来越受到各方面欢迎。

迄今已连续办了30多年的北京图书订货会,是在改革大潮中应运而生,更是在深入改革中发展壮大。尽管这30多年走的是充满变数的不平坦之路,然而却是探索中的前进之路,创新中的开拓之路,改革中的成功之路。

(原载《老一辈出版家口述实录》,江西高校出版社出版)

《出版发行改革的浪花
——北京图书订货会 25 年回眸》编后语

在中国当代出版史中，改革开放后的 30 年无疑是我国出版发行体制发生深刻变革的时期。推动这场变革的是国家实行的改革开放政策和社会主义市场经济大潮的冲击，而北京图书订货会的创办与发展则是这场波澜壮阔的改革洪流中的一朵绚丽的浪花，也是这一时期我国出版发行体制改革的一个"标本"。

20 世纪 80 年代，十几位在京出版社的发行部门负责人与骨干(他们是：王久安、沈丙麟、施茂仙、范保华、董平沪、马高基、常广厚、刘怀新、李程之、叶泉康、黄景清、王炳臣、林承祥、丁东、王磊)，自发地组织起出版社与读者、出版社与书店产销直接见面的书市和"看样订货"交易会，奋力挣脱计划经济体制对出版发行业的束缚，此举得到中国出版协会的重视与支持。北京图书订货会由此发端，成为出版发行体制改革的先声。

至今，北京图书订货会已创办近 40 载，以其对每年出版选题、图书市场和读者阅读的巨大影响力，成为我国图书出版业三大展会(北京图书订货会、北京国际图书博览会、全国图书交易博览会)之一。它不仅创办最早、变化最大、经历最多，且是唯一留下文字记录的展会。它创办后的前 25 年间的 102 期《简报》，有幸得以珍存。本书就是从这 25 年 24 届的全部《简报》中进行选编摘录，按时代背景分为"初澜"、"大潮"、"波涌"三部分予以呈现。与此同时，本书还邀请创办人、亲历者进行点评、撰写"回顾说明"，并编入当年的部分"媒体报道"，辑录了这 25 年间历届订货会的热门畅销书，以及当时在图书市场与读者中影响较大的图书目录与书影，以图文并茂的形式"重返现场"。全书通过

这些第一手资料,真实记录了北京图书订货会创办与发展的全过程。

为了反映北京图书订货会作为我国出版发行改革的"实验样本"和"风向标"的作用,我们选用了出版界老领导宋木文2007年为《中华读书报》撰写的文章《协调共进谋发展的北京图书订货会》作为本书的代序,还找寻史料,编写了《中国出版业与北京图书订货会大事对照年表(1987—2011)》。

我们编选此书的初衷,是基于让珍存的北京图书订货会102期《简报》"活起来",它不应该只是"文物",而应该是当代出版人、图书发行工作者和读者了解改革开放给我国出版发行业带来的深刻变化和重要影响的鲜活史料,通过这些真实记录,回看我国图书市场的变化和不同时期的文化与学术思潮及阅读的"风向"。

在编书稿的过程中,我们有回忆也有感慨。北京图书订货会诞生于我国改革开放之初,它能在没有国家财政补助的条件下,从小到大发展至今,本身就是改革的产物。诚如有媒体曾经分析的,订货会之所以成功,因素很多,至少有天时、地利、人和三个方面。改革开放的国策和上级领导重视、支持与引导是非常关键的"天时";全国的出版社和书店冲破僵化的计划经济体制束缚,求生存、求发展的迫切需求与愿望,是重要的"地利";订货会从创办到发展有一群懂业务、干实事,饱有情怀理想又各有所长,台前幕后尽职尽责而不计个人得失的组织者,有全国出版社和各级书店的踊跃参与,这是必不可少的"人和"。作为当事人和本书编者,我们理应以不忘初衷、尊重历史的态度,负责任地把北京图书订货会的创办过程原汁原味地在书中再现,实事求是地留下这些珍贵史料。正所谓:不忘初衷,尊重历史,"浪花"虽小,小中见大。

诚然,编撰此书从想法到付诸实施是需要决心的,而促使我们下定决心的,是曾亲身参与和经历订货会创办发展的老前辈和老朋友们的鼓励支持。珍藏这些《简报》的主人——北京图书订货会创办人之一,也是《简报》的刊行人之一,现已90多岁高龄的王久安先生,听了我们的想法后,不仅无私地将这102期纸质已发黄的珍贵《简报》交给我们,还爽快地答应为本书第一部分"初澜"撰写简评并最先交稿。他是我们最为敬佩和最该感谢的人!资深媒体人庄建、郭晓虹和商务印书

馆资深发行人丁东，都曾是订货会创办与发展的参与者和同人，这几位老友一直支持我们的想法并参与策划，提出了很多宝贵建议。庄建还专为本书撰写了前言。谨向他们致谢！

我们还要感谢应邀为书中第二部分"大潮"和第三部分"波涌"撰写简评的陈斌先生和王斌社长。他们一位是书业研究专家、资深媒体人；一位是曾叱咤出版风云、屡获"年度出版人物"的中信出版社原社长。他们都曾亲身经历了不同时期的北京图书订货会，因此有感而发，点评精到。我们更应感谢海峡彼岸的台湾出版人王承惠先生，18年前他亲率台湾出版展团参加北京图书订货会，首次实现了海外华文书业在北京的"大团圆"，他也应邀写了回忆文章。本书因他们的文章而增添精彩。

本书能顺利编撰成书，最应感谢的是中国近现代新闻出版博物馆的副馆长张霞编审和毛真好编辑。她们不仅有眼光、有胆识地承接此书的出版，还为此专程来京参观北京图书订货会，并对书稿提出了许多建议，这给了我们最大的信心，促使我们倾力完成书稿。还要感谢上海三联书店和责任编辑为出版此书所做的工作和付出的努力。

本书即将付梓，希望本书的出版能真实再现北京图书订货会创办的初衷——敬业实干的精神、迎难而上的坚韧、改革发展的坚定，为今天的出版人、图书发行工作者和读者带来有益的启示。

《出版发行改革的浪花
——北京图书订货会 25 年回眸》
第一部分"初澜"(1987—1993)简评

从 1949 年 10 月新中国成立到改革开放的 30 年间,我国出版发行体制一直是仿照苏联模式的专业分工,出版社只管出书,所有图书都由新华书店发行,而书店从出版社订购每本书的数量,仅凭一张 200 字的内容介绍,这种被称为"隔山买牛"的征订包销形式延续了 30 年,被称为"三十年一贯制"。

直到迎来改革开放,国家从计划经济向市场经济转型,原有出版发行体制受到极大冲击。一方面,书店不可能了解每本书的内容,也不知道所订图书是否适应市场需要,订货后很可能滞销,又不能退货,所受损失不再由国家补贴,少进勤添或不进不添的消极做法使造成"卖书难",进而导致"出书难";另一方面,读者因书店订数少,不仅新书被一抢而光,而且经常买不到需要的书,又造成"买书难"。受到"三难"问题长期困扰,行业已经到了必须对原有出版发行体制进行改革的时候。

1982 年 6 月,全国图书发行体制改革座谈会在成都召开,首次提出"一主三多一少"(即以国营新华书店为主体,多种经济成分、多条流通渠道、多种购销形式、减少流通环节)的措施,并确定了出版社可以自办发行。同年 7 月,由文化部转发了国家出版局的文件。这一重要文件的发布,宣告我国图书发行体制改革由此开始,这是我国图书出版业的一场具有里程碑意义的重大改革。

1985 年 5 月,在京十多家社科类出版社发行部主任,为了进一步开拓图书市场,联合在京各出版社成功举办了两届首都社科书市(读者习惯称为"文化宫书市"),大受读者欢迎,竟有京津两地的书店业务

员前来书市摊位订货。由此,我们萌发了举办图书订货会的设想,决定抓住契机,利用已经取得的发行权,在举办第三届书市的同时,办起"前店后厂"式的图书批发交易及看样订货会。谁也没想到,这竟成为解决"三难"问题的改革"破题"之举,1987年首届图书交易会应运而生。这便是举办至今的北京图书订货会的开端。

今天回看《简报》选编的第一部分,正是首都图书交易会(当年的名称)从"出生"到"长成"的阶段,不仅记下了六届交易会换了五处展场的窘境,也再现了那些意想不到的困难,甚至还有书店被"拦阻"参会的风波……真是万事开头难!

由于有新闻出版主管部门的改革政策和中国版协的支持,创办交易会时办公室成员通力分工合作,克服了一个个困难,使交易会在困境中一届届办了下来,而且越办越好。现在回看,如返现场。我更加感受到,我国出版发行事业只要走对的路、办好的事,还有想立志走对路、干好事的人,就没有克服不了的困难。

十几个小人物　办出个大市场

——北京图书订货会创办过程及前几届办会情况纪实

　　北京图书订货会已经成功地举办了 17 届,去年被新闻出版总署定为全国书业界三大盛会之一,并被公认为世界最大的华文图书市场,每年一月份在北京举办。

　　今年年初的第十七届北京图书订货会,参展出版社达到 554 家,展厅面积达到 34000 平方米,前来订货的书店代表达 1 万人(大会接待店社代表 3000 人),大会首次接待 69 家海外华文书店、89 名代表前来洽谈业务和订货,另有出版社分支机构和二级批发单位 52 家、期刊百余家和与出版业相关的企业 34 家参展,展位达到 1658 个,图书总订货码洋达到 25.9 亿元,其规模和效益双双创下了历史新纪录。

　　人们不禁要问,这个订货会最初是怎样办起来的,为什么要办订货会,又是以什么思想指导举办的,为什么有如此魅力吸引越来越多的出版社和书店前来参加?笔者作为这项活动的发起人之一,已连续参加了 17 届的会务工作,有义务提供一些情况,也许能帮助大家加深对它的了解。

　　首届订货会创办于 1987 年 5 月,当时定名为"第一届首都社科图书交易会"。

　　在此之前,由文化部出版局领导的图书发行体制改革已初见成效,"一主三多一少"的发行网络已初步形成,但还存在不少问题,例如包销制度仍占主要比例,订货形式依旧靠书目订货,盲目性大;书店不敢多订,出版社新书不上数;社店关系还不够协调;基层销货店负担过重,销售渠道还不畅通。1985 年间,我国出版界出现了新的订货萎缩期,出版社陷入困境。于是,一些出版社社长亲自抓发行,把发行工作提到

出版社生死攸关的高度。首都一部分社科类出版社的发行部主任,在版协秘书长王业康和几位热心社长,如新华出版社的许邦、人民出版社的庄浦明等同志支持下,自发组织起来,成立了首都出版界发行协作会,举行了多次发行改革研讨会。1985年10月22日的一次研讨会上,他们分析了当前出版界面临的困境,呼吁出版局领导采取果断措施,改变这一现状,防止出现新的书荒,以保证出版事业的正常发展。

不久,国家出版局拟订了一份《关于推行多种购销形式的初步方案》,向一部分出版社征求意见,方案提出了四种购销形式,即征订包销、寄销、自销或选销、特约经销,由店社相互协商选择。为此,首都出版界发行协作会再次举行研讨会,对方案进行了认真的讨论,然后提出了新的建议。建议主要有三条:一、把一般图书的总发行权交给出版社承担;二、出版社和发货店都要让利给基层销货店,以鼓励他们的销售积极性;三、在全国筹建50—100个图书一级批发站,便于推行各种购销形式。书店方面也提出了许多有益的建议。

这些建议引起了出版局重视。1986年10月,出版局召开全国图书发行工作会议,参加发行协作会的部分社长也应邀参加。会后,国家出版局正式下达文件,明确规定一般图书由出版社承担总发行,新华书店经销;出版社对新华书店发货店降低三个折扣,以让利于基层销货店。

这项重大改革给出版界带来了巨大变化。这一方面加重了出版社的责任感,出书必须保证质量,才能获得"两个效益";另一方面扩大了出版社发行的自主权,冲破了30年来受制于他人的各种条条框框。对基层书店来说,库存压力得到减轻,销售积极性大幅提高,店社之间责权利获得平衡,社店关系得到理顺。在这种情况下,出版社感到自办发行大有可为,便及时抓住机遇,进行各种探索和改革。

探索之一:搞联合体

首都社科类出版社中的几位志同道合的发行部主任,自发组织起来,于1986年5月成立了六家出版社发行联合体,简称"六联",组成单位是中国青年出版社、人民出版社、世界知识出版社、中国社会科学

出版社、人民文学出版社、中国少年儿童出版社。"六联"成立后,开展了许多有利于扩大自办发行的活动。例如8月份和北京市新华书店达成协议,市店直接向六社进货;又如1987年,六社和南京、重庆、广州三个城市的新华书店合作,后在三地成立联合批销中心;同年,六社又联合起来到陕西咸阳举办"送文化到西部图书订货会"等。

"六联"成立后,许多兄弟出版社也纷纷联合起来,成立了联合体,如"艺术八联"、"文艺九联"、"科技联"、"经济联"、"中央部委联"等,他们都做了大量的开拓发行渠道的工作。

探索之二:大办书市

1985年8月13日至23日,发行协作会联合了首都一批社科类出版社,在北京劳动人民文化宫办起了首都第一届社科书市。因为首次举办,没有经验,不敢大量招展,也不吸收外地出版社参展。首届书市办了11天,接待了25万人次的读者,50家出版社销售图书100万册,码洋60万元。初战告捷,激发了大家的干劲。在1986年上半年出版

1985年8月,首都第一届社科书市在劳动人民文化宫举办。

发起人合影:作者(前排左二)、沈丙麟(前排左三)、施茂仙(前排右三)

社取得总发行权的鼓舞下，大家的信心更足了，便又重新组织书市办公室，正式推选沈丙麟、王久安等12位同志为办公室成员，分工负责各方面的工作。书市扩大了招展，延长了时间（从8月31日到9月14日），地点仍在北京劳动人民文化宫，办得比上届规范，得到中宣部、国家出版局、中国版协和北京市委的支持。这届书市共接待读者38万人次，88家出版社参展，销售图书200万元。

探索之三：办交易会

两届书市的成功举办，又一次证明出版社自办发行大有可为，也说明图书市场并不萧条，订数萎缩是体制问题，只要改革便能创造奇迹。会后，办公室经过总结，肯定了社办书市的五大优势，即图书门类齐全、新书上市快、货源充足、品种丰富和缺书补给及时。这些优势为以后连续举办了九次社办书市打下了良好基础。

两届书市办成以后，办公室以不断进取的精神，提出要把产销直接见面的对象从读者扩大到基层销售店，办成图书交易会。这一大胆设

1987年5月，第一届首都新闻出版界社科图书交易会、
第三届首都社科书市在劳动人民文化宫举办

想立刻受到在京出版社的热烈欢迎。1987年5月27日至6月7日，第三届社科书市和第一届首都社科图书交易会在劳动人民文化宫开幕，著名编辑家叶至善和北大学生代表为大会剪彩，象征书市和交易会为编辑和读者架起一座金桥。交易会设在文化宫后院东配殿，正好容纳44家参展社。书市和交易会一起举办，起到了信息迅速传递的作用，不少书店业务员见到某个出版社展位前排长队，便去这个出版社展位进货。经过五天的紧张工作，交易会共接待书店代表290人，订货码洋696万元。

交易会初次举办，条件虽然十分简陋，像农贸市场一样，但却大受书店欢迎。它把传统的以书目订货的方式改为看得见、摸得着的以实物订货的形式，使书店业务员免去"隔山买牛"之苦；加上办公室一开始就订下一条"收费低标准，服务高标准"的宗旨，赢得了与会代表的信赖，为后来交易会的不断发展树立了正确的指导思想。

经过认真总结之后，办公室决定再办第四届书市和第二届交易会。本届交易会决定吸收外地出版社参展，所以改名为"全国图书交易会"。本届交易会为期五天(从8月30日至9月3日)，接待书店代表400余人，参展单位94家出版社，共成交码洋2000万元，大大超过了上届的订货数字。

1989年，书市和交易会停办了一年。到了1990年春，由中国版协出面向新闻出版署申请办会，得到批准，5月份在劳动人民文化宫大殿继续举办1990年首都图书交易会，同时又在文化宫东西树林举办首都第五届社科书市和第七届科技书市。按照分工，交易会仍由社科书市办公室来办，而两个书市则分别由社科、科技两个书市办公室主办。

在筹备期间，听到上海出版界正在举办沪版订货会的消息，书市办公室即派人去上海取经，带来很多办会好经验，经过一一"消化"，作出了几条重要决定。其中一条就是把订货会会场和书店代表住处连在一起，方便店社洽谈业务和订货。为此，书市办公室改变原来在文化宫大殿设展厅的决定，把展厅移到西郊玉泉饭店书店代表住处。这一重大改变受到店社双方欢迎，后来再办交易会，选择会场时就把吃、住、展、交通四条同时考虑和安排在一起。

　　本届书市接待读者20万人次,销售图书325万元,参展出版社128家,接待书店代表800人,订货码洋3200万元。经过总结,书市办公室对下一届办会提出了十点改进意见,其中最主要的有三条:一、书市和交易会分开时间,选择各自最有利的时间和地点举办;二、交易会会场和书店代表住处在一起的做法是成功的,必须坚持;三、交易会应事先编印各社参展重点书目,提前寄给书店。这三条意见,后来都一一兑现了。

　　首都图书交易会就这样一年一届地继续举办。在客观形势的要求下,交易会会场亟待提高档次,并相对固定化,不能总是打一枪换一个地方。但是首都虽大,在当时想找一个吃、住、展都在一起,交通又方便,而且价格适当的场馆还真不容易。经过多方面联系,终于和工人体育场宾馆达成协议,第四届首都图书交易会就定在工人体育场举办,时间是1991年3月6日至9日,书市就挪到9月份了。这一届住宿代表超过了1000人,交易会会场呈现出一片热烈的场面。中宣部和新闻出版署领导还专程前来工体宾馆餐厅看望代表,对代表们表示慰问。

　　本届交易会由于条件相对改善,大部分店社代表集中住在一起,白天晚上接触机会较多,信息交流和感情联络大大加强,交易会的功能开始多元化。经过四天的订货活动,156家参展单位共成交码洋8000万元,又一次打破纪录。

　　首都图书交易会越办越大,越来越受出版界推崇,书市办公室一班人一方面感到无比欣慰,看到自己花费的心血结出了丰硕的成果,但另一方面也感到责任重大。几家出版社的发行部主任,都是小人物,书市办公室又是松散型的临时性组织,不堪承担这一重任,于是大家坐下来议论,希望在中国版协领导之下,成立一个分支机构主办此项活动,同时对当前出版社的薄弱环节——经营管理作些研究和探讨,帮助出版社提高经营管理水平。经过版协领导的同意,中国版协经营管理委员会于1991年12月正式成立。经管会成立后,新华出版社社长许邦同志被选为主任,中央党校出版社副社长刘忠礼、商务印书馆总经理林尔蔚、中少社社长杨永源等同志被选为副主任,还有常委20余人,王久安被选为秘书长,原书市办公室12名成员均成为委员,出版界的老前辈

王仿子同志被聘为顾问。一个既能决策又能办实事、阵容强大的版协二级组织诞生了。在经管会的领导下，第七届首都社科书市和第五届图书交易会继续举办。为了使交易会档次更上一层楼，交易会成立办公室，四处联系展馆场地。此时北京亚运会刚刚结束，大家把目标盯在亚运村上。在亚运村办会有国际会议中心可作展厅，运动员宿舍可作代表休息的地方，村内空间很大，活动场所很多，对办会很有吸引力，是个理想的办会场所。1992年2月14日，代表们报到后进驻亚洲各国著名运动员住过的地方。亚运村的国际会议中心内部场地宽阔，经过精心策划布置，可容纳近200个展位，对首都图书交易会来说，还是第一次进入了真正国际一流的会场。交易会开幕当天，亚运村如同亚运会期间一样，展馆彩旗招展，五颜六色的气球在空中飘扬，一番节日景象。

本届交易会虽比以往几届办得规范，也上了档次，但办得并不顺利，在办会过程中，出现了很不正常的现象。一部分书店代表纷纷反映，因上级领导不准赴会，难以成行，只好放弃参加。经过了解，原来是某些书店领导不准自己管辖下的书店到北京参加订货会，否则作违纪处理。这样一来，交易会将成为供货方单方面的活动。交易会办公室面对这一突然袭击，采取紧急措施，到处和书店联络，讲清利害关系；不少书店也冲破阻力，大胆前来参加，终于避免了一场灾难，使本届交易会出现了比往年更加热闹的场面，参展单位由上一届的156家增加到183家，书店代表由350家增加到400家，成交额由上届的8000万元上升到1.1亿元。这一意外成功，说明了看样订货会是改革的产物，产销直接见面这一新生事物已被店社双方接受。

又过了一年，1993年初，交易会办公室按照预定计划，又与亚运村管理部门签订了协议，准备还在那里举办第六届交易会。鉴于参展单位仍有扩大的趋势，原来国际会议中心一层已不敷应用，便把地下一层也租用了，场地显得更为宽敞。但事出意外，亚运村管理部门以亚运村住房已另易主人为由，告之不能办会了。这一突然变故，令办公室原定计划全部落空。但2月初办会的消息已经传遍全国，各项筹备工作已大体就绪。在此紧急关头，中央党校出版社刘副社长挺身而出，表示愿

意出面和中央党校有关部门联系，先在那里举办一次，以解燃眉之急。

中央党校是党的最高学府，地处西郊颐和园旁边，那里环境幽静，场地宽广，设备齐全，办会条件很好，学员宿舍就有好几百间，还有几个百人以上的大餐厅，代表吃住不成问题，教室、图书馆、陈列馆、室内体育馆又有多处，都连成一片可作展厅。最大的好处是校内空间很大，可用来为参展单位陈列广告牌，校园广播器材一应俱全，播送通知或做新书宣传也很方便。学校的大、中、小礼堂也有好几个，用处更广，既可开预备会或报告会、新书发布会，还可举办联欢会。交易会2月举办，时机很好，正是党校放假、学员回家之时，全部设备都可使用。为了照顾外地出版社，办公室还特制100块广告牌，免费提供做广告之用。唯一不足之处，就是党校离机场和火车站太远，接送代表和运送样本难度较大。为了解决这一难题，办公室采取措施，雇用了大量公共汽车，把与会代表一一接到会场，会后又一一送上飞机和火车，服务相当周到。

在党校办交易会获得意外好评，此时全国各地正在大抓精神文明建设，办会期间，党校各个展厅陈列了全国232家出版社出版的2万余种新书，住在校内的一些领导和著名教授看到这么多的新书，大加赞

1997年2月，第十届北京图书订货会在中共中央党校举办

扬,说把这么多好书发行到全国各地,是党校对精神文明建设的一大贡献。

本届交易会期间,办公室为社店双方代表印发了一份代表住宿名录,便于双方晚间洽谈业务,会前还寄发了一份参展图书目录,这些服务都深受代表欢迎。交易会经过五天订货,共成交码洋1.3亿元,又一次创下新纪录。

交易会在党校举办,获得了办会以来最好的效果,各方反映强烈,要求今后仍在党校举办。尽管客观条件还不允许摆脱农贸市场式的外观,但在当时条件下,党校确是一个较为理想的办会场所。就这样,交易会在那里连续办了五届。每届结束,办公室都要进行总结,提出并实施一些改进措施,如为了让书店订货方便,把出版社发行联合体和性质相同的出版社安排在一起,地方出版社单独安排几个展厅;为了扩大交易会功能,大会举办各种信息交流活动和店社业务座谈会;还邀请新闻媒体派人驻会,进行采访报道等。这一切使得首都图书交易会的影响越来越大。

1996年8月,首都图书交易会已办完九届,此时新闻出版署颁布

1999年1月,第12届北京图书订货会在全国农业展览馆举办

了《关于培育和规范图书市场的若干意见》，为了学习和贯彻这一文件的精神，经管会邀请中央和地方出版社社长，在北戴河举行了一次研讨会，费用由经管会从交易会积累中开支，到会社长66人。会议还请到了中宣部出版局、新闻出版署发行司和版协有关领导，出版界两位老前辈王益、王仿子也应邀到会。这次会议事先作了充分准备，金盾出版社刘新明、北京大学出版社彭松建、解放军文艺出版社黄国荣、当代中国出版社李松晨、中国青年出版社杜跃珊等五位同志作专题发言。经过分组讨论、大会交流，明确了任务，统一了认识，还提出了许多有益的建议。王益、王仿子两位老前辈还作了长篇讲话，提出了出版社如何由生产型向生产经营型转变，以及如何加强自办发行，最大限度地满足读者要求。这次研讨会开得很成功，给与会者印象深刻，赞扬经管会办了一件大好事。

在党校办到最后一届（1997年第十届）的时候，新闻出版署指示，为了加强对交易会的领导，交易会由中国版协和中国发协两家联合主办，版协经营管理委员会协办，名称改为"北京图书交易会"。经管会全体工作同志全力以赴协助两个协会办会。直到今天，两家联合主办

2000年1月，第13届北京图书订货会在国际展览中心举办

已经八年,会场地点从党校改到京丰宾馆和农展馆,在那里各办一届之后,从第 13 届起,比较固定地在中国国际展览中心举办。中国国际展览中心是世界一流的展馆,馆内各种设备都和国际接轨,周围十几家四星级宾馆都成为接待代表的场所。从此,交易会摘去了"农贸市场"的帽子。经过五年不断改进,现已被誉为可与国际图书博览会相媲美的一项重要书界活动,其功能还在不断延伸,规模和效益还在提升,被公认为是全国办得最大、最好的图书订货会,也是世界上最大的华文图书市场。

(原载《出版发行研究》2004 年第 8 期)

功能凸现　魅力无限
——北京图书订货会又创新纪录

经过 16 届的成功举办,北京图书订货会更加受到业界人士的关注。今年 1 月 8 日至 12 日举办的 2003 年订货会,参展单位扩大到 520 家,展位 1370 个,展厅面积由去年的 2 万平方米增加到 3 万平方米,除原有 1 号展厅外,又增加一个 8 号展厅。最后一天,组委会传出喜讯:订货总码洋达到 23.6 亿元,创历史新高!

业内人士普遍认为,北京图书订货会已成为一个品牌,它的魅力主要是功能全面。目前出版社普遍采取固定客户按图书分类主发经销包退的形式,任何时候出版的新书,均可随时向客户主动发货,只要掌握

2003 年 1 月,第 16 届北京图书订货会在国际展览中心举办

合适,这种方式可以起到新书上市快、读者见面早的作用。但是不管怎样,订货会本身的魅力仍不会因此消失。众所周知,一年一度的北京图书订货会,参展出版社内部不论编辑、出版部门还是宣传、发行部门都会倾注全力,自觉地把重点选题安排在此时出版,同时加大宣传营销力度,这已成为惯例,因此,年初有这么一次盛会,书店决不会放弃良机。北京三联韬奋图书中心经理苏林说:"书店不可能一年四季都到全国各地去订货,特别是边远地区的出版社,如西藏、新疆都出了不少好书,我们主要是在北京图书订货会上订货。"由此可见,尽管平时双方已有默契,但年初集中展示的新书,仍有看样订货的功能,更何况非固定客户更是为数众多,凡是选题好、质量高的新书,往往在订货会上打响,而且会延续多时。例如,去年接力出版社推出的《"鸡皮疙瘩"系列丛书》,借助订货会会场宣传威力,还在入场券背面印了这套书的广告,一年竟发行了150万套。今年,外语教学与研究出版社重点推出了一部《现代汉语词典》(双语版),一炮打响,获得20万册的高额订数,而且影响深远。中青版池莉小说《有了快感你就喊》一书,一次订货会就获得12万册的订货量,这类例子很多,不胜枚举。

订货会的另一功能是展示形象。在市场经济条件下,竞争越来越激烈,浩如烟海的图书要靠质量品牌取得优势。而北京图书订货会为各参展单位提供了展示新书的机会,成为检阅新书的平台,同时又成为各参展社难得展示、自身形象的场所。"各路神仙各显身手",大社、名社、老社自然不肯放过机会,如商务、中华、人民文学等在中国出版集团的大旗下,组装成统一大厦,气势宏伟,显示出强大实力;而清华、电子工业、机械、邮电、科学等一批科技大社,也各自装点门面,使其特色凸现。地方展团也都精心设计,各具特色,令人赞叹不止。这里还要特别提到后起之秀中信出版社,今年租用了36个展位,以500平方米的宽敞天地,组装成一个富有特色的巨大展厅,把展场作为全功能的场所:有舒适的洽谈室可以订货,有宽大的展厅展示品种,有贵宾室可以接待作者、名人,有一个会场可以发布书界新闻,传播业界人士关心的信息、知识……形式创新,思路明晰,实际上发挥了巨大的宣传作用。去年该社出版的《谁动了我的奶酪》名扬四海,今年推出《谁说大象不会跳

舞》,又一举获得 10 万册的订货量。因此,展示品牌、展示形象已成为北京订货会的另一重要功能。订货会第三个功能是信息交流。这个功能越来越明显,出版社的目录、五彩缤纷的宣传牌以及架上陈列的样本,本身就是汪洋大海般的信息,从这里可以看出当年出版物的走向;书店的订货量则反映了全国各地读者的阅读倾向和热点。在当前出版发行体制深入改革的时期,社店双方在体制改革方面日新月异,相互之间又迫切需要沟通和了解。一年之计在于春,社店双方的机构设置、人员更新、营销方案、重点图书、合作意向等,都要通过订货会沟通和落实,因此在信息交流方面,已被与会者看成与订货同等重要的机会。今年订货会上,主办单位对此更为重视,除了扩展会场为参展社发布信息提供方便,还邀请新闻出版总署副署长柳斌杰两次到会演讲,使得业界人士既了解今年出版业的发展趋势,又获得即将出台的各项政策的信息。这些新举措,更为北京图书订货会的信息交流值提升了档次。订货会第四个功能是联络感情。社店之间,无论新朋友还是老伙伴,一年之中,各自为业务奔忙,既有喜事,也有困惑,碰在一起,互相诉说甘苦,或碰杯一聚,都是人之常情。大家既是一个战壕里的战友,又是合作伙伴,即使同是出版社的发行员、书店的业务员,相聚一聊,也许会得到意外的启示,当然感情上的加深,更在意料之中,订货会给新老朋友提供晤面机会,这些对业务开展都会产生深远的影响,功能自在其中。

今年大会组委会还有许多创新举措,给订货会带来了新的功能。例如,吸收与出版界相关的印刷、造纸企业参加订货会,将对今后出版业在用料和印制方面提供新技术和新产品的选择,促进图书印制质量的提高;邀请全国数十家新闻媒介,如新华社、人民日报、中央电台、中央电视台、光明日报、中国新闻出版报等,对本次订货会进行采访,广造舆论;还约请著名作家、学者、书评家周国平、汪丁丁、潘凯雄、邱华栋、黄集伟等到订货会现场进行参观,对本届订货会上展出的新书进行评介……所有这些,既强化了订货会的功能,又为出版界办了好事和实事,扩大了北京订货会的影响,增添了它的魅力。

(原载《出版经济》2003 年第 2 期)

我社自办发行亲历记

作者荣膺"中国改革开放 40 年
图书发行业致敬影响力人物"

今年是我国改革开放 40 周年，我们出版业由中国书刊发行业协会和中国新华书店协会联合于 11 月 1 日在山东济南举办中国改革开放 40 年图书发行业致敬盛典。我有幸作为"致敬影响力人物"参加了这一活动，聆听人大教育科学文化卫生委员会主任委员、原国家新闻出版总署署长柳斌杰的重要报告，领取他亲自颁发的奖牌。

回顾我们出版界 40 年来的重大改革的历程和骄人成就，自己作为一名亲历者，确实有许多话要说。

一、出版社自办发行的起因

新中国成立前，各大书店都有自己的发行所，分店也遍及各大城市，像商务印书馆、中华书局、生活书店和开明书店等，这些发行机构的主要任务是推销本店的出版物(包括教科书、图书和期刊)。

1950 年，出版总署召开了第一届全国出版会议，进行出版体制改革，将出版发行进行分工：出版社只管编辑、出版，发行业务统一由新华书店承担。这一改革促进了图书质量的提高和发行数量的扩大，推动了出版行业的发展。分工初期，三联、商务、中华、开明、联营五大书店还联合成立了中国图书发行公司，从此，新华书店便"一统天下"。这

一改革,一直延续了 30 年。

1979 年 12 月,国家出版局在长沙召开出版工作座谈会,确定了地方出版社"立足本省面向全国"的出版方针,取代了 50 年代提出的"地方化、通俗化、群众化"的方针,大大调动了地方和中央出版社的两个积极性,出版行业出现了空前繁荣。地方出版社如雨后春笋,大量增加,出版物发行量也大幅增长。原为与新华书店协议的社店之间实行的图书征订包销制度就开始不相适应。以北京为例,所谓"征订包销"就是出版社每本新书出版前,都必须由编辑室写一份 300 字的内容介绍,由新华书店总店北京发行所编成"征订目录",发到全国 3000 多个基层销货店去征求订货数量,三个月后,订货数才能上来,出版社就按发行所的订数开印,交货后发行所要在一周后把书款拨还出版社,至于书店是否销售出去,这就与出版社无关了。改革开放后,随着人们对图书的需求不断上升,出版社出书品种不断增加,书店订货人员每天要填报几百种新书订货数字,订得多了又不能退货,在此压力下,订货人员不得不采取谨慎的态度,于是出版社的订货数大大下降,这一情况引起了出版社的极大恐慌。首都十几家出版社的发行部主任,在我和其他几位主任的建议下,成立了跨社的联合组织——出版社发行工作研究会,应对当前的重大挑战,这个研究会后来还吸引了不少社长参加,成了出版协会的分支机构——出版社经营管理委员会的雏形。

1980 年初,文化部出版局召开了发行体制改革座谈会,出版社派我参加。会议由出版局顾向、出版界前辈王益同志主持,社店双方都有少数代表参加,但一直没有形成共识。直到 1986 年 4 月,出版局才发布 767 号文件,规定把图书总发行权交还出版社,新华书店改为经销。这样,出版社可以通过多种渠道,多种销售方或与多种经济成分的书店进行广泛销售,"三难"问题也随之逐步解决。这是后话。

二、我社自办发行的起步:办理邮购

20 世纪 80 年代初期,由于"文革"造成严重的书荒,市场上出现了买书难的情况。我就想起了当年开明书店的办理邮购的办法,经社领导批准,在中青首先办起了邮购部。经人事和行政部门的大力支持,就在我

的办公室里请来金文玺同志的爱人曹静瑜帮忙。曹静瑜是医务人员出身，心细手快，很快掌握了配书、包书、记账等一系列邮购业务。邮购部一成立，立刻收到读者不少订单，更有上门来买书的。后来我又在《青年文摘》上刊登广告，招来了数以万计的读者求购汇款。社领导就向团中央借了一层楼房，吸收职工子女，在正义路扩大了邮购部，并调来张婉华同志协助管理。据当时参与邮购工作同志的回忆，那时只要《青年文摘》广告一刊出，三五天后即有邮局用麻袋把汇款单送来，某些畅销书邮购部一张单子就要几万册，小青年们一天打包下来，个个累得腰酸背痛，足见工作量之大，寄书每天都用卡车送到东单邮局，还要事先告诉对方数量。

三、自办发行第二步：与书店建立特约经销处

出版社和书店建立特约关系，是我从开明书店学来的一招。开明书店在某些城市开不了门市，就与当地较有信誉的书店建立起代办分店，请他们代销开明版全部图书，并以特殊的优惠条件鼓励他们积极推销。这样的做法起到了分店的作用，在同行中受到赞誉。我就想起如果在北京首先找到一家地处繁华的新华书店，与他们建立特约经销处岂不很好？便去王府井新华书店门市部找到负责人王曰成洽谈。王曰成是个老发行，我俩一见如故，他十分同意我的想法，经过双方具体商，1981 年 2 月，我社就与王府井新华书店建立了全国第一家特约经销处。王曰成按照协议，在该店一楼最显眼的地方设置了一长排书架，用以陈列中青版各类图书。这些图书销售情况我随时可去检查，售缺后直接派车送去补充，我们也以优惠折扣与该店直接结算。这一做法既保证了我版新书上架快、品种全、售缺随时补充，可使读者全面了解我版图书的整体面貌，又促进了书店销售积极性，一举两得。后来，我们又在长沙、天津、太原、杭州、上海各大城市和新华书店以同样条件建立了特约经销处。到 1983 年底，我社共在全国各地建立特约经销处20 多家，销售码洋占全部销售总数的 15%。1983 年 10 月，出版局在成都举行发行体制改革经验交流会，我在会上介绍了特约经销处的经验，王益同志在总结中充分肯定了这一做法，认为是出版社、书店、读者三方面都满意的好办法，应加以推广。

当特约经销正在全国各地风起云涌的时候,书店应接不暇,如王府井新华书店就是全国各大出版社看中的书店,在书店门口挂满了几十家出版社特约的牌子,书店只好腾出三楼整整一层作为各社的特约书架,已难以区别各社的特色了。读者到了书店也不易找到需要的书籍,特约形同虚设。

四、自办发行第三步:六社牵手,成立联合体,开拓发行渠道

几年的发行改革,促成了出版社之间的横向联合。1986年5月,我和人民出版社发行部主任施茂仙发起,向世界知识、人民文学、中国社科、中国少儿四社发行部建议,共同成立六社发行联合体(以下简称"六联"),得到四社主任首肯。"六联"立即就和北京市新华书店签订协议,直接经销六家图书。年底,六社发行部主任一起前往南京、重庆,与两家市店达成协议,分别成立六社两地的联合批销中心。我社蔡云社长与其他社社长一起亲往参加成立大会,这又是一项重大改革,符合国家出版局提出的"一主三多一少"和"三放一联"(放权承包、放开批发、放开购销形式和发行折扣,推行横向联合)精神。为此,中宣部李彦副部长还发专电祝贺。年底,法律出版社加入"六联",成为七社联合体,又与广州市新华书店建立了联合批发中心。从此,七家出版社的出版物在长江三角洲、珠江三角洲和西南广大地区拥有了广阔市场,批销了大量图书。

发行联合体这种形式,对内可以交流经验,对外又可开拓渠道。一社独秀往往难以吸引书店重视,七家联合就可抱团应对市场风云,优势显著。因此,首都和地方各出版社纷纷联合起来,成立了以出版社专业为特色的联合体,如"文艺九联"、"艺术八联"、"法律八联"、"经济联"、"华东少儿联"等。

五、在发行联合体的基础上办起了图书交易会

从1987年起,由出版社联合举办北京图书交易会(后改为北京图书订货会)。这一年因是刚举办,没有经验,订货场地设在文化宫东配殿,只有300多平方米场地,而参加的出版社却有40余家,开幕当天,接

1988年第二届全国图书交易会在劳动人民文化宫东配殿和戏台举办

待书店290余人,其拥挤程度可想而知。开幕式设在文化宫前院,书市办公室请来编辑专家叶至善和北大学生会主席陆昊(后任团中央书记处第一书记)剪彩。首届订货会共订出图书码洋676万元,大大超出预料,订货会首届告捷,大大鼓舞了书市办公室和参展出版社的信心。到了1988年举办第二届的时候,参展出版社数量大大增加,文化宫已没有可举办订货会的合适场地,书市办公室便早早地和玉泉路饭店达成协议,在西郊这个较大而费用较低的饭店举办。想不到参加出版社和订货书店大大超出预料,饭店无法接待源源而来的代表,书市办公室负责接待工作的副主任黄国荣立刻召集参展出版社业务员开会,说明订货会各参展社就是主人,请来参会的书店代表是客人,大家应热情待客,让已经住进客房的出版社人员让出房间,统统住到饭店大厅去打地铺,把客房留给书店代表居住。号召一发,立刻得到社方代表响应,于是解决了住房不足的难题。这届订货会又一次获得了成功。以后由于订货会越办越大,参加出版社和书店更加踊跃,所以不断更换会场,曾到工人体育馆、中央党校、农展馆等地办过几次,最后落实到国际展览中心,直到现在已举办了三十一届,成为全国最大的三个图书交易会之一,名扬国内外。

对改进出版社发行工作的几点设想

当前各出版社通过发行所征订的图书，订数一再减少，订货覆盖率不到 5%，使新书难以出版，这是目前出版界最感困难的问题之一。据新华书店总店北京、科技发行所统计，1993 年 1—9 月份征订了 1 万多种书，平均订数只有 1700 册，其中 50% 品种，订数不足 1000 册。很多图书无法开印。

订数不断下降的原因，一是全国每年出版图书 9 万余种，品种太多，销货店进货人员每天要阅读 6 万字的图书内容介绍，研究决定 300 种图书的订货量，时间、精力、业务水平都无法适应；二是各种各样的订货会开得太多，书目订货自然减少；三是出版社卖书号，书商以高定价低折扣进行批发，发货店无法与他们竞争，书目订货也受到很大冲击。

除了上述原因，笔者认为最主要的原因是目前实行的书目订货方式早已不适应市场经济的要求。许多出版社目前主要还靠书目订货，有的甚至印发大批单页征订单，以为这样可以获得较多订数，结果也并不理想。浙江有位新华书店的业务员，呼吁出版社不要盲目印发宣传征订单了，因为基层店实在应接不暇，被他们看后扔进纸篓的这类订单每月不下 50 公斤，这难道还不应当引起我们深思吗？

那么，出版社发行工作究竟怎样改进呢？笔者提出以下几点，供大家参考。

一、改变传统观念，主动确定印数

在市场经济条件下，出版社要转变传统的观念，图书印数，不要再单纯依靠书目订货。书目报订上来的数字，只能作为参考，已不能代表读者的实际需要。在这种情况下，出版社如果等待书店报上订数再决

定印数,非但无法缩短周期,而且容易做出错误的判断,造成工作上的被动。一些明智的出版社,早已摒弃了依靠书目订数决定印数的做法,而是预先就对选题进行反复论证,认为确有出版价值非出不可,再根据内容、质量、读者面、定价、同类书情况等,主动确定印数,然后采取各种手段进行推销,适应读者需要。虽说有点风险,但只要工作到位,就不会出现什么问题。

二、重视发行工作,强化推销手段

按照市场经济的规律,商品竞争是正常的。图书也是商品,要通过流通领域,接受市场考验,竞争也是激烈的。出版社怎样在竞争中取得优势?一靠选题,二靠质量,三靠发行,这三者缺一不可。发行工作则是关键性的一条。在国外,出版社普遍重视发行工作,他们不惜用重金聘用大批推销员,四处推销本版图书。我国由于历史原因,才刚刚重视起这项工作,各社重视程度也参差不齐。但可以预料,在市场经济大潮冲击下,各出版社必将大力加强发行工作,国外的一些先进的办法和科学的管理制度,也将被逐渐吸收过来。

加强发行工作,要抓几件实事。一是组织起一支推销员队伍。这些推销员经过考核应具备五方面条件:1. 热爱本职工作,身体条件好,肯吃苦耐劳;2. 熟悉出版发行政策法规和业务;3. 有经营头脑,能计会算;4. 有一定文化水平;5. 有一定公关活动能力。有了这样一支队伍,再加适当的奖励政策,本版图书就不愁推销不出去。二是要建立起一批覆盖全国的发行网点。新华书店在全国有 3000 多家,是发行主力,首先要加强和主渠道的合作,在购销形式上作些改变,支持他们改善经营条件,加强竞争能力,克服当前困难。但同时还应看到,新华书店担负着全国 500 余家出版社出版物的包销或经销任务,特别是中等以上城市店,他们受到各方面条件的制约,不可能把所有出版社出版的图书都发行好,而根据目前的条件,出版社又不可能在全国各大城市普遍设立自己的书店,因此出版社必须根据自己的出书范围、读者对象,在各地物色一些信誉好、作风正、实力强的书店(包括新华书店的专业书店、批发书店和其他国营书店在内)与之建立一种特殊关系,作为本社

的发行站、批发站、代销店等,实行双方都能接受的购销形式,给以一定的优惠条件,达到互利互惠的目的。这样在全国就有了一批比现在更密切更得力的推销网点,本版书的发行量就能进一步增加。

三、加强图书储备,保证及时供应

自 1986 年新闻出版署明确规定出版社有本版书的总发行权以后,多数新华书店的发货店就不再承担备货责任(教科书除外),出版社为了尽可能满足读者需要,在极其困难的情况下将原本用于生产的有限资金,挪到备货上来,储备不少图书,使销货店添货满足率大大提高。但一部分出版社由于对储备工作认识不足,往往把希望寄托于重版,不愿承担风险,这是一种失策。固然及时组织重版也十分重要,但因过分谨慎,备货过少,往往使不少畅销书失去销售良机,久而久之,销货店也就不再登门添货了。马克思曾经说过:"没有储备就没有流通。"要想把流通搞活,满足读者需要,出版社要敢于备货。当然重视备货并不等于盲目加大印数,而是要做过细的工作,要了解图书内容、读者需要,又要听取各方(编辑、书店、发行人员)意见,研究书籍特点和市场情况,然后确定印数。一般说来,选题较好、内容健康、时间性不强的图书,除满足订货数以外,可适当多储备一些,至少要在 4—6 个月内有书可供。时间性比较强,或同类书较多的图书,要适当控制储备,以免造成积压。某些大型丛书或工具书以及印制难度较大的豪华本,不可能经常重印的,储备时间应适当放长。

有人问:一个出版社究竟备货量多少比较合适,这问题很难有一个统一标准,因为各社资金承受能力不同,销售情况也不同。从出版界近几年情况看,周转 2.5 次为合格,3 次为良好,3.5 次为优秀,4 次以上为特优。内部奖励制度,也可订上资金周转率一条,推动和鼓励有关部门和有关人员更好研究重视图书储备,满足市场需要。一家出版社如果每年能有 1000 万元的发货总额,它的储备量可定在 300 万元左右,这样每年资金可周转 3 次。有的出版社发行部门为搞好流通,适当多备了点货,其他部门就哇哇叫,认为图书积压得太多了,他们把合理备货与积压等同起来,这是一种误解。图书是否造成积压,这要看库存结

构如何,如果所备品种大部分是畅销书和常备书,又绝大部分能在一年内销完的,这就不叫积压,也不用担忧。当然有的出版社底子较薄、资金有限,备货量虽不多,但会直接影响生产,这就要慎重考虑,若以贷款解决合算,也不妨贷款,以保证备货。总之,要根据各社实际情况,积极处理好这一矛盾。

四、支持新生事物,扶持批发市场

市场经济的建立,为繁荣出版事业创造了广阔的前景。图书是商品,同样需要活跃的市场,才能做到货畅其流、书尽其用。根据我国国情和党的政策,我们必须尽快在全国各地建立一个统一开放的图书批发市场。去年年初以来,我们高兴地看到北京、上海等地,都已出现了好几个这样的批发市场,这是一件新生事物,受到了出版界的重视。批发市场以出版社为主体,实行产销直接见面,交流了大量图书信息,促成大批现货交易,邻近地区书店和读者无不拍手称快。从北京两个批发市场情况看,每天总有数以百计的书店、书摊到市场进货,市内的、近郊的、远郊的都有,最远的还有大庆和赤峰的。为什么书店这样欢迎批发市场,这不仅是因为市场批发点集中,几百家的图书都可以见到,更重要的是有现货,起批点低,五本以上即可批发。从我国图书市场的演变过程来看,期货交易逐渐被现货交易所代替,图书批发市场适应了这一客观趋势。这样的图书批发市场如果能在全国各大城市甚至中等城市普遍建立起来,那么,长期存在的"三难"问题可望逐步得到解决。希望各出版社都以积极的态度克服各种困难,直接参与或提供货源,关心并扶持图书批发市场的壮大。有关部门也要加强管理,切实保护经营者利益,给予特殊的优惠政策和条件,这将大大有助于图书发行渠道的畅通。

（原载《出版发行研究》1994 年第 3 期）

发挥集体力量建立批发集团

新闻出版署于 1996 年 6 月发布的《关于培育和规范图书市场的若干意见》文件,特别强调要有计划、有步骤地在全国建立若干个全方位、跨地域、功能全、品种多、信息灵,能起主导作用的、全国性的大型图书批发市场。这个任务相当艰巨,但这个市场确实非建不可,而且刻不容缓。

图书批发市场可以有多种模式。现在各地已经建起来的,有一级、二级批发市场。二级批发市场只要一入市,即有批发权,管理较难,容易被不法书商利用进行非法经营活动。因此,新闻出版署已采取措施,严格控制二级批发书店的总量。

当前,应当大力培育的是一级批发市场。全国一级批发市场已有几个,大多是以新华书店发行所和省店为主体建立起来的,发展较快,今后还会陆续建立起来,对辐射周围书店将起到重要作用。但我认为在出版社比较集中的地区,或者出版社力量比较雄厚的地区,应该同时建立起以出版社为主体的一级批发市场。因为出版社掌握了本版图书的总发行权,如何统筹安排本版书的总体发行,是出版社发行部门的职责。计划经济时期单纯依靠书店去安排发行的办法已经成为过去,出版社要与各地发货店密切合作,推行多种购销形式(包括区域代理),推销本版图书;也要依托备货掌握在自己手中的最有利条件,主动、积极地去参与建立和培育图书市场。

十年来,首都图书交易会的成功经验,已为批发市场的建立提供了先例。十年前,参加第一届首都图书交易会的出版社不过 40 余家;到了 1996 年,已有 365 家参加,成交码洋超过 11 亿元,受到出版社和书店的欢迎和领导部门的重视。这一事实充分说明以出版社为主体、实

行产销直接见面的图书批发市场，是很有成效的。它之所以成功，是由社店双方的利益决定的。任何交易之促成要靠对合作双方有利。首都图书交易会就是为社店双方提供有利的方式；几百家出版社集合在一起，展出近期各自出版的新书和精品样本，供书店订货，有的出版社一年三分之一的销售量就在这里实现，节省了大量的推销费用；各地书店参加交易会，既可做到有把握地看样订货，避免"隔山买牛"，又可了解到大量出版信息，相对地也节省了很多开支。十年来，首都图书交易会之所以越办越受欢迎，原因即在于此。

然而，首都图书交易会发展到今天，它的不足一面也日益显露出来。

1. 交易会一年办一次，多数出版社为了赶时间，往往把许多重头书抢在会前出版。这样有时会难以保证质量，还会影响正常生产秩序。

2. 有些书店为了在这难得的交易会上多订一些好书，难免订货超量，造成资金失控，随之而来的不是库存上升，就是信誉不佳，影响社店关系。

3. 交易会时间短促，书店面对上万种新书，不可能仔细翻阅，有可能盲目订货，造成失误。

4. 交易会一次订货额巨大，发货时间相对集中，造成运输部门的紧张，如果中途呆滞或延期发货，店社双方又会相互扯皮，均受损失。

首都图书交易会的这些不足，经营管委会的同志们早已看到，但为什么还要每年举办，因为从目前来说，还没有比它更完善的办法可以取代它。也就是说，它是从计划经济向市场经济转轨时期的必然产物，需要逐步创造条件来过渡。这个条件是什么？就是文件中明确提出的要有计划、有步骤地在全国建立起大型图书批发市场。具体到首都，就是除了已经建立起来的几个批发市场，更要建立一个以出版社为主体、参照首都图书交易会这种形式的，实行产销直接见面的常年性一级批发市场。多年来，经营管委会的常委、委员们一直在关心着建立这样的批发市场，曾经协助有关部门在北京金台路和公主坟建立类似的市场。但是，前者因无多少出版社参加，结果成为二级批发市场，大多由集个体书店经营，图书档次不高，各地国营书店无法到此进货；后者又不具

备批发条件。两处均无法成为一级批发市场。

近期,北京市新闻出版局为了适应形势发展需要,在北京西直门筹建了一所北京图书音像市场。这个市场面积很大,条件较好,已有四五十家在京出版社进驻直接经营,但还有一批有影响的出版社由于种种原因未能进驻。为了促成这个市场早日成为由出版社直接经营的一级批发市场,我们已开始做了一点组织工作,其中"人民"、"人文"、"中央党校"、"新华"、"国际文化"和"中青"六家出版社已成立了"新联图书批发集团"。新联集团由六家出版社联合投资,成立董事会,共同管理、共担风险、共享利益,并聘任了几位老同志担任经理,负责日常的经营管理,现已开始运作。为了使更多的出版社参加,使新联集团真正成为首都出版界的一级批发市场,北京市新闻出版局又特意拨出一间大厅,约100平方米,供我们组织联营。目前,我们正在组建第二个批发集团——"百联图书批发集团"。"百联"采取合营和合作两种方式。参加合营的需要投入一定的资金或图书;参加合作的,可不投资,只提供货源,以优惠折扣和暂缓结账的条件参与联合,"百联"同样可为合作单位提供窗口、专架和信息服务。参加投资的单位,可作为董事单位,派人参与管理,决定方针大计,共担风险、共享利益;合作单位则无此种权利、义务。

有人问,首都图书交易会的经管会曾在北京金台路办了一个京联书店,为一些出版社设置了窗口,声誉很好,各方都很满意,为什么不在北京西直门市场再办一个同样性质的书店? 我们认为,目前形势已不再适合办这样的书店,京联书店年底就要完成它的历史使命。当初开办京联书店,是经管会一些暂无条件参加金台路市场的出版社在那里占有一席之地,既推销他们的图书,又提高市场的档次,扩大市场影响。但京联书店实际上是二级批发书店,经营上有许多不利因素。几年来虽然声誉很好,多次受到北京市新闻出版局表扬,电台、电视台不断前去采访、报道,但书店本身困难很多,而且办店也不是我们的最终目的。现在新闻出版署已正式提出要大力培育和规范图书市场,明确指示要重点建立一级批发市场。我们首都应当是最有条件建立的,所以我们满怀热情投入工作。我们也希望各位社长都能考虑这个问题。有条件

的,可以考虑独家经营(目前第一期工程摊位已满);不具备条件的,可以加入"百联"。"百联"目前已有"方正"、"中少"、"作家"、"当代中国"、"文史"等十余家出版社加入,即将正式成立董事会,聘请一些老同志参与管理。首都一级批发市场一旦形成、壮大,我们将会看到:全国除了一年一度的首都图书交易会,还有这样一个常年性的图书一级批发市场在这里正常运转;出版社可以按照正常生产计划,随时投入新书和重版书,在这里批发;书店也可不必再像赶大集似的一年一次赶来大量订货,完全可以有计划按需要地进货。

(原载《中国出版》1996 年第 12 期)

2005 年北京图书订货会所见所闻所思

2005 北京图书订货会已圆满结束。据统计,总订货码洋比去年增加了 5 亿元,达到 30.09 亿元。

有人说,订货码洋不是最后成交额,而且水分很大,只能作为参考,这话很对。所以这几年来,大会组委会已不再过多宣传订货码洋,更不在媒体上公布各社订货码洋排行榜了。

北京订货会是 1987 年由首都十几家出版社的发行部主任自发办起来的,它是图书发行体制改革的产物。我在去年第 8 期《出版发行研究》上发表了《十几个小人物 办出个大市场》一文,详细介绍了北京图书订货会创办的历史背景和发展过程。从那时起一直办到 1997 年,国家新闻出版署就批给了中国版协和中国发协联合主办,展场也逐

2005 年 1 月,第 18 届北京图书订货会在中国国际展览中心举办

步升级,由原来的"骡马大市",逐步过渡到进入国际展览中心,成为可与国际博览会相媲美的大型书展。订货会的功能,经过十多年的不断总结,由原来单一的订货功能升级为四大功能。除订货之外,它还是展示形象、联络感情和交流信息的重要手段,特别是后者,越来越被业内人士看重。从出版社来说,现今图书市场竞争十分激烈,编辑人员已不能只坐在办公室里编书,要深入市场,多和社会接触,特别要和书店沟通信息,才能了解市场需求,策划出经得起市场检验的好书。每年订货会上,穿梭般来往的行人中,有相当一部分是来自各出版社的编辑人员和一些文化人,听说今年上海世纪出版集团派了大批编辑,千里迢迢从上海来到北京,专门到会上收集信息,了解市场动态,便于回去编书。对书店来说,一年一次到这个全国规模最大、品种最多的订货会上来看看行情,收集上千份的订货目录,对全国出版信息也就基本掌握了。虽然说不上所订的书都很适销对路,但比起出版社主动发货或按出版社寄来的书目订货总要实际得多,何况店社之间必要的信息沟通,不是打电话能办到的。因此,许多书店每年还是不会放弃这一难得的机会。今年,我在会场上就见到南京市店来了29个业务员,他们并非前来订货,主要任务是收集订目,第二天就集中打包往回运,准备回去分给各相关进货人员再研究订货。除了上述信息交流功能,还有联络感情的功能。店社之间,一年交往,虽互有出差见面机会,但能集中在一起交谈,机会还是不多。于是不少出版社利用订货会办起会前会、会中会或开信息发布会、座谈会等,也成为一种时尚。至于展示形象、显示实力这一功能也越来越受到一些出版社的重视,开始只有几家大社把展位布置得很美观,很有特色,但后来越搞越富丽堂皇了,而且面积还在不断扩大。据了解,今年几乎三分之二的展位都进行了特装,这个问题也许笔者保守,我认为有点过分了,因为订货会展览样书的时间正在由原来四天缩短到现在的两天半,像有些出版社,第三天上午就把样书打包,花三天时间精装,实际展出只两天,似乎有点不值得。但风气已经形成,要改恐也不易。

有人说,现在有些出版社不再把新书集中安排在年底出版了,因为年底拼死拼活出书,难免加工粗糙,容易出错,1月份后又无稿可发了,

不如把工作安排得均匀点,平衡发稿,把质量搞好,这话也有一定的道理。但笔者认为,编辑室手头如确有重点书,还是应争取在会上展出,因为北京订货会影响力实在太大了,全国哪个订货会都比不上它,如能在此时出版并进行宣传,肯定会有效果。比如,北京出版社今年会上推出一本《新童谣》,订货量达到100余万册,其中北京市委就订了80万册;我社前年推出的《藏地牛皮书》和去年的《毛泽东传》都获得了较好的效果,至今还在畅销。还有像中信出版社,几乎年年都有重点书推出,继《谁拿了我的奶酪》之后,又有《谁说大象不会跳舞》和《水煮三国》等,在书店印象中,这家出版社的名字就加深了。

今年的订货会吸收了100家民营书店参展,订了200个展位。在全部2000个展位中占了十分之一。大会把民营书店安排在1号馆三楼,整整占了一个大厅,其中有四个书店都设了八个展位,并进行精装。据了解,明年组委会还将邀请港、澳、台出版社参展,这是他们梦寐以求的。届时,北京图书订货会将会更加壮观,真正成为全世界最大的华文图书市场了。

（原载《中青出版通讯》2005 年第 5 期）

从杭州图书市场看我国目前的出版工作

1998 年 10 月中旬，我们按照经营管理研究委员会 9 月份的决定，由王久安同志带队和施茂仙、叶泉康组成一组，到浙江省杭州市作了一次图书市场情况的调查，主要与杭州市新华书店业务部门座谈了两次，从他们的实践经验中，深感他们对图书市场的一些观点和做法颇有新意，很讲究实效。

一、如何理解图书品种的增长

在看待我国图书出版事业的发展时，通常都以出书品种衡量，如全年出书 10 万余种，已成为世界出版大国等，这当然是衡量成就的一个方面。但在市场经济情况下，销售则是另一个重要方面，品种虽多，销得不好，就会造成积压。根据杭州市新华书店的经验，他们认为不能以过去的认识去看待图书品种的增长，应与销售码洋的比例上升结合分析。目前的图书市场一般说是在平稳地增长。而图书市场中图书品种相似或近似的太多；以中国四部古典文学名著为例，全国已有 400 多个版本，《三言二拍》也有 300 多个版本，唐诗有 60 多种版本，《唐诗三百首》就有 30 多个版本，四种书共出版了 800 多个版本，可以说是品种泛滥。这些品种对某个出版社来说可能是"新书"，而对图书市场来说则不是新书，因此杭州市新华书店对"新书"概念就有一种新的理解。在多种版本情况下如何进货，对书店来说是个很大的学问，进得不合适，就会造成积压。他们现在采取筛选分配进货的方式，如对四部古典挑五至六个版本，首先出版社要名牌的，其次是装帧设计要精美的，最后是定价要适应读者购买力的；其他如生活类、电脑类、英汉字典类等，相似版本多的，都采用这种办法。这就以在图书市场品种繁多的情况下，

能选择更好的品种,为拓展销售创造有利条件,使好的更好,差的则由市场淘汰。

为此,他们一再强调,希望各出版社重视发挥自己的特长和强项,而不要去盲目追逐市场。现在有些出版社的库存大量积压,往往是盲目竞争,盲目追逐市场,导致重复出版同一选题造成的。他们建议各出版社在出书时,首先应考虑书的内容是出给哪类读者看的,再从装帧形式和定价上,想一想出这书自己会不会去买。他们认为这方面外语教学与研究出版社做得比较好,他们发挥了自己的特长和强项,不断创新,在图书市场和读者中树立了一个良好的形象,所以图书销售量就能不断地上升。

杭州市新华书店的同志还认为以"丛书"形式出书,是一种方法,能适时地集中一起出版,在市场销售上还可争取到一定的份额。但目前是"丛书"太滥,而且一套"丛书"中有不少内容往往与其他图书重复,或从有些图书中摘编而来,所以读者不怎么欢迎。现在还有些书稿是直接从"因特网"上抄编的,有的甚至还剽窃网上的照片,只是把外文翻译成中文而已。这种做法对图书事业的发展是很不利的。他们建议各出版社的编辑们,在编书时首先要明确准备给读者什么。对所编的书能否打动自己的心,假如连自己的心都打动不了,只是为了某些目的去编,又如何能引起读者的兴趣呢? 编的书不仅内容要好,言之有物,且装帧漂亮,既有阅读价值,又有保存价值,才能受到广大读者的欢迎。

二、对出版社图书宣传工作的看法

不少出版社对宣传工作至今还是不够有力,宣传方法单调,没有创新的手法。在国外,有些书销得好,成为一定时期的畅销书,一半靠书的内容好,另一半靠宣传工作。其方法之多,宣传费用之大(约占成本10%),我们无法与之相比,他们早在图书出版之前,就大做宣传,让读者知道,包括哪些内容、哪些特点,适合什么读者阅读,何时可以出版发行等(这在我国是行不通的,因为选题要保密)。我国有些出版社采取的宣传方法只是定时在报上刊登新书广告,报纸一般是《新闻出版报》

和《中国图书商报》,广告内容一般还是书名、作者、定价三项,有些出版社只为登广告而登广告,至于如何供货销售、新书出版后一定时期内有无特别措施等都没有,这类广告书店是不看的,更谈不上依广告订货了,所以收效不好。这里也涉及,我国出书品种虽多,但书店限于资金,不可能每种都进,如果出版社能宣传到家,先引起书店注意,发行局面有可能打开。同时必须明确,图书宣传的主要目的是针对读者,书店进不进货,是要看读者会不会买。他们分析目前读者购书的心理分为几类:

1. 爱看书的,也有购买力的,并经常跑书店,约占整个读者群的10%,这是成熟的图书消费者。

2.90%读者的图书消费观念还很不成熟。这部分读者需要出版社用宣传的方式推动,书店也要配合进行。例如,浙江教育版的《中国少儿百科全书》,开始销售得不错,后来停滞了,书店积压4000多套,"六一"、"国庆"也只销了30多套,只好向出版社退货2000套。后来出版社在电视台"焦点访谈"中进行宣传、推荐,书店的2000套很快就被一抢而光,又去追要那2000套,也销售完了。又如,《水浒传》电视连续剧播放后,两个来月仅杭州解放路门市部和购书中心两处就销出2000多部,这就说明尽管四部古典文学作品已销售了几十年,但还是有很多读者乘电视连续剧播出之机,要读这部书,这说明中国的图书市场还有不少潜力可以发掘。再如,中国大百科全书出版社出了一套《新世纪中学生百科全书》(定价195元),去浙江推销,希望杭州市店多进点货,当时考虑已有浙教版的《中国少儿百科全书》,定价还比北京的低,在销售上可能还会有一定的难度。但大百科社的发行部主任朱勇同志和书店一起策划宣传推广工作,决定在浙江的重点学校中选择重点学生、老师和《杭州报》的小记者(每周编有"学生园地"栏目),每人发一本样书,并告诉这本书的特点,一周后请这些人一起来座谈,同时还请来一些宣传部门的同志,一起谈对这本书的介绍和评述,并在报纸上发表,对学生和老师以及家长影响很大,最后这套书在杭共销售了600多本。

杭州市店的同志通过实践摸索到,不同的图书要采用不同的宣传

方式,由不同的宣传媒体进行推广介绍,报纸上的广告只是对 10% 的成熟读者有作用,而 90% 的不成熟图书消费群,要采取不同的宣传方式去发掘。同时,广告和图书一定要同步发行,否则登广告只是空喊,宣传效果等于零。

他们建议:真正要编好书,编辑一定要和市场相结合,要经常摸清不同时期社会的热点,读者关心的问题和想读的书,这可以下书店,具体看看书店陈列的图书,问问营业员每种图书的销售情况,读者对出版社有哪些要求和希望,这样一来才能编出切合读者需要的图书,并有针对性地进行宣传。

他们介绍说:在社科类图书中,近期北京大学出版社出版的《中国企业批判》很畅销,该书作者陈惠湘是个年轻人,很有见解和出版的思想,去年出版过一本《联想为什么》也很畅销,他提出了为什么中国许多新兴企业像"马胜利"企业集团等,都曾红极一时,而最后只是昙花一现垮了下去。对此,他在书中提出了自己的独特见解,作了深入浅出的分析,这类书很受读者欢迎。

三、切盼建立新的社店关系和直接对话的网络

杭州市新华书店是一个年销售额达到 1.2 亿元的省会城市书店,为了进一步扩大发行范围,取得更好的销售效果,希望与部分大社建立直接对话的网络。他们计划有步骤地陆续建立网络,取得经验后再根据自己力量逐步扩大。他们可以定期给出版社提供该社在杭州的图书销售和库存情况,这不仅可以帮助出版社及时了解本社图书在杭州的销售情况,而且可以将库存多的图书适时调拨,售缺的书也可以提供信息,让出版社主动联系补充发货。他们觉得出版社不能仅仅抓给销货店的发货,还应及时了解销货店的销售情况。同时,应将新书信息及时传达给销售店,这样社店的信息就能逐步沟通,不断交流,加强图书的发行工作。

通过这次去杭州调查图书出版和发行的情况,我们深深感到作为中国出版工作者协会经营管理研究委员会,确实有不少促进图书出版发行事业的工作可做。例如,利用每年春季在图书交易会的实际资料

和宣传媒体合作,进行深入分析,公之于众,提供出版社和书店参考。这虽是一项繁琐、复杂和费力的工作,但也是一项很有意义的工作,对繁荣出版事业十分有利。

（共同作者：施茂仙、叶泉康,写于 1998 年 10 月 22 日）

第八届首都图书交易会呈现新态势

第八届首都图书交易会获得空前成功,总成交额高达 4.6 亿元。

对本届交易会的成交情况进行分析,可以获得许多新信息。这些新信息,对于出版社改革经营体制,完善经营机制,提出了一些新的思路。

信息之一:传统的书目征订的发行方式,有可能被淘汰,而产销见面、看样订货这种新方式,日益显示优势和活力。

书目征订是计划经济的产物。出版社提出书目、由新华书店发行所将书目下发,向基层书店征订,然后出版社根据发行所的统计数字进行批量生产。现在,这种传统的发行方式已经失去昔日的风光,订货覆盖率平均不到5%。

在市场经济大潮中,通过图书交易会,产销见面、看样订货的新方式应运而生,并且日益显示它的优势和活力。本届图书交易会就是一个证明。在交易会上,销售者与出版者直接见面。销售者通过看货,了解图书的内容,考察图书的装帧,避免了进货的盲目性。出版者通过产销见面,了解图书市场的需求,从而更有把握地进行生产决策。这是一种颇为有效的双向交流。

像首都图书交易会这样的大型交易会,一年只能举办一两次,因此,需要举办一些中小型、地区性或专业性图书订货会作为补充。在一些出版社比较集中的地区,建立常年性、产销见面、看样订货的图书批发市场,对于培育图书市场定会大有促进作用。

信息之二:市场竞争正在向质量竞争方面发展,出版者必须增强质量意识,以优质赢得高效。

本届交易会统计数字表明,占参加交易会的出版社总数11%的33

家出版社,成交额超过总成交额的 52%。这些出版社之所以取得高成交额,主要原因是他们投放了一批选题新、品位高、装帧美的优质图书。图书市场的这种态势是耐人寻味的。它告诉人们:出版社要想参与市场竞争,首先要增强质量意识,坚持优质,多出精品,才能赢得市场。

信息之三:出版社与新华书店合作,优势互补,形成拳头,可能是一种全新的出版发行体制。

在本届交易会上,浙江省新华书店与浙江省 12 家出版社携手合作,共同设摊参加交易,引起各方面的关注。新华书店作为发货单位,在仓储、管理、发货、收款等方面具有优势,而这些方面正是出版社的劣势;店社合作,两方面优势互补,在图书发行方面形成拳头,必然增加双方的市场竞争力。

浙江省店社合作的举措,有可能创造出一种新的经营体制,值得出版界重视。

信息之四:新华书店再造辉煌,正在重新成为图书发行的主力军,预示图书市场的新形势将要出现。

参加本届交易会订货的有 500 个单位的 2000 名代表,其中,新华书店系统的业务人员占 80%。本届交易会订货总额高达 4.6 亿元,其中新华书店系统订货额占 80%。两个 80% 显示了新华书店的绝对优势。广州市新华书店订货额名列榜首,达 1600 万元。地处鲁南的临沂地区新华书店的订货额也高达 800 万元。如此高的订货是史无前例的。

新华书店系统订货额大幅增长,令出版界为之振奋。几年来,主渠道订货萎缩,影响了出版事业的发展。现在,主渠道重振雄风,再度发挥主渠道作用,以绝对优势控制图书交易市场,无疑是个好兆头。

我们衷心地希望出版社的决策者们认真分析上述新信息,以便作出正确的决策。

(原载《中国出版》1995 年第 5 期)

谈谈书款回收和减少库存书问题

近几年来,出版社发行部门遇到了两大难题,即"回款难、降库难",这两个问题如不解决,将直接影响出版社的经营,甚至危及出版社的生存。业内不少朋友每谈及此事,无不感到头疼,可见这个问题的普遍性和严重性。这一问题的存在,说明我国目前图书市场尚不规范,出版社与书店的合作中处于不平等地位,解决起来有待时日。当前出版社只能依靠加强管理、提高经营能力,才能渡过难关。

我社目前尚未收回的账款有 5000 万元(实洋),库存书也高达 1 亿多元(码洋)。社领导很重视这一问题,已把它列入 2006 年需要重点解决的两大问题,要求营销中心在加强管理和新书营销的同时,着力解决应收款和库存图书的问题。

最近,我注意到报刊上有关介绍如何成功回收货款的文章,觉得很有启发,特结合本社情况,对回收货款和降低库存两大难题提出点个人想法。

一、认真搞好新书主发工作

近几年来,出版社发书采取多种办法。一是书店根据出版社普遍印发的订货目录订货,这种方法带有"隔山买牛"性质,但一时还不能取消。二是根据订货会上的订货数量发货,比较切合实际需要。三是出版社平时出了新书,来不及等到订货会,往往采取主动发货的办法。这样的好处是使新书能早日在书店上架与读者见面,但却带有一定的主观性,发行部门凭事先协议数字发给书店,过多过少在所难免。四是书店的新书售完了,或遇到临时需要向出版社开出添单进货,这类情况可靠性较大。可能还有其他办法,但主要的也就这几种方式。

在这几种方式中,新书主发工作是最难做得恰到好处的,往往是造成大批退货的根源,因此出版社发行部门一定要认真对待。有些出版社以为多发可以多销,便任意多发,结果超过当地需要,造成积压,大量退货。业内人士所说的"发货没商量,退货也没商量",指的就是这种情况。退回的书几经折腾后不能再卖,造成残书。有些发行人员为了避免大批退货,不敢去催书款,便又造成了应收书款增多。所以,出版社一定要首先把好新书发货关。

怎样把好新书发货关呢?怎样才能把每种新书发给每个书店都很恰当呢?我认为,最高明的发行人员也不可能对各门学科都懂,也不可能把每个新书都读上一遍,能够做到粗翻一遍知其大概就不错了。责编则是每本新书的第一个读者,十分了解内容,只有责编与发行人员共同协作,才能根据书的内容、读者对象和各地书店的实际,定出比较合理的主发数字,如果还无十分把握,可由发行人员再和各地书店业务员通过电话协商更好(特别是重点书)。这样做可能比较麻烦,但主观成分可以大大减少,对结账有利。

二、提高发行队伍的整体素质,加强发行人员的责任心

一是帮助发行人员认识回款的重要性,强化回款意识。二是要求发行人员尽可能了解图书、了解市场、了解客户,从而提高发货质量,提高图书销售率,为回款打下良好的基础。三是强化合作意识,发行人员要与书店建立亲密友好的合作关系,互相信赖,为及时回款创造人际条件。四是实行奖优罚劣,对催收款项、清理欠款有成绩的,给予奖励;对催收书款、清理欠账不力,造成呆账损失者,给予一定处罚。

三、建立各种规章制度,为及时回款提供保证

第一,要求发行人员在发出每笔货后要和对方核实,最好实行回告制度,并在发货凭单上注明"这批书收货后一周内如不告知差错情况,即被认为'照单清点无误'",以免日后结账时造成争执。第二,如果对方声明缺书之类,应立即处理,并作好记录。第三,建立定期与书店的对账制度,在对账的基础上,按协议及时收款。第四,发挥结算科作用,

按照协议及时提醒发行人员回收书款,特别是对大额款项、历史遗留款项,结算科还要亲自参加对账和收款,以提高回款效率。

四、及时搞好退货的拆包和验收工作

凡是书店退回的图书,书库收到后要经过严格点收,及时上架(归位),作好记录,并通知结算科转告发行人员。发行人员如有疑点,应及时告诉仓库管理员,再与对方交涉,力求每笔退货都有清楚交代,为日后结账扫除障碍。

关于如何降低库存图书问题,首先是如何恰到好处地掌握印数,特别是初版印数。上面已经说过,初版印数掌握得不好,会给大量退货留下隐患。但编辑和发行部门之间,有时会因角度不同,或沟通不够,对初版印数的看法也有所不同。一般来说,编辑总愿意多印一些,一是怕印少了,供不应求,再印还需时间,会失去时机;二是编辑在确定选题时,总是有几分把握,认为是读者急切需要的,自然要求多印多发一点,这也是可以理解的。而发行人员生怕发多了书店要求退货,造成库存加大,又难以推销,回款率降低,增加工作难度。如二者各持己见,会形成僵局。我的想法是,如不是特殊原因,还是以初版偏少保本为好,但发行人员应当提高自己的责任心,密切关注新书在书店中的销售情况,及时摸准反馈信息,如书店脱销,要立即补发,如书已销完,要提供市场添货数据,争取早日重印,使新书不致脱销。

此外,库存书整体结构也要经常分析,加以处理。一般在库存书中,有些还是畅销书或常销书,要经常和新书一起编印可供书目,发给书店;有些虽不常销,但还能销售,可以采取降低折扣的办法,编出优惠书目供应读者和书店。听说北京有许多专门收购出版社特价书的,过去收废纸的都转做特价书商了。我在本市一些民营书店里经常见到一些特价书,价格都很便宜,往往三折就能买到,也许就是出版社打折批给书店的。还有,过去我社读者服务部常搞一些促销活动,规定买一送一,读者买一本畅销新书,可以由他自选一本同样价格的书赠送,在《青年文摘》上刊登广告,搞得很有成效。现在服务部合并了,这项工作也无人再做,不妨把这件工作再抓起来,可交给门市部负责邮购,每

年搞它几次,可以减少不少库存。

最后还要说明两条。一是解决库存量过大的问题,不仅仅是发行部门的事,编辑部门也可起很大作用。比如,编辑部门多编出点有影响的好书,并加大宣传力度,便会引起读者和书店注意,久而久之,书店和读者有了印象;这样在发行这些重点书的同时,就能带动一般书的销售。再如,在确定一本新书的印数时,责编要多和发行部门沟通情况,分析书稿内容和市场容量,定出一个比较恰当的印数,这样会对减少库存数量大有帮助。二是对发行部门来说,减少库存最积极的措施是开拓发行渠道,扩大销售网点。发行人员要走出去了解市场动态,与书店业务员多交朋友沟通信息,及时发现销售本版图书的机遇。建议领导对出差人员要给予一定激励政策。这样会使发行人员无后顾之忧。今年5月全国书市将在乌鲁木齐举行,应当敦促"十联"主席及早采取应对措施,与有关方面挂钩,以"十联"在书业界的影响,引起书市主办方的注意,对"十联"成员销售图书会有好处。这不过只是一例,其他方面的机遇还很多,要靠平时大家去留意和开发。

(原载《中青出版通讯》2006 年第 8 期)

书商争批高档书

——北京图书批发市场新动向

在全国有影响的图书批发市场——北京金台路图书批发交易市场，今年出现喜人新动向：一些高档图书受到书商青睐，出现供不应求状况。

今年年初，人民版的《胡乔木回忆毛泽东》在这个市场的京联书店出现，该店经理只写了一块小小的广告牌，立即招来一批书商，立时500本书全部发完。中央党校版的《胡乔木》和人民版的《胡乔木文集》也被批出不少。接着，东方版的《城市季风》成为畅销书，该书是档次较高的"东方书林之族"一种，内容描述北京、上海两大城市的发展变化和比较，初版印数不多；但一进入市场，立即成为热门书，几千册书很快销完，目前仍有人前来问津。中青版的《毛泽东之路》、《一代巨人毛泽东》、《毛泽东诗词讲解》、《毛泽东的语言技巧》，近几个月来常销不衰；该社的《中华文化名人传记丛书》中，如弘一大师、齐白石、徐悲鸿等人传记一直看好，以致经常脱销。中央党校和人民版的老一辈无产阶级革命家的传记，出一本畅销一本，如《毛泽东和十大元帅》、《开国总理周恩来》、《周恩来传》、《朱德传》、《邓颖超传》、《中国元帅刘伯承》、《中国元帅贺龙》、《真正的人彭德怀》、《黄克诚自述》等，都成为书商抢购的热销书。他们说，这些书写得真实可信，读者爱买。人民版的《乾隆传》、《明成祖传》、《雍正传》、《万历传》等历史人物传记，也被书商看中。中青版的《剑桥艺术史》、《最新创意图典》、《中国书画鉴赏辞典》、《西方现代派美术》等艺术类书，尽管书价高、读者面窄，但照样好批，最近该社新出的《黑与白》是部翻译小说，由于装帧设计新颖、造型别出心裁，一些书商大胆进货，成为近期热门书之一，出版社仓库里

的书都被批发市场搬光。更令人欣喜的是,人民出版社新近出版的《中国通史》,一箱十大卷,定价高达490元,在批发市场陈列不到一星期,50箱全部被批走。

北京图书批发市场出现这一可喜现象,据笔者分析:一是前一段"扫黄打非"后市场得到净化,尽管还有盗版书、非法出版物,但市场管理较严,流入大为减少;二是个体经营者法制观念有所提高,不挣昧心钱的思想深入人心,愿卖好书的书商越来越多;三是出版社经过整顿,出了不少有质量、讲档次的好书,正在逐步改变图书市场的面貌;四是市场中一些批发店讲信誉、讲责任、重宣传、重引导,发挥了良好作用。

(原载《新闻出版报》1995年7月17日)

寄销种种

从去年年初开始,图书订数又一次大幅下降,出版界为此忧虑。出路何在? 不少同志提出了购销形式的改革,认为寄销制度势在必行。《新闻出版报》为此开辟专栏进行讨论,这对出版界进一步深化改革无疑是大有帮助的。

笔者对在我国实行图书寄销,有过多种设想和思考,也曾在力所能及的范围内试行过,现就见到、想到的各种寄销办法,以及个人一点肤浅的认识供大家参考。

关于日本的寄销方式

说到寄销,大家自然会想到日本,因为前一段议论比较多的是说日本搞寄销很成功,这方面有很多经验可供借鉴。没有机会去日本的同志,以为日本出版界都搞寄销,猜想他们搞得好的原因,是因为国家小、交通方便、管理水平高等,而这些条件我们不具备,搞寄销比较困难。后来王益同志去日本访问,回来写文章介绍情况,说日本并不都搞寄销,大约只有 37% 的图书搞寄销,经销、寄销并存。他们搞的寄销,办法很彻底,出版社出了书,用不着征订,就把新书主动送到书店,数量很少,但因书店多,加起来就不少了。书店不备货,也无仓库,书都放在书架上,每本书中都夹有一张小票,读者买走后这张小票就留下来,既可作为和出版社结账的凭证,又可用来补充货源。卖不完的书定期由出版社收回,每年退书比例不小,可以设法调剂,有的则只能报废。看来他们是真正实行寄销,书店一点风险都没有,但出版社却要花费很多人力物力。好在书价高、利润大,出版社也能承受。要是在我国,就难以行得通。首先我们国家大,交通不够发达,送货上门难以做到,店社双

方的管理水平也跟不上;出版社周转资金本来就不多,要等把书卖完才能收款就难上加难。所以这种寄销方式在我国目前条件下,只能望尘莫及。

关于浙江的店社联合寄销

1983 年底,我去成都参加图书发行体制改革经验交流会,会上听了浙江省店介绍他们在全省范围内开展店社联合寄销的经验,讲得很好。但几年后不再听到这方面的消息,大家都很关心。前几天在《新闻出版报》上看到周一苇同志的文章,才知实情。我认为,浙江搞的店社联合寄销很有创造性,他们用"三个不变、一个转移"的办法,巧妙地把产供销三方的利益都照顾到了,所以得到顺利推行,也确实收到了很好的成效。客观地说,发货店付出的代价最大,出版社和销货店获益最多。浙江省店这种全心全意为销货店和出版社,也是为读者服务的精神值得赞扬。后来因为出现意想不到的情况,使得这一制度只实行了三年多就停下来了,实属可惜。一苇同志在文章中总结了几条重要经验,也道出了几条教训,对今后深化改革很有益处。他提到在今天形势下搞店社联合寄销能否再度辉煌的问题,我想谈谈个人的看法。

我认为浙江首创的店社联合寄销,在今天的形势下,仍有辉煌的可能,但要因社因店因地制宜,要产供销三方自愿。如果说在 80 年代计划经济占主导地位的时候,行政领导下个决心推行一种购销形式能起相当大(或绝对)作用的话,那么今天已是市场经济,企业都有了经营自主权,就不可能"一刀切"地实行某种形式,只能靠经济效益吸引对方参加。因此我估计如再推行店社联合寄销,会有一部分出版社不愿参加,也会有一部分书店不愿接受,这是正常的,也是允许的。但我认为,各地新华书店发货店都有自己强大的发货优势,这是任何渠道无法比拟的,倘能和发货店搞联合寄销,尽管会有一部分出版社不愿意,一部分书店不接受,但我社发行处和新华书店北京发行所关系较好,其原因要归功于我社出了许多好书,很受读者欢迎,也受到"京所"重视。虽然他们目前还有不少困难,但我以为这是暂时的,相信不久必能解决。因此我认为从双方长远利益考虑,坚持搞社店联合寄销,"京所"

和销货店都会欢迎。笔者认为凡事都在人为，金盾版图书之所以适合农村需要，也是做了大量的调查研究工作的，相比之下，许多面向农村的出版社为何却做不到这样呢？所以还是应当老老实实从选题、出版、发行各方面向金盾学习才是。

中青与"京所"的合作试验

80年代中期，中国青年出版社曾和"京所"联合试行过初版试销、再版包销制度，这实际上也是一种推广寄销的方式。具体做法是由出版社提供当年新书中质量好、销售面广的若干品种，经"京所"同意发信向基层店说明，主发少量册数试销，定期进行重版征订，如销不完的可以退货调剂，不够的还可趁重版时添订。这一方式效果很好，凡是主发的书，没有要求退货的，相反，重版征订时又得到不少订数。后来这一方式没有坚持下来，原因也是发货店感到工作量太大，难以承受。由此得出一条经验教训，一种制度要想坚持下来，必须照顾到合作双方的利益。金盾初版试销方式之所以能坚持下来，主要还是靠自身掌握命运。

一次未成功的寄销创意

在第二次全国发行工作会议期间，中青社社长曾在大会上发言，建议和发货店搞联合寄销，办法是由发货店选定本社多少种新书，征得农村店同意，不必经过征订，每种主动发5本下去，卖不掉允许退货或调剂。当时中青自信它的书读者面非常广，质量也有一定把握，如能深入发到基层，不愁销不出去，不惜冒点风险，但求渠道畅通。然而这一创举未能获得对方响应，可能也是工作量太大，难以承担的缘故，成了剃头挑子一头热。

（原载《新闻出版报》）

继承传统，全心全意为读者服务

听到出版社邮购部合并的消息，作为 20 世纪 80 年代初曾亲自参加过邮购部工作的老同志，自然感到惋惜！但如今我国出版事业繁荣，已成为世界出版大国，读者买书比过去容易多了，邮购部已完成了光荣的历史任务，这也符合事物的发展规律。今天，邮购部虽然合并了，但它在当年艰苦奋斗、全心全意为读者服务的精神，应当继续保持并发扬光大。

我社邮购工作有着优良的传统。20 世纪 50 年代初，出版社刚成立，那时出书不多，主要任务是发行《中国青年》杂志，我常常接触到当年经历过的几位老同志，一谈起当时发行《中国青年》杂志时的情况，都会兴高采烈、滔滔不绝地向你介绍，脸上流露出无比自豪和骄傲的情感。那时刊物还没有交给邮局发行，《中国青年》作为全国出版历史最久的一份青年刊物，影响深远，发行量很大，每月一期出版后要寄到全国各地每一位读者手里，其工作量之大、任务之艰巨，可想而知。当时出版社人手少，编辑部也不可能来帮忙，又雇不到临时工，怎么办？出版社的同志发扬了艰苦奋斗的作风，硬是自己手工操作，一本本地卷起来，送到邮局去寄。据说当时每期几万份刊物都要连续好几天，白天黑夜加班加点工作，而且不能出错，有时工作到深夜，肚子饿了就自掏腰包跑到王府井大街上去吃一顿夜宵。他们干劲十足，毫无怨言。这件事对我后来办邮购鼓励很大。

"文革"后不久，我社经上级批准复业，那时出版社还不多，中少社也合在一起。因"十年动乱"造成的恶果，社会上出现了书荒，广大青少年为了弥补多年荒废的学业，迫切要求补充科学文化知识，"买书难"成为一个很大的矛盾。每天面对大量从各地寄来的求购信，我向

领导建议，适当加印一些新书的印数，满足这些读者的需求。谁知口子一开，便不可收拾。但那时图书发行体制还未改革，按照计划经济一套规定，出版社不能自办发行，我们只好越规办事，不敢声张。到了 1981 年春，那时社会上"三难"呼声高涨，文化部出版局开始着手召开发行体制改革座谈会，我也受邀参加会议，了解到改革发行体制势在必行，出版社有可能网开一面，可以自办一些发行，就又一次向领导建议，成立邮购部，为读者解决买书难问题。

1981 年 5 月，我社邮购部正式成立。这是我社建社 30 多年来，在改革开放大好形势下，首次办起自办发行的雏形。这一行动，宣告了我社要克服一切困难、冲破重重阻力去为千百万读者服务的决心。记得那时候办邮购的客观条件太差，30 年来，由于实行的是计划经济，出版发行有着严格的分工，出版社的任务只是编好书、出好书，要想自办发行，既不允许，又无流动资金和人力，至于仓库和运送工具等更不用谈了。但大家决心很大，硬是千方百计克服困难，腾出资金和库房办邮购，还"走后门"买来一辆卡车。人力不足，从干部子女中招来了几十名小伙子。这些小青年个个生龙活虎，既有文化，又有干劲，经验不足，没条件培训，只好边干边学，任务太重，大家加班加点工作，当时还没电脑，一切都用手工操作，十分艰苦。办公地点和库房不够，行政处向团中央借了灰楼整整一层，全供邮购部使用。当年，我社出版的《青年修养十二讲》、《恋爱·婚姻·家庭》、《许莼舫几何四种》、《创业史》、《李自成》第三卷、《第二次握手》、《趣味逻辑学》、《通俗哲学》等一大批新书，受到读者欢迎，一时间邮购办得红红火火，每天来信如潮，电话不断，汇单要用麻袋捆装，发出去的书要用卡车装送，邮局还不配合，总要挑些毛病拒发。当年我社出版的书，通过邮购寄给读者的，少则几百册，多则几万册，可说是邮购工作的一个黄金时代。至今那些曾在邮购部工作过的青年，回忆那段历史，还都津津乐道。邮购部不但为千百万读者解决了买书难的问题，也锻炼和培养了一批人才，其中不少已成为我社和中少社的发行骨干，继续在为读者服务。

这里补充说明一下，邮购部的诞生，是顺应了历史发展规律，到了后期，因情况变化，读者买书难的矛盾基本得到解决，邮购业务明显减

少，许多同志转到了发行部门。但留下的少数同志仍坚守阵地，继承优良传统，继续为读者服务。他们利用我社《青年文摘》印量大的优势，开办俱乐部，并刊登广告，扩大宣传，为我社推销了大量库存积压图书，既减轻了读者负担，又为我社库存"消肿"，这种服务精神也应肯定。

回忆起20世纪80年代邮购部的一段辉煌历史，每个参加过当年工作的同志，都引以为荣。我以为，在我社发展史上也应当浓重地记上一笔。当年这种全心全意为读者服务的精神，不但原来的同志应当继续保持发扬，其他同志也应当很好学习。这是一个发行老兵出自内心的自勉和祝愿！

（原载《中青出版通讯》2005年第6期）

第二篇

开明往事

百年老树结硕果　开明书店换新颜
——王久安访谈口述实录

问：请介绍一下，您加入开明书店到新中国成立前这一段时期的情况。

王久安：刚才听您说，开明书店已经重新开业，这是社领导对这家百年老店的重视，也是出版界的一件大事。作为老开明的一员，我一定把过去所知道的开明书店的情况一一加以说明。

我是 1946 年 6 月进入江西上饶开明书店办事处当练习生的。半年以后，因开明书店上海总店认为江西省会南昌已设分店，办事处没有必要保留，便将其撤销，我被调到南昌分店。两年后，因南昌分店营业额处于全国十多家开明书店分店之末，又被撤销，与当地一家信誉好而又可靠的书店合作，建立代办分店，经销开明版教科书和图书，只留一名会计与之结账。我则被调到开明书店上海总店总经理办公室主任刘诗圣的手下工作。

问：请介绍一下，1953 年开明书店与青年出版社合并的情况。

王久安：1949 年 5 月 27 日上海解放后，开明书店全体同人在欢欣鼓舞之余，热烈地期望得到党的直接领导，便派襄理朱达君和编译所负责人顾均正到北京出版总署表达开明同人心愿，希望公私合营。次年 2 月，董事会正式具文，申请公私合营。4 月，出版总署批复，认为开明过去为人民出版过好书，对出版事业有过贡献，但按目前国家经济情况，以及开明现有资金、物资和所拟出版计划看来，尚可应付，不需要国家投资。既然开明书店迫切希望国家领导，可先进行公私合作。于是，开明便在北京西总布胡同甲 50 号设立总管理处。不久，业务委员会开

始筹备，董事会聘请了出版总署沈静芷、金灿然、史育才参加，董事会由章锡珊、范洗人、傅彬然参加，职工代表选举叶至善、唐锡光、洪光仪等参加。1950 年 6 月 17 日，开明书店召开第一次各单位负责干部会议，决定了公私合营有关事宜。会后经与各方面协商，决定与青年出版社合并，成立中国青年出版社。

问：请介绍一下，您在中青社工作至今的情况。

王久安：我在中青社工作了 56 年（包括返聘 20 年）。返聘前的工作是和新华书店北京发行所打交道，在此期间，我与发行所经理王鼎吉成了好朋友。我们有时会为了一本新书征订的数量而发生争执，我觉得订数太少，要求增加作为储备，而他却怕基层店不来添货而造成积压，影响资金周转。但许多事以商量的口吻解决，争执完后就依然要好，直到退休，我们仍然是好朋友。

20 世纪 80 年代末，因"十年动乱"造成全国出版社停业，曾一度出现"书荒"。在出版总署顾问王益同志领导下，召开了多次出版社和书店座谈会，听取意见，研究解决方案，最后出台"三多一少"和"三放一联"两个文件，以文化部名义发布。我首先在蔡云社长领导下，积极执行此项政策，从办邮购开始，到与王府井新华书店建立特约经销处，与北京七家出版社联合在全国三大城市新华书店成立批销中心，举办首都社科书市和首都图书交易会（后改为北京图书订货会），受到出版社、书店和读者欢迎。

现在我已 95 岁，年老力衰，干不了多少事，只能居家写点回忆录。由于水平低、记忆差，我写的这本《我与出版　我与发行》中难免有差错，希望得到读者指正。

开明书店纪事

在我国近代的出版行业中,曾经有过一家很有影响的出版社,这家出版社现在虽已不存在了,但它在新中国成立前曾以严肃认真的出版态度和朴实无华的经营作风,在社会上享有盛誉,它出版的许多读物至今仍为人们称道。这家出版社就是开明书店。

开明书店成立于 1926 年。它的创办人章锡琛先生,原在商务印书馆主编《妇女杂志》。五四运动以后,妇女问题是知识界热衷讨论的问题之一,章先生常在刊物上刊登一些提倡妇女解放、普及性知识和抨击纳妾嫖娼的文章,因而触怒了有权势的封建卫道者,在各方面的压力下,商务老板辞退了章先生。这时,一贯支持章先生工作的胡愈之、郑振铎、吴觉农等人,鼓励并帮助章先生另外办起了一份妇女杂志《新女性》,继续发表新思想新观点。后来《新女性》越办越好,影响也越来越大,他们又建议章先生办书店,边出杂志边出书。章先生听从朋友们的话,便办起了开明书店。创办初期,出版了一套《妇女问题研究会丛书》,后来郑先生又把文学研究会的《文学周刊》和《文学周刊丛书》交给开明书店印行,使开明在文学界有了根基。接着,开明又聘请夏丏尊先生主持编辑业务,夏先生原是立达学园教师,便又从立达学园的教师中组织了一批作者,这对以后开明书店的出书方针有很大影响。由于开明的出书面较广、选题较新,出书越来越多,影响也越来越大,急需增加管理力量,章先生的二弟章锡珊为了支持兄长的事业,毅然辞去商务印书馆会计的职务,来开明书店参与管理。章先生还请他的老师杜海生担任经理,自己去管出版业务。很快,开明从个人经营扩展为股份有限公司,出版范围也扩大到出教科书。经过十年努力,到 1936 年,开明居然从一个小杂志社发展成为有编译所、印刷厂、发行所和十多个分店

的大出版社,跻身于大书店的行列。所出图书如《辞通》、《二十五史》及其补编、《清名家词》、《六十种曲》、《开明活叶文选》、《爱的教育》、《开明英语读本》、《子夜》、《家》等,在社会上产生了影响,受到各方面的重视。

1937年,抗日战争爆发。在"八一三"炮火中,开明书店被烧毁了大部分的图版纸型、藏书资料以及价值几百万元的库存图书,损失惨重,出版业务被迫停顿,多数职工留职停薪,只有一个门市部仍继续营业,发行部门存款不足千元,别人欠债无法收回,欠别人的钱又无力偿还,处境十分困难,幸而得到各方面的谅解和资助,开明总算渡过难关生存下来。为了重振事业,开明决定派一部分职工向内地转移。当时时局混乱,运输困难,好不容易租到两条船,把仅存的一点物资、存稿和借来的印刷器材运到武汉,途中曾遭日军的抢劫,又损失了一部分。到武汉后,传来了南京失陷的消息,武汉人心浮动,不少工商业准备撤退,开明在武汉不能立足,大家又只好分手。章锡琛先生决定回上海,范洗人经理率一部分人改赴重庆,准备到那里寻找出路。范先生是个很有经营才干的人,他在重庆筹集到一些资金和纸张,先用来印了一批教科书,解决了当时重庆课本供应紧张的困难,受到学校欢迎。随后又打开局面,印了不少图书,并设法在桂林、贵阳、成都、西安、昆明、金华、衡阳等地建立了多处办事处,为本版书开辟了发行渠道。经过这些努力,开明书店得以恢复元气。

1939年3月,章锡珊先生从上海经浙江等地到达桂林。当时桂林比较安定,开明的许多老作者也在那里,大家建议章先生恢复出版《中学生》杂志,章先生接受建议,仍请叶圣陶先生主编。《中学生》战时半月刊以鲜明的立场,刊登一些宣传抗日救国的文章,国民党当局十分害怕,曾多次干预,编辑工作坚持原则,仍继续宣传抗日救国的主张,使开明在黑暗的统治下,坚持了正义立场。

当时开明留在上海的部分同人,在艰苦的环境中坚持编辑工作,不断为内地提供印制条件,后来时局越来越紧张,又抢运了一批纸型到桂林。1941年5月以后,上海与内地交通完全隔绝,开明由范洗人先生主持,在桂林设立了总办事处,依靠上海运来的纸型,重印了不少畅销

书。但是只靠重印书不能满足时代要求,这时茅盾、金仲华、胡仲持等几位开明的老朋友正好从香港转到桂林,竭力鼓动开明恢复编辑部,请叶圣陶先生主持,范先生同意了,就在成都建立了开明书店编译所办事处,开始出版新书。

1944年初,日军向湘桂逼近,7月,桂林开始疏散,开明总办事处向重庆转移,途中,又损失了一批纸张和印好的新书。

1945年8月,日本投降,抗日战争胜利了。12月,开明总店从重庆迁回上海,准备重整旗鼓,继续为祖国文化事业贡献力量。但当时国民党反动派违反民意,倒行逆施,发动了内战,国统区物价飞涨,苛捐杂税无数,人民又一次陷入了水深火热之中,开明的业务难以开展,处境更加艰难。1949年5月,上海回到了人民的怀抱,开明同人在欢庆胜利之余,热烈地希望得到党的直接领导。新中国成立后,立即选派顾均正、朱达君两先生为代表,到北京找出版总署,陈述开明同人的心愿。次年2月,正式具文申请公私合营。4月,出版总署批复,认为开明过去对出版事业是有贡献的,但从目前国家的经济情况和开明现有资金、物资等情况考虑,还不需要国家投资,可以先进行公私合作,在工作上给予帮助指导,并建议开明书店总店迁京,由出版总署、开明董事会和职工各选代表若干人,组成业务委员会,加强领导。6月,开明总店从上海迁到北京,并召开了全体干部会议,统一思想,加强对公私合作的认识。会后,很快成立了业务委员会。1950年9月,出版总署召开第一届全国出版会议,对出版体制进行改革,出版、印刷、发行实行了分工。不久,开明与三联、商务、中华、联营五家书店的发行部门进行合并,成立了中国图书发行公司,作为五家出版社的发行单位,各地分店也成了中图公司的分支机构。后来,出版总署考虑开明的出书范围与当时团中央所属青年出版社近似,建议两家合并,壮大青少年读物的编辑出版力量。双方都表赞同,经过筹备,就在1952年底合并办公;1953年4月,正式成立了中国青年出版社。开明从此有了光荣的归宿。

开明书店从成立到合并的28年中,在章锡琛、夏丏尊、叶圣陶、范洗人、顾均正、唐锡光等先生的带领下,出版了一大批有价值的好书,培

1950 年 6 月，开明书店各单位负责干部会议在北京召开。
范洗人总经理在会上讲话

养了一大批人才，它倡导的严肃认真的出版态度、朴实无华的工作作风、热心为读者的服务精神，以及它的一套好的管理经验，都是我们今天重要的宝贵财富。

我在开明工作时间不长，限于水平，只就个人生活在开明环境中的一点粗浅体会，谈谈它的一些好的传统。

一、出书重在教育，不见利忘义

开明书店是个综合性出版社，它以出版中级读物为主，出书范围较广，有文学读物、修养读物、社科读物、史地读物、语文读物、科普读物等，深受青年读者喜爱，它出版的中学教科书，取材较新，进度有致，能从教学实际出发，学校乐于采用；几个刊物办得都很有特色。

开明出书的目的是教育青年，它把出版工作看作教育事业的一部分，因此出书十分严谨，凡对读者无益的书都不予出版。20 多年来，它出版了大量有影响、有价值的书，直到今天，还有不少图书仍在读者中间流传。

二、亲密融洽的作者关系

一个出版社要想作出贡献，必须团结一批自己的作者。开明不少同人原是作者、编辑、教师出身，与作者有天然的联系，他们互相信赖、密切合作，关系融洽、如同密友。开明对每部书稿都有严格要求，从不因作者是名家或朋友而马虎。对作者应得利益，也很尊重。抗战开始以后，开明经济上经常发生困难，但对作者稿酬总是按时结算，从不敷衍，有时作者生活上遇到困难，还能尽力相助。作者楼适夷曾在一篇文章中说，1947年，他离开上海去香港，开明曾不断预付版税接济他的家属。夏衍同志也说，抗战期间，他常听人说起开明留在上海的夏丏尊、章锡琛先生，他们生活很艰难，还经常资助一些老作者。这种"相濡以沫"的感情，将永远留在人们的记忆中。此外，青年作者尤其感激开明的几位老编辑对自己的培养。作家秦牧回忆说，他的第一本书《秦牧杂文》就是经叶先生处理的，连书名也是叶先生起的。还说自己写的稿子字迹潦草，叶先生便亲自重抄一遍付排，使他深受教育。在夏、叶二先生的影响下，开明的编辑对作者都十分尊重，工作也十分尽职，结交了很多好朋友。

三、对读者负责的精神

开明书店的宗旨是"实实在在地为读者服务"，它出版的图书或刊物，从审读、加工、定稿、排校、印刷到出版发行，始终贯穿着对读者负责的精神，读者很难从它的出版物中找到错别字或印装上的毛病。夏衍同志在一篇文章中讲道，他译的《欧洲文艺思潮论》和《妇人与社会主义》两本书，都是几十万字的大书，付印前译者不看校样，出版后并未发现有一个错字；他的另一本译作《母》，原在一家书店出版，后交开明重印，照例只要照原版本排印就行了，但当时夏先生不放心，又请人认真校订了一遍，改正了原书一些误植的地方，还对一些不通顺的句子作了修改，使这部名著更加完美。

四、实事求是的宣传广告工作

只要随意翻阅一下过去开明出版的书刊，就可发现都印有广告，这

是开明的一种诀窍。那时广告费极贵，开明同人便想出办法利用自己出版物刊登广告，凡是刊物的封三、封四，图书的空白页都可用来刊登新书广告，效果很好。特别是丛书中的空白页用来刊登整套丛书的广告，为读者补缺提供了方便。对于广告的词句，开明也有与众不同的地方，当时主管宣传推广工作的徐调孚先生，不许部下用夸张的词句和时行的"套话"宣传书的内容，主张实事求是向读者推荐介绍。开明曾出过一种叫《开明》的刊物，经常评介和推荐开明版的图书，但看不到有夸张的词句。除广告刊物以外，还经常编印书目，开明把目录印成包书纸，收到较好效果。

五、精干的组织机构和高度的办事效率

开明创办时，不少同人来自商务，在一些管理制度上仿效商务是很自然的，但后来逐步改进，形成了自己的特色。开明组织机构精简，人员少，办事效率高。上海解放前夕，编辑部只有16名编辑，除了每年出版近百种图书，还要出版四种期刊，其效率之高可想而知。管理部门也同样精干，出版部不过三四个人，主任徐调孚（后来是唐锡光）既精通印刷出版业务，又熟悉编辑工作，自己当过编辑、作家，很有学问，他们对出版工作同样热爱，工作干得十分出色。他们要求书刊版面排得好看、得体。唐锡光先生还同编辑部商量，把原来直排书排在文字中间的标点符号，改排在文字的右下角，使读者看起来更舒服，后来开明版的书就都这样排了，同行们称它为"开明标点"。在生产安排上，也分清缓急。有一本《抗战八年木刻选集》，因为要赶在一个展览会前出版，从编辑部和编者商谈出书算起，到实际出书，只有65天时间，其中从发稿到装订成书，仅用51天，这样一本大型精装木刻画册，能如此迅速出版，而且印得很精致，这在当时是很不容易的。发行机构也很简单，当时一些大书店在外地的分店大多店面很大、人员很多，而开明的分店店面小、人手很少，一般十来个人，要管批发、门市、邮购，"麻雀虽小，五脏俱全"。有些城市没有力量开分店，便选择当地一家可靠的书店，跟他们建立特约经销店，有的特约店还挂了开明的招牌。开明还代销外版书，由总店进货，分发各地销售。当时虽有不少低级、庸俗的色情小

说折扣很低,可以赚到大钱,但开明一本不进,它选择的标准是和本身出版物相近的健康有益的书籍。

六、重视重版书的工作

当年开明版图书,每版印数都不大,但影响很大,就是靠的不断重版,如茅盾、巴金、冰心、丰子恺等人的作品,大概都印过几十版。开明不但重视名作家作品的重版,即使一般作者,只要质量好的,都尽量给以重版机会。重版书不但给出版社增加了利润,而且能扩大好书影响。在新书质量尚无十分把握以前,多印重版书对满足读者需要也是有利的。

七、重视提高职工的文化素质

开明比较注重对青年职工的培养。当时进店的练习生,大多文化水平不高,为了提高素质、适应工作,店内设专人负责培训工作,聘请店中前辈当教员。叶圣陶、傅彬然、周予同、唐锡光等都曾当过教员。凡有愿意进夜校进修的,也给以支持和鼓励。这在当时私人企业中是少有的,也是开明主持人的一种远见。

八、融洽和睦的内部关系

上面已经提到,开明的创办人和主持人都是一些文化人,他们把书店看作教育事业的一部分,同人们也都怀着同样目标,把开明的事业看成自己终身的职业,大家志同道合,互相支持,彼此关系十分融洽和睦,无形中有一股强大的凝聚力,使开明在困难的时刻,能上下团结、齐心协力、同舟共济、战胜困难。由于机构精简、管理科学、分工明确,工作效率很高,扯皮的事情很少发生。开明内部还有一种刊物,叫《开明书店通讯录》,每半月出版一次,经常刊登总店重要决策、重要任命、人事调动、新书排印、重版供应、各分店营业状况等重要信息,它对沟通总店、分店、各部门之间的情况,起了很好作用,这既是一种科学的管理方法,也是一种民主作风,使全店职工都来关心整体事业的发展。

现在开明书店已成为历史,了解它的人也越来越少了,但它在中国

近现代出版史上发挥的作用和作出的贡献应当给予肯定。它的同人在
20 多年中始终兢兢业业为祖国文化出版事业效劳的献身精神，以及它
的一些好的经营管理经验，都很值得我们学习、借鉴和继承。

（原载《中国近代现代出版史学术讨论会文集》，

中国书籍出版社 1990 年 8 月出版）

回忆我在开明书店的七年经历

　　1946 年 6 月至 1953 年 4 月，我在开明书店工作了七年。开明书店在新中国成立前是一家进步书店，它的上层领导多是爱国民主人士，总经理章锡琛，总编辑夏丏尊，继任总编辑和《中学生》杂志主编叶圣陶、襄理王伯祥、周予同等，都曾在日本和国民党反动统治时期与它们做过不懈的斗争，出版了数千种有益于人民的图书和杂志。他们和鲁迅、胡愈之、夏衍、胡绳、茅盾都是好朋友，章锡琛还冒着极大的风险，在国民党反动派眼皮下受鲁迅委托，秘密出版瞿秋白的著作《海上述林》；爱国人士闻一多被特务杀害后，叶圣陶和吴晗公开在开明书店出版《闻一多全集》；正当国民党反动派大肆叫嚣反苏反共时，开明出版了茅盾的《苏联见闻录》。在日寇占领上海法租界时，夏丏尊、章锡琛曾一度被日本宪兵队逮捕，被监禁在虹口敌宪兵司令部，逼迫他们去为建设"大东亚共荣圈"服务，夏、章二人坚贞不屈，不予理会，被关了十天，经日本友人内山完造多方奔走营救，才被释放。叶圣陶和章锡琛还联合业内人士向国民党上海市党部请愿，要求解禁 100 余种被禁图书，终于得到允许，开禁了一大批图书。

　　1946 年 6 月，我 17 岁，失学失业在家，一位在江西赣州工作的远房亲戚阮日宣回家探亲，母亲闻讯前去求情，希望带我去那里找个工作。阮日宣告诉她，赣州离家很远，将来回家一次很不容易。母亲说家里孩子实在太多，能出去一个是一个，可以减轻家庭负担，一定要他帮忙。于是，我便跟着阮日宣乘火车到江西。那时浙赣铁路全线尚未完全修复，我们走走停停，抵达上饶下车，准备换乘汽车。阮日宣和我下车后，在当地找了一家旅馆，等车时顺便去市中心闲逛。上饶县城不大，我们走到中段，见到一家书店，阮日宣见多识广，说这家开明书店很

有名气,出的书很好,便带我进去。谁知店中坐着一位青年店员,阮日宣一眼看出是他小学时代的同班同学柳明耀,客地相逢,二人欣喜若狂。柳明耀向经理请了假,邀阮日宣在上饶一家茶馆喝茶叙旧。在闲谈中我才知道,阮日宣在赣州一家报馆中当记者,他本想带我去报馆当个学徒,看到开明书店是个大店,又离赣州路近,想把我留在上饶工作,便请柳明耀帮忙。回店后,柳明耀找经理顾均一(开明书店上海总店编译所编辑顾均正的弟弟)商量,顾均一满口答应,于是我就留在开明书店,阮日宣一人去了赣州。此后两人一直没有见面。

上饶郊区有个蒋介石关押共产党员和爱国志士的监狱,名叫"上饶集中营",我只是听说。县的面积很小,人口也少,因在抗日战争期间,交通阻塞,开明出版的图书特别是教科书,很难发到学校,因此开明在江西设了好几个分支机构。抗战胜利后,开明首先在省会南昌开了分店,决定把这些分支机构的业务合并到分店去。顾均一、柳明耀、吴得厚、朱运彦和我分别被调到上海总店、杭州分店和南昌分店。

这年年底,店里雇了一艘大船,装满了上饶库里的存书,命我一人押运,从水路开往开明南昌分店,经过个把星期,顺利到达南昌码头,沈陶孙经理派人派车把书运回。那时正值寒冬腊月,我只穿了一件夹衫,由同事陪我去附近服装店买了一件棉大衣御寒。

开明书店南昌分店

南昌分店位于中山中路,马路很宽,平时行人稀少。门市部面积不到 100 平方米,两旁分别装有一排书架,分类陈列图书,架上悬挂图书广告牌十余块,中间有一块长方形的大书桌,白天陈列图书,晚上作为练习生的床铺。门市部后院

是个库房,打包发运工作都在库房进行。门市部二楼分作两间,前间是沈陶孙经理家属宿舍,后间是财务室,会计、出纳都在那里办公。分店除经理外还有九名员工,会计吕锦纶,出纳彭飞翔,营业部主任杨世榆,售货员、库管张炳琛、陈亮玉、陈祥城、刘衍寿、朱建之,练习生陈应濂和我。我进店不久,沈经理发现会计吕锦纶贪污公款,还偷了陈祥城的一只皮箱,便报请总店给予开除处分,随即派来长沙分店的冯百泉接替会计职务。冯百泉故乡是绍兴,与我是同乡,平时对我帮助很大,他带了家眷在附近租了一间房子,我在业余常去玩。

我作为练习生,店内什么事都得干,打包、站柜台、扫地,还要填写每日售出图书的报表,等等。站在柜台的日了里,我结识了不少大学生和中学老师,有时他们要的书售完了,我还要给他们登记,写下名字,书籍来后为他们保留,因此读者都愿意和我交朋友。

可是,好景不长,我到南昌刚满两年,上海总店觉得南昌分店每年销售额总落在16个分店最后一两名,便决定撤销。但又觉得这个省份图书教材的发行不能放弃,便决定以代办分店代替。

代办分店的做法是分店撤销时,在当地找一家可靠的民营书店,与之签订合同,代销开明版图书和教材,给之以特别优惠的折扣结算,并留下本店一位会计,与其结账。这种方式被同行誉为创举,既节省了房租水电费,又不花员工工资。后来我在20世纪80年代中青社与王府井新华书店等地搞的特约经销店,就是借鉴开明的做法。

代办分店顺利进行时,却发生了意外事件。因为总店把南昌分店撤销后,并不像上饶那样,把员工调往总店或其他分店,而是把员工全部解雇,只调沈经理一人去总店,留冯百泉担任代办分店会计。通知下来后,全店员工非常不满,要与代表店方的沈经理评理,沈经理十分害怕,急电上海总店派人前来调解。经过双方谈判,总店答应辞退员工给以高额遣散费,这才平息了这场风波。

员工中不少是本地人,他们也不愿调去外地,给了较多遣散费就一一回家。只有我不能回家,因为回家就意味着失业。幸亏冯百泉帮我出了个好主意,他在大家回去后替我买了一张去上海的火车票,并写了一封信给他的连襟刘诗圣,刘诗圣是总经理办公室主任,相当

于秘书长,在经理面前说得上话。我到了上海,先去找了刘诗圣,刘诗圣看完信后,安慰我不要担心,他会帮助我解决。第二天,刘诗圣带我去见总经理范洗人,范洗人先批评我在南昌和大家一起闹事,刘诗圣代我解释,然后告知范洗人他手下一位科员刚辞职去参军,科里正好缺人填补,并说我字写得好,还会刻蜡版,科里需要像我这样的青年。在他的说服下,范总经理才同意让我留下,派在刘诗圣手下工作。

开明书店总店在上海四马路(福州路)一个弄堂的楼上,经理室在三楼,范洗人总经理、王伯祥、周予同襄理在里面工作,刘诗圣的一科、夏龙文的二科、王汉华的三科都在外面工作,二楼是财务总务科,一楼是发行所。门市部就在弄堂旁边,面积很小,与斜对面的商务印书馆门面无法相比,但每日顾客很多。编译所设在四川北路虬江路一座新盖的怀夏楼,这座楼是为纪念1946年逝世的总编辑夏丏尊先生而建的。开明实行"编校合一",编辑、校对人员同在一起办公。我到上海时,叶圣陶先生已受中央邀请去北平参加新政协了,编辑部还有顾均正、徐调孚、贾祖璋、周振甫、吕叔湘、覃必陶、王知伊、欧阳文彬、叶至善等人,出版部主任唐锡光和工作人员也在楼内。楼上还有一个庞大的开明图书馆,藏书不少,后来全部运到北京来了。

开明新村后院是一座二层楼宿舍,楼下是家属宿舍,楼上是单人宿舍,我们十多个练习生都住在三间单人宿舍里,楼上还有课堂和乒乓球室。开明很重视培养青年人,每周有两个晚上会有几位固定的编辑前来为练习生讲课。大家生活在这个环境里感到很温暖、很幸福。

在练习生中,洪光仪年龄最大,在他带领下,业余生活过得很丰富。大家还创办了一个油印刊物《新联》,为大家提供写作园地,前后出版十期,由我负责编印,内容有每人创作的小说、诗歌、散文、漫画、随笔之类。

1949年5月,上海解放,全店职工欢欣鼓舞。在几位地下党员组织下,敲锣打鼓,举着多色彩旗和标语唱着歌,喊着口号到大街上去欢迎人民解放军。接着十多位地下党员公开,其中有夏丏尊先生的妻子王洁,王伯祥先生的儿子王润华、女儿王淑华,我们练习生中有一位陈

元龙。这些党员除了个别留在店里,大部分被外调到区里担任领导工作,或北上南下去参加革命。不久,书店工会和青年团成立,我们全体练习生都先后参加了自己的组织。

自新中国成立之日起,全店职工无不盼望早日能得到党的直接领导,改为公私合营。在职工们的推动下,董事会于1950年2月具文向出版总署申请公私合营。出版总署于4月批复,认为从目前国家的经济状况以及开明现有的资金物资来看,尚可应付,不需国家投资,决定先予公私合作。国家先从技术上给予帮助和指导,由出版总署、开明董事会和职工三方面委派三名代表,组成业务委员会作为具体指导业务的机构。并要求开明立即将上海总店编译所和出版部迁来北京,以便就近合作。据此,开明立即行动,分批迁往北京,并在北京西总布胡同甲50号购买了一所大院,在东单小油坊胡同和演乐胡同等地购买了几套职工宿舍。编辑和出版部就设在西总布胡同,我和洪光仪等起先住在八面槽开明北京分店门市部二楼。人员到齐后,开明成立了工会,大家推荐我当工会主席,洪光仪、胡伯恩、诸宝懋等为委员。此时正逢抗美援朝运动开始,工会发动捐献飞机大炮,会员积极响应,捐献数字很大,受到东城区工会表彰。接着,出版总署给开明书店提供资金5万元,帮助开明发展,业务委员会也为开明约来一批重点图书,其中有一部《新文学选集》,两卷共22本,包括《鲁迅选集》、《叶圣陶选集》、《茅盾选集》、《巴金选集》、《赵树理选集》等。

不久"三反"、"五反"运动开始,因为开明是私营书店,必须进行"五反"运动。正好这时出版总署已与团中央书记处商定,青年、开明正酝酿合并,青年出版社总编辑李庚便派王业康、江晓天二人前往开明书店协助工会开展"五反"运动。职工们揭发出开明在新中国成立后几年中还承认汉奸和国民党反动分子的股权,每次都给其家属发股息,还揭发出有套购黄金的非法活动。因资方代理人认错态度较好,被政府定为"基本守法户"。运动结束后,经过清产核资,两社便进行了合并,因为两社均无较大房子,团中央把东四十二条21号原中央团校拨给了新机构,大部分工作人员进到这座四合院办公。

两社合并后成立中国青年出版社,我被分配在办公室稿件科工作,

负责稿件运转、版权和计划编制工作,结束了在开明东调西迁的经历。此后 30 多年,我就一直在中青工作,直到退休。

我深深感恩出版社党组织对我的教育和培养,使我这个只有小学文化程度、政治觉悟低下的青年能够为出版事业效劳,并成为光荣的共产党员。

(原载《红叶林》2023 年第 7 期)

我国有三家以开明命名的出版单位

第一家开明书店成立于清朝末年的 1906 年,地址在上海,创办人为夏颂莱。这家书店比 1912 年成立的中华书局还要早几年,但因出书不多,经营不善,影响不大,在第二家开明书店成立之前就关闭了。

第二家开明书店成立于 1926 年 8 月,是由原上海商务印书馆的编辑章锡琛和其在沈阳商务分馆供职的二弟章锡珊先后辞职共同创办的。二人集资 5000 元左右,都是商务供给的退职金,故有"兄弟书店"之称。

1928 年,这家开明因发展较快,5000 元资金已大大不能适应,在夏丏尊、杜海生、胡愈之、郑振铎、吴觉农、丰子恺等朋友们的建议下,向社会上集资 5 万元,改为股份公司。后又连续增资四次,资金总额达到 30 万元。资金增加了,业务范围也扩大了,原来店址不够应用,便一迁再迁,编辑部由宝山路迁到兆丰路,再由兆丰路迁到梧州路,总办事处也一起设在这里;发行部由宝山路迁到望平街,后又迁到福州路(四马路),店面房子大大开阔,与商务、中华毗邻,俨然是个大书店了,这是 1936 年的事。编辑出版管理人员也兵强马壮。编辑部由夏丏尊任总编辑,叶圣陶、徐调孚、王伯祥、贾祖璋、周予同等一批著名编辑家也陆续加盟;大作家茅盾、巴金、朱自清、冰心、朱光潜、丰子恺、郭绍虞、林语堂等也都把稿子交到开明来出版,开明还出了一大批高质量的教科书。因而声名大振,被书业

开明书店标识

界称为"六大书店"之一。

新中国成立后的 1950 年，开明书店为了争取公私合营，由上海迁到北京，在东城区西总布胡同甲 50 号设立了总管理处。1953 年 4 月，在中宣部、出版总署的建议下，开明书店和团中央领导的青年出版社进行合并，成立了中国青年出版社。

以上两家同名的书店，因其成立时间相差不远，虽在文化、人事、店务上各不相关，但仍容易在读者群中造成误会。广州岭南大学一位教授新近出版了一本《往事杂记》，寄来送给我，其中专有一篇题目叫《难以忘怀的开明书店》，讲述他 20 世纪 30 年代在上海时受到开明书店出版的《中学生》杂志和许多优秀读物的影响，受益颇深，同时他还对老开明同人为读者服务的精神实在难以忘怀，所以特别在回忆录中写了这一篇，以示纪念。但这位读者把第二家开明书店的成立日期写成了1906 年，显然有误，我立刻去电话向他说明，他却寄给我一份当年上海的小报，上面确实写得不够清楚，以致造成张冠李戴，以讹传讹。当我把详细资料寄给他后，他才恍然大悟，表示要在再版时更正。

第三家是现在的开明出版社，由中国民主促进会主办，首任社长叶至善先生是著名的编辑出版家。那时他是中国民主促进会中央委员会的领导人之一，又是老开明书店的知名编辑家。在他的领导下，开明出版社继承和发扬了老开明的优秀传统，出版了许多优秀读物，在出版界颇有声誉。现在叶至善先生虽已不在了，但他"一不亏心，二不亏本"的出版理念，却被开明出版社继承下来了。

（原载《出版史料》2014 年第 1 辑）

开明书店从成立到合并

　　众所周知,本社前身是青年出版社和开明书店,两家曾于 1953 年合并,成立为本社。

　　我是老开明的员工,当时合并时开明编辑人员和业务人员共有 60 人,几经调离和逝世,现在尚健在的有庄似旭、沈云瑞和我三人。

　　1946 年 6 月,我初进开明时才 17 岁,到 1953 年 4 月两家合并,在开明业务部门锻炼了七年,得到开明众多老前辈的培养与教导,为以后在中青社工作打下了较好的基础。由于开明的前辈们思想进步,编辑和经营作风正派,工作严谨、认真、负责,工作效率高,待人谦和,业务精益求精,学习刻苦努力,这些好的传统都对当时我们这些年轻人影响很大,可享用一辈子。为此,我曾在拙著《我与"开明"　我与"中青"》一书中写下了《我爱开明,我爱中青》一篇序文,表达对老前辈和党领导的感激之情。

　　因为我是老开明的人,两家合并已半个多世纪了,许多同辈人和新同事可能不大了解开明的过去,所以值此创刊之际,特向大家介绍一下开明的过去与合并过程。

一

　　开明书店成立于 1926 年 8 月,创办人章锡琛先生原是商务印书馆的编辑,后被调为《妇女杂志》主编。五四运动以后,妇女问题是知识界热衷讨论的问题之一,章先生与周建人连续在刊物上发表一些提倡妇女解放、普及性知识和抨击纳妾、嫖娼的文章,因而触怒了有权势的封建卫道者。在各方面的压力下,商务老板只好把章先生调离《妇女杂志》,回到别的部去。此时一贯支持章先生的商务同事胡愈之、郑振

铎以及好友吴觉农等人，深为章先生不平，竭力鼓励他另办一份妇女杂志，继续发表新思想和新观点。章先生就利用业余时间办了一份《新女性》。刊物出版后，发行量大大超过《妇女杂志》。此刊发行人的名字虽然署了吴觉农，编辑部地址也写了吴觉农家里，但仍被商务当局察觉，商务老板便以违规从事与本馆相同的刊物为由，将章先生辞退。章先生被解职后，在朋友们的支持下，继续办他的《新女性》杂志，并把杂志社扩大为出版社（开明书店），既出杂志又出书。他把《新女性》上发表的好文章编成集子，又与妇女问题研究会联系，取得研究会的支持，出版了一套《妇女问题研究会丛书》共有 17 部之多，可以说是集妇女问题新思想新观点之大成，既有中国专家的著作，也有东西方作者的译作，出版后受到读者的欢迎。接着，郑振铎又把文学研究会的《文学周刊》和《文学周刊丛书》交给开明出版，使章先生在文学界结交了许多知名作家，为出版文学作品打下了良好基础。章先生又聘请著名教育家、文学家夏丏尊先生来担任编译所主任，夏先生原是立达学园教师，便又从立达学园交了许多朋友，其中有朱自清、朱光潜、丰子恺等，这对开明以后的出书方向有很大影响。夏先生还为开明主编了《中学生》杂志，从 1930 年创刊直到今天还在继续出版发行，已有 87 年的悠久历史。由于创办了《中学生》杂志，开明书店才把总体出书方向定为以青少年读物为主，这便又为开明、青年合并创造了前提。

由于开明的出版方向明确，出书品种越来越多，章先生二弟章锡珊先生便自动向商务印书馆沈阳分馆辞去会计主任之职，携带家眷来到上海参加为兄创办的开明书店管理工作。后人称开明这段时间为"兄弟书店"。事业发展太快，资金必须扩充，开明书店便由个人私营扩展为股份有限公司，资金多次扩大。但其最大也无法与商务、中华相比。

就在这段时间，商务印书馆的编辑叶圣陶、王伯祥、贾祖璋、徐调孚、顾均正等人都纷纷前来参加开明工作，开明的编辑力量大增，出版了许多有分量、受欢迎的图书和教材。如《辞通》、《二十五史》及其补编、《清名家词》、《六十种曲》、《开明活页文选》、《开明国文读本》、《开明英文读本》和茅盾的《子夜》、巴金的《家》、叶圣陶的《倪焕之》、朱自清的《背影》、夏丏尊翻译的《爱的教育》，以及一大批少儿读物，有徐调

孚翻译的《木偶奇遇记》、唐锡光翻译的《鲁滨逊漂流记》、顾均正翻译的《宝岛》和叶圣陶创作的《稻草人》、《古代英雄的石像》等,这些读物使开明在出版界名声大振,成为全国七大书局之一。

二

1937年间,抗日战争爆发,章先生对时局估计不足,疏于准备,结果在"八一三"战火中,开明被日寇炮弹炸毁了设在上海梧州路的大本营,编译所、印刷厂、储运部、经理部全成为灰烬,其资产损失达到80%以上。但章先生并不灰心,他对职工们说,烧就烧了,我们还可以重来。经过商量,决定一批编辑留在上海法租界继续编书出版,仍由夏先生主持,另一部分业务骨干派往内地各省的分店发展,由范洗人带队前去。章锡琛本来也去内地,行至中途,因急事要他回沪处理,完事后也就留在上海,与夏先生一起搞编辑出版工作。剩下一批职工也作了妥善安排,作为留职停薪,等待时局发展。当时时局混乱,运输艰难,好不容易租到两条船只,去内地的同人行至半途,又遭日寇轰炸,损失了一批物资和印刷器材。到了武汉,听说南京沦陷,武汉人心浮动,不少工商业准备撤离,范洗人立即决定兵分几路,一批去江西,一批改去重庆。范洗人到了重庆,筹划到一批资金,马上印出教材,解决了当时重庆课本供应紧张的困难,受到当地教育部门的欢迎。随后又打开局面,利用当地生产的土纸,用所带图书纸型印了大批畅销书,分别发给各地分店大力推销。在分店之下,又增设了不少办事处,专门批发开明版的教材与图书。上海派去的人员和当地分店职工通力合作,共赴国难,居然很快站稳脚跟得到迅速发展,逐步恢复元气。

1939年3月,章锡珊从上海经浙江等地来到桂林,当时桂林比较安定,开明的许多老作者也在那里,大家建议章先生恢复出版《中学生》杂志,章先生十分同意,立刻派人去和在重庆教书的叶圣陶先生商量,请他担任主编,叶先生也表同意。《中学生》战时半月刊很快就复刊了,刊物以鲜明的立场,刊登了许多抗日救国的文章,重庆国民党当局十分害怕,曾多次干预,但叶先生仍坚持原则,继续宣传抗日主张,使开明在黑暗势力的统治下,坚持了正义立场。

此时留在上海的一批编辑，在艰苦的环境中，坚持编辑工作，不断为内地提供图书和纸型；后来时局越来越紧，又抢运了一批纸型到桂林。1941 年 5 月以后，上海与内地交通完全隔绝。在范先生的主持下，在桂林设立了总办事处，依靠上海运来的纸型，重印了不少畅销书。然而，只靠重印书不能满足时代要求，这时茅盾、金仲华、胡仲持等几位开明老友正好从香港转到桂林，竭力鼓动开明恢复编辑部，请叶圣陶先生主持，范先生同意了，就在成都建立了编译所办事处，开始出版新书。

1944 年初，日军向湘桂逼近，7 月桂林开始疏散，开明总办事处向重庆转移，途中又损失了一批纸张和印好的新书。

三

1945 年 8 月日本投降，抗日战争获得胜利。12 月，开明总办事处从重庆迁回上海，准备重整旗鼓，继续为祖国文化事业效劳。但国民党反动派违反民意，倒行逆施，发动了内战，国统区物价飞涨。苛捐杂税无数，人民又一次陷入了水深火热之中。开明业务难以开展，处境更为艰难。1949 年 5 月，上海回到了人民的怀抱，开明同人在欢庆胜利之余，热烈地希望得到党的直接领导。新中国成立后，便指派朱达君、顾

1950 年 7 月，开明书店第一次各单位负责干部会议留影

均正两位负责人到北京找到出版总署,陈述开明同人的心愿。次年 2 月,董事会正式具文申请公私合营;4 月,出版总署批复认为,开明过去对出版事业是有贡献的,但从目前国家的经济情况和开明现在资金、物资等情况考虑,还不需要国家投资,可以先进行公私合作,在工作上给予帮助指导,建议开明书店总店迁京,由出版总署、开明董事会和职工各选代表三人,组成业务委员会,加强领导。1950 年 6 月,开明总店从上海迁到北京,并召开了全国各单位负责干部会议,统一思想,加强对公私合作的认识。会后很快成立了业务委员会。1950 年 9 月,出版总署召开第一届全国出版会议,对出版体制进行改革,出版发行实行了分工。不久,开明与三联、商务、中华、联营五家书店的发行部门合并,成立了中国图书发行公司,作为五家出版社的发行单位,各地分店也成了中图公司的分支机构。后来,出版总署和团中央书记处商量,考虑开明的出书范围和青年出版社近似,建议两家合并。中宣部胡乔木同志得知后,极表赞成,促成两家合并。经过一段时间的筹备,就在 1952 年底,两家合并办公,团中央便拨给原来中央团校所在地,也就是今天的东四十二条老君堂大四合院,作为新机构的办公地点。1953 年 4 月 15 日,正式对外宣布中国青年出版社成立。

四

开明书店从成立到合并的 28 年中,在章锡琛、夏丏尊、叶圣陶、范洗人等人的带领下,出版了一大批有价值的优秀读物,培养了一大批优秀人才,它倡导的严肃认真的出版态度、朴实无华的工作作风、热心为读者服务的工作精神,以及它的一套好的管理制度,都是我们应当借鉴和继承的。

(原载《红叶林》2017 年第 1 期)

抗战初期,开明书店从死亡线上走向新生

1932 年,"八一三"事变后的第三天,开明书店设在虹口梧州路的经理室、编译所、货栈和美成印刷所都被日寇炮弹击中,损失资产达到80%以上,百万的存货以及印刷所待印的《二十五史》全部锌版、美成印刷所的所有器材,几乎全被炸毁。在此情况下,章锡琛无奈地说:"烧就烧了吧,我们还可以再来!"

此时,章锡琛以为在租界可以安全些,于是和大家商量,决定把编译所迁到法租界,编译所的同人夏丏尊、王伯祥、顾均正、徐调孚等人就都在那里编书。章锡琛自己带着一部分员工去内地寻求发展,另一部分在上海的职工,由店方发给一些遣散费,作留职停薪处理。把人员定下来之后,三位领导人(包括章锡琛)便带领去内地的业务人员,匆匆启程。行至中途,又遭敌机轰炸和土匪抢劫,丢失大量纸张和纸型。章锡琛又接到来自上海的电报,要他回沪处理店面的权益纠纷。章锡琛只好回沪,待处理完毕,他也就留在上海编译所,和夏丏尊等人共克时艰。

去内地求生的一批人员,虽已到达目的地,但因路上遭受损失,狼狈不堪。编辑卢芷芬早有预见,认为运送物资走陆路极不安全,曾建议店方走水道转香港、海防,再由滇越铁路迂回转辗沪渝两地,才能安全到达内地,表示自己愿意一试。后来他的建议才受到店方重视,便派他前去运作。于是,他就携带妻子王汉华沿水道去开发水路,虽也遇到一些困难,但最终取得成功,使得上海编译所发去的货物安全到达昆明。他又以昆明为基地,再把各地开明的分支机构所需图书转运过去。如果上海方面遇到纸张困难,就只寄纸型,由卢芷芬转运到各地,由分店利用本地生产的土纸印书,土纸质量不错,价格便宜,书籍定价不变,使

开明挣得不少利润。开明成为书业七强之一，位列商务、中华之后，刘为国定本教科书的"七联"成员。因此，开明业务更为发达。

在内地，开明与一批作者关系十分融洽，不少作者、教授在上海时本来就是开明编辑的朋友，大家在内地相逢感到分外亲切。有的作者还经常受到开明的照顾。丰子恺女儿丰一吟曾撰文说："到了有开明分店的地方，我们就像到了外婆家，一切都有了依靠。""在颠沛流离之中，开明为什么对我们一家如此关怀，当时我是不理解的，只能用'外婆家'三字来解释。"（见《我与开明》中《丰子恺与开明书店》一文，中国青年出版社1985年8月出版）不久，西南联大把《国文月刊》交给开明出版，更加密切了开明与作者的关系。据王汉华回忆，那时一些教授因家境困难，常把一些衣服和珍藏的物品拿到开明的门市部门口摆地摊售卖，她总是尽量提供方便。巴金到昆明有难，无处安身，卢芷芬把他安置在开明书店的一间库房里，还专门为他辟出一间玻璃房，既明亮又安静，巴金非常满意。由于战时昆明不断遭日寇飞机轰炸，巴金一听到警报，便跟着卢芷芬一起跑到防空洞躲避。后来巴金逢人便说：我和卢兄成了身经"百炸"的好朋友。

开明书店同人合影。前排：徐调孚（左三）、章锡琛（左四）、范洗人（左五）、王伯祥（右四）、夏丏尊（右三）

1941 年太平洋战争爆发后，上海沦陷，在法租界的编译所已无法出书。章锡琛和夏丏尊决定关起门来编词典，并请了几位大学教授帮忙。其间，章、夏二人还一度被日寇宪兵队拘捕，逼他们为建设"大东亚共荣圈"服务，在文化领域与其合作。章、夏二人严词拒绝，受到日寇迫害。二人俱已年老，夏丏尊身体还有病，他们在狱中坚持抗争，后由日本友人内山完造保释出狱。

根据王伯祥先生留下来的一本资料表明，开明书店在 1938 年至 1941 年三年时间内，编译所共和作者签订了 90 多部书稿的出版合同。其中有钱锺书的小说，夏丏尊、叶圣陶的《阅读与写作》、《文章讲话》，丰子恺的《漫画阿 Q 正传》、《子恺漫画全集》、《冰心全集》，巴金的《爱情三部曲》、《火》、《秋》，以及沈从文、周文、王统照、芦焚等人的作品，还有著名学者周谷城、吕思勉、千家驹、陈望道、冯友兰、高亨、朱东润、隋树森等人的著作。这一大批作品问世后，有的把图书运到内地去，有的只寄纸型，由内地用土纸印刷，再加上先前运去的纸型，开明在这段时间内供应了大量的教材和图书，满足了内地学校和读者的需要，开明也有了生存和发展的资金。

1941 年间，茅盾、金仲华、胡仲华等一批作者从香港来到桂林，向开明负责人范洗人、傅彬然建议：在当前形势下，开明已难以和上海编译所经常联系，应当在内地成立编辑部，以求自力更生。范洗人、傅彬然均表同意，便由傅彬然去到成都，找到在那里教书的叶圣陶先生，叶先生也表赞成。于是，开明就在成都成立了编译所办事处，由叶先生任主任，傅彬然、金仲华、丰子恺、宋云彬、贾祖璋五人任委员。范洗人为办事处积极筹备资金，提供物质保障。全体同人无不欢欣鼓舞，准备在内地大干一番。这段时间，在叶先生主持下，开明又编辑出版了不少新书，包括联大教授们的一些学术著作，使内地的文化更为活跃。

1945 年 8 月抗日战争胜利，范洗人、章锡珊和叶圣陶先后带领内地同人回到上海，去看望了多年不见的老友夏丏尊、章锡琛、王伯祥、顾均正、徐调孚等人。见面后，大家热泪盈眶，互诉离别后的衷情。此时，先回来的行政人员已在上海四川北路虬江路买了一大块土地，准备在那里建造一座编辑部大楼（此楼刚建成，恰逢夏丏尊先生因病逝世，便

命名为"怀夏楼",以纪念这位元老),并在楼房旁边建造了好几处家属宿舍和单身集体宿舍。此外,还在福州路购买了一座经理和业务人员办公楼,在有恒路建了一间大库房。这时的开明书店俨然有了大书店的气派。除了总店,还在全国各地(包括台湾、天津、南昌、开封、沈阳等地)都分别新建了六七处分店,业务蒸蒸日上。

但好景不长,国民党反动派不顾全国人民反对,竟发动内战。开明设在各地的分店,或因经营困难,或被战火所毁,又遭到浩劫,因而营业额不断下降。我所在的南昌分店也因此停业,职工大部分被遣散回家,我被分配在总店经理室秘书组工作。随着解放战争的节节胜利,1949年全国解放,成立了中华人民共和国,开明同人和全国人民一道,在中国共产党领导下,开始了新的幸福生活。

解放初期,开明书店同人北上南下参加革命的回忆

　　一日,原开明书店同事王润华来电,说他存有一本新中国成立初期上海开明书店同人欢送他北上参加革命工作的签名册,签名者上至总经理,下至工友,有近百人。他表示愿将此册子送我保存。我十分重视这件事,便去了他家。见到这本名为《润华社友北上纪念》的签名册,许多熟悉的名字映入我的眼帘,使我回想起 60 多年前的这一幕情景。

　　那是 1949 年下半年,上海刚解放不久,开明书店出现了同人们纷纷报名参加北上南下的革命热潮。那时叶圣陶、傅彬然先生都已受党中央邀请,到解放区参加新中国的筹建工作,书店内部地下党组织已经公开。此时我才发现,平日一起工作的许多年轻同事,原来早就参加了党组织,其中包括欧阳文彬、张明养、王润华、王漱华、王洁、吴得厚、屠者衣、孙平等人,而屠者衣还和我们几位练习生同住一间单身宿舍,他

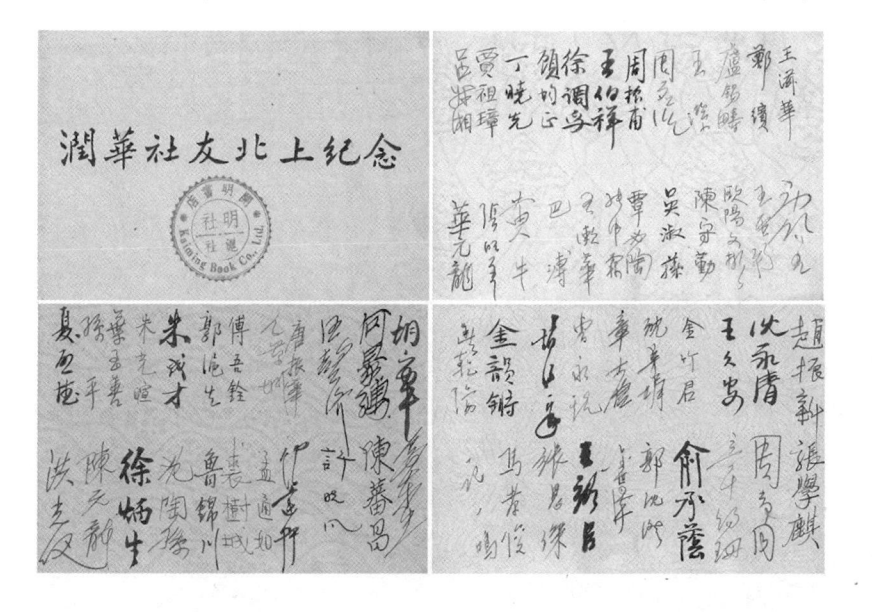

会拉胡琴,让我们这些年轻人业余增加了一些乐趣。后来我们才知道,这些地下党员所有活动都是秘密进行的,为了迎接上海解放,他们冒着生命危险,创办进步刊物,保卫国家财产。上海解放后,开明书店同人欢欣鼓舞,在党组织领导下,开明书店立刻成立了党团和工会组织,掀起了报名北上南下参加革命的热潮,其中,王润华、钱琴珠、陈贤辉、卢漱玉、孔黎明、章岂凡、吴得厚和去天津创办开明天津分店的襄理卢芷芬一道,来到北平。后来这些北上同人都参加了新中国的出版系统,另外一些报名参加南下的同人,如屠者衣、彭飞翔、王荣兴等,随着人民解放军一路向南行进,后来屠者衣到了福建,参加广播事业;彭飞翔到了重庆,担任璧山县新华书店经理;王荣兴跑得更远,在云南参加了公安工作。

这批北上和南下的同人中,吴得厚和彭飞翔都曾是我在江西南昌、上饶开明书店分店的老同事,他们刚调到总店不久。这次分离,临行我去送别,后来竟一直未能与吴得厚取得联系。

这些同人的革命行动深受夏丏尊、叶圣陶、傅彬然、王伯祥等的影响,在革命需要的时候,他们毫不迟疑地报名响应,积极献身于革命事业。

据王润华说明,这个签名册是由开明书店的同人组织"明社"发起的。全店 100 余人,除因公外出和门市库房工作繁忙的同人无法签名外,大多签了名。

事情过去 60 多年了,今天见到这本富有纪念意义的小册子,特别令人珍爱。我将永远珍藏,因为它寄托了全店同人对革命事业的无限向往。

(原载《出版史料》2013 年第 3 期)

从开明图书馆到中青资料室

——兼颂王伯祥先生父子三人的功绩

王伯祥

开明书店创办人章锡琛,曾在商务印书馆当了14年的编辑。开明书店创立后,书店的组织机构和规章制度,通通照搬商务的一套。商务设编译所,开明也设编译所;商务有东方图书馆,开明也设了一个开明图书馆;商务自己办印刷厂,开明资金不足,章先生便怂恿小舅子把家乡产业卖了,在上海梧州路开明书店旁开了一个美成印刷厂,专为开明印书。

开明的图书馆开始有名无实,只在办公室书架上放上几本工具书,盖上一个蓝色的长方形橡皮章,就算是公用书了。1932年,王伯祥先生离开商务,来到开明当编辑。章先生知道他精通版本,是位目录专家,便请他把图书馆馆长的职务兼起来。王先生在商务当过12年编辑,十分了解编辑急需什么样的参考资料,便根据当时开明的资金状况,拟了一份书单。虽然不可能短期买全,但若碰到一部有价值的图书,便要及时购进,以防失之交臂。因此,王先生为了买到有用的书,花费了不少心血。正如叶圣陶先生所形容的那样:王先生采购图书,"如鹊运枝,如燕衔泥,不以为劳"。在他的精心筹划下,开明图书馆逐步形成气候,深受编辑人员称颂。当年

开明出书注重"两翼",一为文史读物,二为青少年读物。王先生为此采购了一批典籍和各类参考书,都很实用。经他分类登记、编目立卡、整理上架以及一系列的工程,把图书馆的工作做得非常规范,做到陈列有序、查找方便,借阅和归还都一一登记。平时一有空闲,便用拂尘工具来回轻轻掸扫,不让灰尘落在书上,这已成为他的习惯。可是谁也不曾想到,1937年抗日战争全面爆发,在"八一三"之役中,开明书店设在梧州路的总店编译所、货栈和美成印刷厂,统统被日寇的炮弹击中,成为一片废墟。由章锡琛、夏丏尊、叶圣陶诸先生创办起来的开明书店,包括王先生辛苦经营的开明图书馆,都被熊熊大火吞没。面对这场大火,王先生马上想起了六年前他还在商务工作的时候,也是日寇的飞机炸毁了商务的全部馆所。他经常利用业余时间去读书的涵芬楼,也变成一堆废墟,连一本正规的藏书目录也未能留下。此时的王先生对日寇扼杀中国文化的恶毒行径曾恨得咬牙切齿,想不到六年之后的开明书店和开明图书馆也遭到同样命运,王先生这时遭受的打击绝非"痛心"二字所能表达。开明的大本营被毁以后,大部分同人去到内地继续经营,只留少数编辑人员在福州路一个三层楼上继续编书出版,支援内地。王先生和夏丏尊、章锡琛、徐调孚、顾均正、周振甫等同人,每人只发一点生活费,勉强维持。但因开明一贯重视图书馆的建设,章先生说:"总店烧就烧了吧,我们还重来嘛!""图书馆不能不办。"对此,王先生十分感动。开明还从福州路三层楼有限的办公楼上,专门辟出100平方米空间作图书馆,还挤出一点资金让王先生继续采购图书。王先生只得临危受命,振作精神,再次把建设开明图书馆的重任担当起来。因资金有限,他只得多跑旧书市场,从中"淘宝",果然淘得一批批的"宝书",几年中又为开明积累了大量图书资料。在淘书过程中,王先生发现有两部很有价值的书,一部是高丽版的《医方类聚》,另一部是在日本精印的伪满版《清实录》,便及时收购了。

经过王先生的不懈努力,开明图书馆的藏书已开始丰富起来。在上海尚未成为孤岛之前,王先生听说开明内地的几家分店和办事处都在代销外版书,品种还不少,就写信给这些分店和办事处,要他们把外版书目寄来,由他一一圈点,然后要他们各买一本,作为图书馆藏书。

抗战胜利后，这批书整整装了一船，运回上海，大大丰富了开明图书馆的藏书。此时，王先生已被提升为总店襄理，负责行政工作，开明图书馆已顾不上了。正好他的长子王润华同志考进了开明，开明领导就把图书馆的工作交给了王润华去做。王润华从小就生活在王先生身边，为人干练，思想进步，还在读高中的时候就参加了党的地下组织。高中一毕业就考进开明。他在父亲的熏陶下，也十分喜爱读书。开明要他管理图书馆，他说自己好像"掉进了知识的海洋"。由于战后开明业务有所发展，编辑部对参考书的需求也与日俱增，王润华每日忙于采购、分类、编目、上架。对于买来不懂的书，因为要准确分类，不得不去请教父亲或编辑先生，由此增长了许多知识。他十分热爱自己的工作，经常刻苦钻研，在父亲的传授下，几年后也逐渐成为行家。新中国成立初期，他一度被调到人民政府出版总署，去管理版本图书馆。后又受聘于北京图书馆，成为馆员，对图书馆事业颇有建树。

1953年，开明书店与青年出版社合并，成立中国青年出版社。原来两社办公地点相距不远，开明在西总布胡同，青年在甘雨胡同，但都很小。新机构成立后，团中央把原中央团校所在地，也就是东四十二条的老君堂11号的四合院拨给了出版社，这才比较宽敞地容纳了两社100多名工作人员。但出版社不能没有资料室，行政部门就把一座小楼的底层作为资料室。那时的青年出版社刚成立不到三年，没有几本资料，更没有藏书。幸亏两社合并后，开明书店从上海运来70多箱图书，七八万册，而且这些图书中有许多很珍贵的版本，如《四部丛刊》、《四部备要》、《图书集成》、《二十五史》等，经、史、子、集，各类大型丛书、类书、辞书等，无所不包。这一大批图书的运到，大大丰富了资料室的藏书。此前，工伯祥先生的次子王滋华以出色的成绩考进开明，随着两社合并调到新机构来了，领导便分配他管理资料室。王滋华与我同龄，打得一手好羽毛球，也写得一手蝇头小楷，性格内向，工作敬业，和我非常要好。他负责资料室后，把工作安排得井井有条，七八万册图书按照分类一一点清上架，还增设了阅览室，剪贴各种报刊重要文章，供各编辑和一般干部阅览。加上当年出版社领导如社长朱语今、总编辑李庚、副总编辑顾均正，对资料室工作都十分重视与支持，按照新机构

的出版方向,王滋华便及时向新华书店机关服务部和古旧书店采购到一些图书,使资料室藏书更为丰富。据后来接管资料室工作的朱肇本回忆:"由于中青资料室的藏书之多,名声不胫而走。后来'文革'结束,出版社恢复业务,《人民日报》记者特地走访了我,参观了拥挤不堪的资料室,就在报纸头版为我们呼吁。所以,后来中直机关管理局才批准盖建资料室,即现在的中少办公楼。也因为资料室的藏书之丰富,引来了上级领导、社会名流,特别是出版社的作者作家光顾我社。资料室的工作一度门庭若市,接待不暇,产生了很好的影响。"团中央第一书记胡耀邦,著名作家茅盾、姚雪垠、秦牧、罗广斌、孙俊青、李克异等,都曾来出版社借过书,或在资料室查阅资料。他们盛赞出版社资料丰富,为他们的写作提供了极大的方便,也对工作人员的热情接待给予表扬。

从1932年到1957年反右前,20多年来,王伯祥先生父子三人为创建开明图书馆和中青资料室曾付出了大量心血,才使得今天的中青社能有这么丰富的图书资料和开明书店的全部出版物版本。

(原载《中青出版通讯》2011年第22期)

第三篇

杂文汇集

晋谒胡耀邦墓地和参观"小平小道"遗址

20多年前的一个暑假期间,北京十多家社科出版社,在我社发行部牵头下,在江西庐山举办了一次图书看样订货会,邀请全国各大城市新华书店参加。我社由徐迎新带队,带了一批新出版的图书和许多重版畅销书去参展。那时我已退休,徐迎新考虑我与许多新华书店业务科长和业务员相熟,便邀我一同参会。

会前,我觉得机会难得,便约了人民出版社原发行部主任施茂仙、对外翻译出版公司发行科科长沈丙麟、版协秘书长王业康等三家和我爱人一起去庐山度假,他们各家都带了爱人和孙女,我也带了外孙女,四家一共13人自费在山上租了一家私房,包管吃住。我去参加订货

顾志成朋友(左)、作者爱人朱玉英(中)、顾志成(右)

会,他们自去庐山各景点,如仙人洞、白鹿洞、香炉峰、小天池等游玩。

订货会设在一家高级宾馆,参会四五百人,吃住、会场都在一起。会议结束后,各自回归,我们同去的三家也分别回京。在会上我遇见了中国文联出版社的副总编辑顾志成同志,她说在南昌有一位朋友十分热情,非要她去参观建在共青城的胡耀邦同志墓地和"小平小道"遗址,我便陪同老顾一起前往。

胡耀邦同志是我和顾志成(《中国青年报》原编辑)的老领导,能够去那里晋谒他的墓地正是我们的热切愿望。墓地就在南昌市附近,很快到达。下车后,走了十几分钟,上了台阶,看到了过去只在图片上见过的老首长墓地。墓地形式独具一格,类似一座小山,四周用铁栏杆围着,墙上刻着耀邦同志半身像,前方一面黑色围墙,上书"光明磊落,无私无愧"八个大字。据说,本要用"光明磊落,无私无畏"评价耀邦同志的为人,后应耀邦同志夫人李昭要求改为了"光明磊落,无私无愧"。

据说当年为寻找墓地,李昭同志带着儿子德平开车自南昌出发,路上忽逢大雨,进入这块草地便风止雨停、阳光四射。德平对李昭同志

作者爱人朱玉英(左)、作者外孙女刘畅(中)、作者(右)

说:"妈妈,爸爸喜欢这块地方,就在这里建个墓地吧!"这也许是当地老百姓的传说吧。但当我们下车,看到这里确实是一块宝地,风景十分优美,墓地后面种了一大片密密的森林,北面还有一条平湖,远远望去,湖上游弋着一群白鹭。

我和顾志成走到墓前,各自代表单位同事向老领导鞠了九个躬,然后拍照留念。

接着,我们又来到附近一座小房。1969年6月至1972年2月,邓小平被迫离开中央,住在这所小房里,每天通过四野小路,去到新建县拖拉机修配厂劳动。后来,这里被命名为"小平小道"遗址,成为"江西省省级文物保护单位"。

我和爱人、外孙女有幸沾了顾志成同志的光,晋谒胡耀邦墓地、参观"小平小道"遗址,这是一生中最难忘的事情之一。

我对胡守文同志的几点深刻印象

胡守文

胡守文同志是我社第七任社长。他是1982年调到我社青年工作编辑室当编辑的,当时年仅31岁,已在新闻战线上工作了七年。进社第二年,即被主任林君雄派去山东出差,目的是采访残疾人张海迪,准备为她出一部传记。那是1983年农历正月初四,胡守文到了山东聊城,政府部门还都紧锁大门,找不到人,好不容易在一位团干部帮助下,住下招待所。找到张海迪住家,以三天三夜时间,从采访到整理,带回许多素材。离开山东以前,又与张海迪父亲在送她上车之前交谈了一些时间,感悟到张海迪这个青年,不仅是自学成才的典型,也是一个有着革命人生观的青年典型;不仅是学习雷锋的典型,而且是有着反映时代特点和精神的新典型。她的事迹不光是对残疾青年有教育意义,而且对广大团员青年有着深刻的教育意义。为此,在回社后他如实地把这些想法向主任林君雄汇报,希望扩大范围与团中央宣传部合作,共同编写张海迪事迹,向全国广为推广。主任向总编辑阙道隆汇报后,得到批准。于是,守文又多次往返于出版社和团中央之间,编写出一部七万字的《闪光的生活道路——张海迪事迹》。阙总要求,以最快的速度出版。我当时是发行处处长,便立刻向新华书店征订,要求发行所以电报征求订数。此时,全国各大城市已由媒体宣

传开了,书店见到订单,无不大量订货。一周以后,发行所报来 500 万册的订数,把发行处同志高兴坏了。出版处洪鹏同志听到如此大的印数,连忙要求印刷厂以轮转机印装。出书后运到各地,立刻掀起一个学习张海迪的高潮。

守文曾在采访张海迪时,看到她桌上放着一大沓书信,随意一看,觉得内容相当不错,便萌发了出一本她的书信日记选的想法,回京向主任汇报时,也把此事说了。林君雄拍手叫

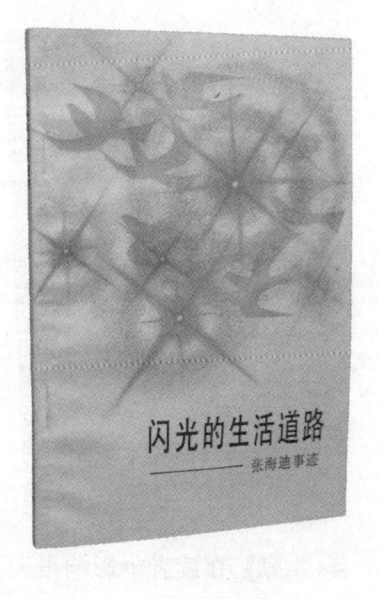

好。于是,守文又与张海迪商量,征得同意,编出一本《张海迪书信日记选》,印了 86 万册。过了一段时间,守文又出了一本《闪光的生活道路——张海迪事迹(续编)》,印了 90 万册。不到一年,三本书共印 700 万册,这在我社历史上尚属罕见。

守文初来乍到,连续编出三本畅销书,在社会上和新华书店系统引起轰动。又听说他冒着严寒,假日去山东采访残疾青年,奇迹般地编出书来,这就引起了我的注意。加上他多次反复向我征求书名,最后敲定了《闪光的生活道路》,更使我佩服,从而留下了深刻的印象。

守文给我的第二个印象,是他热爱中青,爱护自己的同事。听说他曾有一次外调升迁的机会,被他婉言谢绝。还有 20 世纪 90 年代他当社长的时候,有位年轻的主任去山东收账,不幸因车祸遇难,守文听闻后竟号啕大哭。原总编辑阙道隆逝世后,他沉痛地写了篇悼念他的文章,题目是《若有疑问可问谁?》,可见同事间感情之深。守文对老同志也十分关心。在一次老同志座谈会上,我向他反映洪光仪同志一家五口,儿女长大,住房紧张,会后他即向行政处处长了解情况属实,很快为老洪增添了一间平房。2002 年,我社幸福村宿舍大楼拆迁,由蔡云、许纯仓代表居民与开发商谈判补偿问题。守文很关心,亲自到大楼和大家一起商量,并劝说大家:旧楼已 40 年了,大家也该趁拆迁机会换换新

房,享受改革开放的成果了。这段话,我记得很清楚。在多方努力下,终于和开发商达成协议,以比较合理的补偿金发给住户。除个别"钉子户"不迁之外,绝大多数住户高高兴兴地迁走了。现在回想起来,守文的这段话确是起了作用的。

第三个印象是,守文能面对难题,具有善于思考、积极奋争的精神。20世纪50年代中期,我社出版了一部从苏联翻译过来的世界名著《牛虻》,在读者中影响很大。时隔半个世纪,某地方出版社发现了一部全译本,便声言今后中青社不能再出原来的版本,否则将对簿公堂。面对突如其来的挑战,守文查阅了《牛虻》书稿档案,发现当年我们之所以对原著进行删节,是因为原版本中有过多描绘宗教教义和宗教活动的内容,不利于新中国成立不久的青年教育,便参照苏俄版本予以删节。在档案中,守文还发现当年我国并未参加国际版权组织,不必支付原作者稿费,但因得悉伏尼契在国外流离失所、生活困难,我社曾主动汇给她5000美金。伏尼契收到后非常感激,亲自写信向我社致谢。这些档案表明我社对原作者的同情和尊重。守文为此写了长长的一篇文章,题目是《能不忆〈牛虻〉》,发表在《中华读书报》上。国家版权局经过调查,特批准中青社可以继续重印《牛虻》,守文的睿智化解了《牛虻》的难题。

守文给我的第四个印象,是他多才多艺,并富有创新精神。20世纪90年代,在守文带领下,我社一批美术编辑,如吕敬人、邓中和、吴勇、唐伟杰等,对装帧设计进行了大胆创新,在出版界传为佳话。守文又对平房会议室进行了很有文化气息的装潢,《北京晚报》记者还特地登门采访。这些都说明,守文在艺术领域里具有独到的眼光。

我对守文的第五个印象,是他胆识过人。《青年文摘》成为大刊后,他根据国内外期刊发展趋势,对它进行增版。这一措施是要冒风险

的。事实上,当年不少名刊,有的失于冒进,有的不思改革,后来竟无声无息地被停刊。而守文经过周密调研,认为《青年文摘》尚有改版增刊余地,便下决心进行增版,由月刊改为半月刊,发行量果然倍增。他还组织刊物编辑到甘肃去学习《读者》的编刊经验,受到不少启发,对改进刊物的编印发起了不小作用。

由于在出版理论上孜孜不倦地探索,在工作中不断改革创新,取得很大成绩,守文获得了出版界最高荣誉——中国韬奋出版奖,以及国务院"有突出贡献专家"、新闻出版总署"全国新闻出版行业领军人才"称号,享受国务院政府特殊津贴,为中国青年出版社争得多次光彩。

(原载《中青出版通讯》2021 年第 10 期)

谈谈陈浩增、顾志成同志的敬业精神

我和陈浩增、顾志成夫妇相知相识已四五十个年头了,情谊深厚,难以忘怀。

一

顾志成是《中国青年报》编辑。"文革"开始,中青报分为两派,其中一派与我社群众观点不合,竟上门大闹,在我社大门内写了不堪入目的大标语,幸而出版社群众耐心忍让,没有引起"武斗"。顾志成没有参加,一直对此行为持反对态度。

顾志成(左一)、作者爱人朱玉英(左二)、作者(右二)、陈浩增(右一)

1969 年,团中央机关 2000 余人去河南潢川黄湖五七干校劳动。年底时,因备战需要,一部分子弟来到黄湖读书。干校尚未盖建校舍,便向邻县固始胡族公社借了一所停课多时的中学作为临时校舍,我被校部派去当学校食堂管理员,恰巧顾志成也被派去当教员,我俩便成了同事。她为人直爽热情,一见面就向我讲了许多报社"文革"的故事,从此我俩便成了好友。

1976 年,我社提前复业,急待出版《李自成》第二卷一书。因干校部分人员未能回社,编辑部人手紧张,便从报社调来顾志成。此时,姚雪垠同志及夫人王梅彩已由出版社安置在幸福一村宿舍大楼居住,顾志成的任务是帮助姚老录音。她考虑到姚老初到北京,人地生疏,生活上定会有许多不便,便自告奋勇地为姚老作采购员,从十二条到幸福一村一路为他们购买蔬菜、粮食以及生活用品。姚老二人粮食关系还未转来,老顾又为他俩张罗找来粮票,使姚老顺利改好《李自成》第二卷,于 1976 年 12 月出版。

二

1976 年 7 月 28 日,唐山发生大地震,波及北京,幸福一村大楼住户都纷纷在楼前马路上搭起抗震棚。此时,老顾爱人陈浩增正在国际图书贸易公司的《中国文学》编辑部工作,立刻蹬着自行车从海淀区编辑部送来一大捆竹竿和塑料布,与出版社同志一起帮助姚老搭建了一个大抗震棚,度过险期。

三

《李自成》第二卷出版不久,中国青年报社也复业了。顾志成又以记者身份,与我社文学编辑室的邝夏瑜和李硕儒,先后为营救长期被监禁在长沙监狱的手抄本《第二次握手》作者张扬而奔忙。他们曾往返于京湘之间多次,还受到当地公安部门的冷遇、威胁,最后找到时任中组部部长的胡耀邦同志,终于使张扬获释。此时,张扬已骨瘦如柴,身患重病。大夫说,如果再蹲两个月监狱,张扬性命难保。顾

志成等同志把他接回北京,去医院诊治。《第二次握手》手抄本经过编辑部加工整理发稿,我立即和新华书店北京发行所做急件向全国新华书店征求订数。想不到订数竟报来50万册,出版部门只好分三次印装,陆续出版供应。可见读者对《第二次握手》一书的期盼。不久此书又重印四次,印数高达965000册。老顾又一次为中青社帮了大忙。

四

1980年,社领导想办一份文学大刊,需从外社调进一名主编,条件是:一要有相应的学历,二要有一定编刊经验,三要年龄较轻。后来找到顾志成爱人陈浩增,他完全符合以上三个条件,便从《中国文学》社把他调来主编《小说季刊》。两年后,社领导又将《小说季刊》升级,改为《青年文学》双月刊,仍由老陈主编。陈浩增如鱼得水,充分发挥了他的文学和组织才能,把《青年文学》办得风生水起。创刊不久,他便在青岛举办了"青年文学创作班",张抗抗、刘富道、金河、张石山、铁凝、张炜等19位青年作家参加,共创作长篇小说31部。1983年,《青年文学》发表的《燕儿窝之夜》获得全国优秀中篇小说奖,《明姑娘》和《哦,香雪》均获优秀短篇小说奖。1984年2月,《青年文学》和海军政治部宣传部在海南联合举办"短篇小说创作学习班",地方和部队作家19人参加。这些活动大大调动了全国青年作家的创作积极性,涌现了大批青年作家,作品大大增加。1984年下半年,《青年文学》便改为月刊,影响更大。

五

1984年，老陈被提拔为副社长，兼管发行，成为我的上级。他曾在国际图书贸易公司管过发行，对自办发行十分支持，还亲自参加以我为副主任兼秘书长的中国版协经营管理委员会的各项活动，如首都社科书市、北京图书订货会及自办发行研讨会等。

2001年10月，他发起为我举办的"从事发行工作55周年座谈会"，邀请出版界20余位前辈、社长等人士参加，给予我极大的鼓励。

六

1996年间，幸福一村一楼宿舍几位老同志为周振甫先生祝寿，会上有人提出要为周先生出版全集。周先生却说，他的许多作品已印了不少，出版全集必定亏本，表示千万不要张罗。事后，大家推黄伊和我与各家出版社联系。黄伊连忙写信找出版界熟人联系，竟无社承担。但他却接到了时任出版总署署长于友先的一封来信，大意是：周振甫先生写了许多好书，对出版界贡献很大，表示支持出版全集，准备将其列为"九五"重点出版规划，并已告知图书出版管理司予以关照。黄伊接信后连忙前来找我，要我帮忙出主意，我首先和陈浩增打了电话。陈总立刻表示支持，并说马上去电话和胡守文商量，半小时之后陈总即来电话说，胡守文已同意由我出全集。就这样，周先生将全部作品经过挑选，很快把书稿交与中青总编室，陈总安排总编室主任刘艳丽担任责编，自己终审。1999年1月，这部精装十卷本的《周振甫文集》终于顺利出版，中青社又为读者贡献了一部有价值的巨著。

七

十多年前的一天，出版社发行科赵集中给我打电话，说是门口小书店的营业执照一直被东城区工商局扣着不发，无法开张，希望我帮助解决。我想起陈总儿子陈冬照正在东城区工商局工作，便向他打听是什么原因。后来，他答复是原发行处处长娄垂新在新换营业执照上的签名与工商局的留底字迹不符，必须重新再签，但娄已调去云南工作，不可能再

为签名回京一趟,这样就僵持不下。后来冬照向领导说明情况,很快得到解决。

2002 年,陈总和老顾先后退休,我们之间见面机会少了,但还经常找机会碰头,比如春秋游、出版社开总结会、支部大会、去出版社报账,或逢年过节由我儿子开车到他们家里看望等,一直保持到今天。

(写于 2020 年 1 月 12 日)

江西缘　表亲情

　　我是浙江人，小时候常听人说"浙江旁边是江西"，大家都称呼那里的人叫"老表"，颇有亲近感。我自 1946 年起（抗战胜利后第二年）就一辈子和"表兄弟们"有过不少交往，他们有比我大的，也有比我小的；有远在千里之外的，也有近在咫尺的；有早就认识的，也有从未见过面的；有同行的，也有非同行的；有工作上联系的，也有私人交往的。总之，他们都是我的好朋友，是我引以为知己的人。

初到江西上饶　进入开明学徒

　　我 17 岁那年，因家里弟妹多，父亲失业在家，生活十分困难。母亲听说从外地回来一位表弟，前来探亲，便前去求告，希望把我带去谋生。这位表舅我从未见过面，见了以后承他一口答应，于是在 1946 年 6 月初，他把我从家乡带到江西，在上饶因转车，逗留了几天。事有凑巧，我俩在上饶看到一家开明书店门市部。表舅说，开明书店是一家大书店，怎么上饶也有，便带我进去一看。谁知，店中竟出来的一位他的同乡同学，二人热情拥抱后，同去一家茶馆饮茶。表舅考虑上饶离老家较近，想让我在开明书店当个学徒，免得再去赣州路途较远，费用也大。经与书店经理一谈，经理听说我是同乡，也就录用了。表舅就自去赣州了。过了半年，上饶毕竟是小县城，营业不佳，接到上海总店通知，在短期必须撤销，合并到新近成立的南昌分店去，于是我便调到了南昌分店。在那里，我在分店当地的几位老表同事的帮助和关心下，学到了作为店员应该懂得的业务知识，学到了如何接待顾客，提高了为书找读者、为读者找书的思想认识，还结识了不少大学生和中学老师。可惜过了两年，开明南昌分店又因营业额上不去，上海总店将分店改为代办书店，请当

地一家民营书店代售本版图书和教科书。职工中只留下一位会计，与代办分店办理结账事务。我便又被总店调到上海，这是1949年1月的事。到了这年5月，上海解放了，总店全体职工在欢欣鼓舞之余，渴望能在党的直接领导下进行公私合营。在店内一批进步人士推动下，1953年4月15日，开明书店终于和青年出版社合并，成立了中国青年出版社。我就结束了开明书店工作七年的历史。

开明青年合并　结识三位"老表"

在中青，我有幸结识了三位江西籍的同事，他们是杨光仪、周奇和程绍沛。1964年，出版社在幸福一村盖建了宿舍大楼，全社职工大部分迁到一起，天天见面，尤其是杨光仪，就住在我的对面。新中国成立前，老杨曾在桂林几家革命书店工作多年，是位业务非常熟练的出版专家，在出版社长期担任出版部负责人。"文革"结束后，出版社复业，他一直是我的领导。他待人热情，但不善交际，说话直来直去，从外表上看去似乎很冷淡，但只要你去请教他什么问题，他便会滔滔不绝地告诉你。在工作上，他要求我很严，在思想上多对我开导，这点在他手下工作过的洪鹏、刘钟嵘和我都深有体会。他还是我的入党介绍人，在他当支书期间，曾培养吸收了多位新党员，是一位出版社的功臣。周奇是从中南团校调来的，在该校当过秘书和教员，开始在《农村青年》工作，后到青年读物编辑室，他思维敏捷、活跃，对人热情，编辑出版了不少思想修养方面的书，很受读者欢迎。我们曾在幸福一村宿舍大楼同住，天天见面，工作上有什么想法，总会及时告诉我。二人私交也不错，后来主编过《青年文摘》创刊号及最初几期，发行量很大。1985年底，调去工人出版社当"一把手"，又出了许多好书。他对校对工作特有研究，担任过出版协会校对工作委员会主任，还出版了不少有关校对工作的专著，每出新书总要送我一本。程绍沛也是教师出身，1965年调来出版社，担任《中学生》杂志编辑。"文革"前，我和他交往不多。"文革"后，出版社复业，他当了副总编，我是发行处长，工作上联系就多了。他每编一部新书，事先总会详细向我介绍内容、特点，使我心中有数，便于写资料向书店推广，比如《经营管理秘诀》、《政治经济学简明读本》等。

退休后,我俩同受金文玺负责的法律编辑室返聘,我编《全国图书发行单位名录》,他编法律图书,后来他到编辑学会当秘书长,对出版界多有贡献。

与邹华义通信相识　发起为韬奋故乡捐书

2001 年,在我获得第七届中国韬奋出版奖之后,因邹韬奋先生是江西人,就与老表接触得更多了。首先是江西余江韬奋研究所所长邹华义,给我寄来贺信和由他主编的《爱心园地》小报,报纸介绍了该所一系列活动和赠给该所的书目以及赠书人名单。我立刻被邹华义老先生的善举所感动。因为他把大家送去的图书都捐献给了当地中学图书馆,我便从自己书架上选择适合中学生阅读的几十本书,又从当年王修文副社长创办的书店里要了一箱《中学生文库》,送给韬奋研究所,受到了他的热烈欢迎,不断写信表示感谢。后来,我又写信给金盾出版社社长张延扬,在版协内部刊物上刊登信息。张社长刚获得第九届中国韬奋出版奖,马上寄去价值一万多元的图书。三联书店总经理樊希安看到我发的信息后,立刻亲自带队去江西余江考察,发现所长邹华义正在余江县各中学创办书屋,便商定回社后立即运去大量三联版图书,为各中学增设了不少书屋。在韬奋基金会一次会员大会上,我向会长聂震宁和与会社长建议,动员首都出版界都去为韬奋故乡增设书屋,受到各社热烈响应。聂会长与副秘书长黄国荣亲自带队赴余江参加捐书仪式。接着,我又向本社副社长王瑞建议,在《中青出版通讯》中刊登通知,希望各编室选送一批多余样本。结果受到各编室支持,又运去了价值一万多元的本版书。

参观江西老根据地　发起修复老出版局

20 世纪 90 年代初,我在中国版协经营管理委员会担任副会长兼秘书长时,曾组织一部分北京出版社社长去参观江西革命圣地。到瑞金时,看到当地中国银行旧址重新修复一新,我们的出版局旧址却破旧不堪,我们的参观团成员都为此叹息。我马上找到同去参观的出版署发行司司长艾立民商量,决定回京后发起一次为重修出版局旧址的捐

款活动。在经管会的带动下,首都 20 余家出版社热烈响应,共收到捐款 40 余万元。一年后,出版局旧址不但修复一新,而且在原址旁加设了一个出版博物馆,珍藏了当年我党领导人的著作等重要文件。

出版局原址修复后,我和版协经管会副主任、金盾出版社原社长刘新明、当代中国出版社原社长李松晨一起去瑞金参加了修复典礼。

以上我讲了一些我与老表们的往事。人老了,容易怀旧,想想过去与这些老友的交往是一种美好的回忆,也有一种怀念与感恩的心情。

(原载《中青出版通讯》2019 年第 23 期)

首都出版界为江西老区办了几件实事

1997 年夏,首都"十联"、"九联"、"八联"等六家联合体的出版社,在江西庐山举行了一次京版图书订货会,邀请各地新华书店、集体书店参加订货。事先各联合体都已准备了一批本版书,开幕后第二天,由出版总署发行司副司长艾立民、版协经营管委会副秘书长黄国荣、社科出版社社长郑文林、广播电视出版社副社长王炳臣四人,用大卡车把价值 30 多万元码洋的图书捐献给二万五千里长征的出发点——革命根据地零都人民,黄国荣还请北京体育学院出版社著名书法家杨再春书写了一幅"不容易"的书法赠送给当地有关部门,把这三个字的寓意作了解读,表示对老区人民的崇敬和首都出版界的敬意。

2001 年年初,我收到江西余江邹韬奋故乡韬奋研究所所长邹华义的亲笔信,祝贺我获得第七届韬奋出版奖,并寄来由他主编的《爱心园地》小报。我发现这份小报是他出钱办的,上面刊载研究所的各种活动和各地编辑作者赠送的书单,令我感动的是,他把所有赠书凡是能给青少年看的都送给了余江中学图书馆。我便从书架上取下自己收藏适合青少年阅读的书籍十余本,又向本社副社长王修文要了一箱 300 本《中学生文库》,运到韬奋研究所。邹华义收到后写了一封热情洋溢的信,感谢中青社的盛情。不久,我在版协内部报刊上发了一则消息,希望出版界能为韬奋故乡中学图书馆捐赠图书。三联书店总经理樊希安见到后,专门去余江韬奋研究所找到邹华义所长,提出可以捐赠一批三联版图书,帮助在当地建设几家书屋。我又写信给刚获得新一届韬奋奖的金盾出版社社长张延扬,他立即要求总编室选送价值一万元的青少年读物。在一次韬奋基金会年会上,我向会长聂震宁建议来年发起一次向余江捐赠图书的活动,帮助建立更多的书屋,聂会长竖起大拇

指,连连说好点子!第二年,基金会收到不少赠书,聂会长便和黄国荣副秘书长一起把书送去,并出席赠书仪式,代表首都出版界讲话,韬奋先生的女儿邹嘉骊也参加了捐书仪式。

从此,我与邹华义结成好友,他曾出差来京,想来看我,我正出差外地,不曾见到,十分遗憾!

事情已过去将近20年了,但首都出版界对老区的这种深情厚谊,我总是牢记在心,永久难忘。

(原载《出版史料》2021年)

回忆三年困难时期我们是怎样度过的

1958 年至 1960 年，我国遇到了三年自然灾害。同全国人民一样，我社在党组领导下，采取种种措施，终于克服了困难，走上了继续发展的道路。

干部下放劳动锻炼

从 1958 年起，党中央决定干部下放锻炼。我社下放的地区在安徽省怀远县，另一处是河北省安国县。1958 年初，我社第一批去安徽的有遇衍滨、刘钟嵘、魏幼鹏、王澍华、王扶、翟若惠、董庆华等，去河北的有叶华、李裕康、郑闾慧、陈兆祥、李庚、孟庆远、刘重、邢舜田、陈斯庸等，两处各有 20 余人。我是 1959 年春节过后第二批去安国的，地点仍在淤村公社齐村大队，领队的是燕生和王业康，同去的有陈建樑、黄伊、文赞阳、沈纮、刘继兰、张翠兰、王振电、李惟一、王清华、谢宗玄等。

我们到了目的地以后，受到当地干部和农民的热烈欢迎。他们把我们当成毛主席身边的亲人，感到非常亲切。齐村大队共有 300 多户农民，分为 11 个小队，全村只有从东到西一条马路，东头是一队，顺序往西，周围全是庄稼地，看不到河流。我们到了那里正逢干旱，我和文赞阳、沈纮、陈斯庸被分配在一队，队长是一位退役军人，十分能干。我们四人吃、住、劳动都和老百姓在一起，实行同吃同住同劳动。房东大娘待我们亲如家人，大家轮流为大娘家里扫地、挑水，吃的是小队食堂，大娘家里仍有小锅小灶，可以作点补充。那时天气还很寒冷，无法进入大田作业，队长就派我们去田间抗旱推水车，从井里打上水来，灌溉周围的棉花地。一部水车由两人来推，就像小毛驴蒙着眼睛推拉车一样。我们四人分成两班，换班休息，一天下来，个个累得腰酸背痛，筋疲力

尽。这使大家深深体会到农民兄弟的辛苦,想到"谁知盘中餐,粒粒皆辛苦"的古诗。

每次劳动完了,我们就去食堂打饭。当时困难已十分严重,生产队因虚报产量上交公粮较多,留下来的粮食很少,细粮根本吃不到,每人每顿只能发给两三个窝窝头。这种窝窝头是用红薯粉做的,略带甜味,吃了容易反胃,十分难受。一天劳动之后,晚上下放队还要学习开会畅谈个人感受,有的同志怕打瞌睡,学会了抽烟的不良嗜好,但多数还是经受住了考验。

五月初的一天,团中央第一书记胡耀邦同志到安国来看望我们,鼓励大家好好劳动锻炼,将来更好为人民服务。他看到大家脸上浮肿,说是在小队食堂天天吃红薯窝窝头营养不足,叫我们下放队自办食堂。于是两位领队人便派我管理下放队食堂。我把大家的粮食户口转到淤村管理区,每月去粮店买回粮食,又在村边自留地种了白菜、萝卜,还鼓励大家在地头周边采点野菜回来,做成菜团子,大大改善了伙食。下放干部每天轮流做饭,大伙也都学会了烹调和做饭,饭后便高高兴兴地去下地劳动了。

组织干部去东北办农场

1960年初,第二批下放干部已回到北京,那时出书基本上停顿,全社五个编辑室一年只出了28种新书。社领导把精力集中到如何面对灾荒的严重形势,组织大家自救。在副社长刘文致领导下,我和行政处处长林师鋆、资料室的朱肇本三人参加种蘑菇的劳动。将本社一个大厅改为种蘑菇的暖房,先去郊区拉来大量稻草,把它用水浇湿加温发,作为底肥,又从公社拉来胶泥做成颗粒,然后去南郊旧宫的蘑菇菌种产地买来上千瓶菌种,在地上种上菌种后,三人日夜轮流值班,不断测量室温、浇水,还要保持干净。蘑菇很娇气,不能被任何细菌感染,所以我们都小心翼翼地值班劳动。不久,蘑菇还未长成,我又被领导派去东北农场种地。

那是1960年3月,团中央机关为了克服粮食不足的困难,决定与黑龙江省团委合作在杜尔伯特县开办一个农场,组织各下属单位去那里垦荒。我们出版社派了王业康和我二人前去参加。王业康是老党

员，一去就当了农场负责人之一。谁知到了那里，只见一片冰天雪地，场部根据这一情况决定，先在那里打鱼，等到土地解冻后再开垦种地。我记得团中央机关好像只派了辛克高一人来农场负责，其他都是直属单位的人，其中有中国青年杂志社的吕文波和通讯员刘新平，青年印刷厂的冯建成和七八位工人，还有管纸库的马孝俊。一到农场，就办起了食堂。王业康与辛克高商量由我当食堂负责人，管理20多人的伙食。开始我们各单位都带去了一些白菜、萝卜，但人多，很快就吃完了，当地又无蔬菜可买，副食成了问题。队部马上决定去江里打鱼。因无人会打，便请了当地两位渔民，他们非常熟练，一次半天时间就捕获了一船狗鱼（因鱼头像狗头而得名），大家高兴得要命。我就让大家天天吃鱼，但又缺大米和作料，只能吃玉米面，鱼里加点盐，倒也很好吃。过了一个来月，出版社打来电报，要把我调到山西去工作。带队的王业康因为无人能接我的班，迟迟不放。后来出版社催得急了，他只好让中国青年杂志社的吕文波接了我的班，我就被调回去了。后来吕文波因不善于做账，被人诬陷贪污，老吕写信给我证明他的清白，结果王业康看了我的证明，立即追查，终于真相大白。原来是贼喊捉贼，是一位告发者自己贪污，诬陷老吕。事实终于搞清，老吕写信来向我表示感谢。

我回到出版社，人事处要我在家待命。在家休息了几天，才告诉我社里马上要出《红岩》，需要把我留下来，重新做发行工作。1961年底，《红岩》出版。我就一直留在社里做发行工作，直到退休。

1961年以后，国家采取积极措施，困难逐渐克服，出版社的出书品种也不断增加，《红岩》《创业史》不断重印，陶铸的《理想·情操·精神生活》，金岳霖的《逻辑通俗读本》，徐元东、马晴波的《中国共产党历史讲话》以及陈广生的《毛主席的好战士——雷锋》等一系列好书相继出版，发行量不断提升，出版社又一次创下了辉煌成绩。

三年困难时期过去了，回想起这段时期，我们党为了全国人民度过困难进行了艰苦卓绝的斗争，使亿万人民摆脱苦难，过上幸福的生活。

干校六记

曾经读过杨绛的《干校六记》，情节生动，文字优美，令人叫绝。回想我们中青人在河南潢川团中央五七干校的一段经历，也是十分丰富，值得记上一笔。

军事化，老九成战士；初入校，老乡编民谣

初到黄湖，在军代表的领导下，一切实行军事化管理，人人被称为"五七战士"，除了服装不同，一切都照部队行事。我们中青、中少两社干部共 200 余人，编为七连，连长是被"解放"了的领导干部，下设排长、指导员、班长……吃饭排队，出工打着红旗，路上还要喊口号，唱革命歌曲。当地老百姓看了，十分奇怪，好像在问：这些城里人在干什么？不久，老百姓才知道，这是一批从北京下来种地的干部。有人便编出歌谣："五七佬，五七佬，穿得破，吃得好，一人一块大手表，躺在床上看参考。"形容得活灵活现，让我们这些"五七佬"十分汗颜。

管食堂，困难重重；想妙招，渡过难关

不知道七连领导是怎么想的，让我这个在家里从未碰过柴米油盐、在机关吃惯食堂的干部，一下来就管食堂。但"军命"不可违，我便战战兢兢地干起这份差使来。好在厨房师傅都是原来机关的炊事员，一级大师傅，熟得很，每天怎么安排伙食不用我操心，我只要在一块大黑板上写上三顿饭菜的公告，也不用收粮票，每人一菜一饭一汤，一切军事化。几个帮厨的也是老朋友：朱肇本、刘钟嵘。只有一个烧火的生人，说是连队代管干部，王静枝同志的爱人杨荣新，据说还是个大学教授。因为连领导知道他来自矿业学院，与煤沾点边，便安排在厨房烧

火。刚一上手,我见到食堂旁有一堆老农场留下来的"煤山",高兴得不得了,以为这堆"煤山"至少可用十天半月,只要作价付给校部即可,不必为此发愁。谁知一天下来,使我大吃一惊,这堆"煤山"竟用去四分之一。我连忙把排长刘平叫来,商量该怎么办,还是朱肇本兄见过世面,说这是这口大灶闹的,它是吃煤的"老虎",于是决定改灶,由连部出面,请来校部机修连的张庆余师傅,去附近部队学习改灶,回连后把灶和笼屉都模仿部队的式样制成,结果大大地节省了用煤。

买菜难,天天吃蒜苗;种菜地,花匠显身手

煤的问题解决后,食堂又遭遇新的问题。在北京,虽然副食品也很紧张,但只要有票有本,随时都可买到。但到了农村,就天天要为吃菜发愁,因为潢川是个产蒜大县,附近几个村子,此时大量抽出蒜苗,七连门前天天有农民挑着蒜苗来叫卖,开始大家还能把它当作好菜,但天天吃它,谁也受不了。这个难题落到我这个管理员身上,真是一筹莫展。我就只好挑着担子去附近集市采购一些鱼肉和蔬菜,但也不多。还是排长刘平有主意,他说我们有的是土地,何不自力更生,自己来开垦菜地,这是长远之计。于是连部决定派花匠刘宗贺来种菜,他回京把黄瓜、茄子、萝卜、青菜种子买了一大批,按季节下种。那时正逢雨季,菜籽下种很快长大,不到半月,老刘天天推着小车,一箩筐一箩筐地送到食堂来。不久,连部又派郑延慧、沈芳娟去养鸭,刘静波去养鸡,顾均正老先生养猪,还有副连长王溪元亲自抽水捕鱼,为食堂增添了荤菜,减少了伙食开支,我和食堂会计潘伟芳都开心得不得了。

发大水,七连首遭殃;守本土,勇士值夜班

我们七连在整个干校中地势最低,人称"湖底"。每到秋天,从大别山下来的急流汇合春河洪水,多次冲溃大堤,形成水灾。第一年,我们就受到水灾,校部发出警报,要七连紧急疏散,把干部和家属全部撤到校部,考虑到连部还得留人看守,就留下七八名水性较好的五七战士,备带救生圈等物资,守护连部,我是其中之一。到了三更时分,我们只听得附近大堤被冲垮的声音,顿时湖水急剧上涨,几乎没了床沿,我

们就在床上洗脚。此时,除了饭厅一盏昏黄色的马灯灯光,四面全是一片黑暗,很是吓人。我们相互鼓励,高声朗诵毛主席语录:"下定决心,不怕牺牲,排除万难,去争取胜利!"黎明时刻,连部派人划船来接我们到校部,等到水灾平息,我们才平安回连。

去固始,再当食堂管理员;在胡中,巧遇老师顾志成

我在七连食堂当了几年管理员,得到全连好评,在干校评比中,评为"五好食堂"。后来一批干部家属子弟来到黄湖,校部从邻县固始教育局借了一所胡族中学的校址,作为这批学生的学校,派学校部刘廉儒部长当校长,又从直属机关下放干部中物色了几位老师。干校领导还在学生家长会上宣布:让我去胡族中学当食堂管理员,当场受到家长们的热烈鼓掌。到了胡中,我一看这所学校已停课多年,校舍破烂不堪,没有一处完整的教室和办公室,窗户全被砸烂,需要大大修缮,方能使用。校长决定全体师生投入修理工作,让男老师带领男生回校部砖窑运砖,派女老师带领女生糊窗户,经过几天努力,才把教室和办公室修缮完毕。我除了管好食堂,还每天为女生烧上几大锅热水。在寒冷的冬天送去温暖。而对男生,也往往多打一些饭菜,让他们吃得饱些。

在胡中,我还有幸结识了团报编辑顾志成,她在那里当老师,我们一见如故,她性格开朗,一见面就滔滔不绝地对我说了许多心里话。后来中青社复业,她被借调我社当编辑,为解救被关在监狱里的手抄本《第二次握手》作者张扬出了大力,此是后话。

遭天灾,水中捞麦成佳话;修大路,造福后代留美名

洪水过后,七连大片麦田被淹,眼看着已成熟的麦子即将颗粒无收,五七战士不顾大风大雨,赤足下水捞麦,这番景象是大家从来没见过的。也许感动了上天,很快现出阳光明媚的天气,才保住了大量的麦子。

在七连遭遇水灾之际,我也曾上堤做护堤人员,来回于大堤上,身穿雨衣,手持铁铲,雄赳赳、气昂昂,面对堤外滚滚大浪,毫不畏惧。大堤边沿,还可看到许多大蛇盘踞在每棵树上,显出威严不可侵犯的样

子,但我知道,只要不去打它们,就能相安无事。在堤上,我和其他战友轮流值班,直到洪水退去。

为了加强对大堤的防卫力量,队部对大堤进行了加固和增高,干校校部又修建了几个大水闸,发动连队修了一条五七大道,我们七连又培养了一大片苗圃,为绿化农村作出贡献。干校虽然办的时间不长,但在全体战士的努力下,做了许多善举,为后人造福。

听说今年有当年曾在那里上学的大批学生到黄湖参观,看到今天的黄湖已发生很大变化,到处绿树成荫,楼房林立,当年胡耀邦同志住过的房子已修缮一新。整个黄湖已发展成为旅游胜地。可惜当年的"五七战士",如今年老体弱,无法前去观赏了!

（原载《红叶林》2021 年第 5 期）

祝贺与期盼

——为《中青出版通讯》创刊百期而作

通訊問世創百期精心編印非
容易方針政策及時傳大量信
息重實際經驗交流好園地編
出好書傳萬里祝願通訊更上
樓園結和諧人人喜

祝賀中青出版通訊之出版百期

戊子年秋 王久安敬書

《中青出版通讯》自 2004 年 8 月 18 日正式创刊以来,到目前已出至百期,值得庆贺!

《中青出版通讯》创办之前,社内也曾出版过一种内部刊物,叫《社讯》,办了很长时间,为沟通内部情况起到了很好作用。改为《通讯》之后,形式更为活泼,内容更加全面,信息量更大,由不定期改为定期,受到全社同人的欢迎。

我社办公地点比较分散,部门和工作人员都较多,定期出版一种内部刊物,可以及时传达上级领导的指示与本社领导的决策措施,沟通内部情况,发布重要业务信息,交流业务经验,表彰先进人物,传播先进思想,等等,都在无形之中产生一种力量,对增强员工的事业心和凝聚力十分有利。当年开明书店内部也有两种刊物:一种是业务上用的《开明书店通讯》,定期报道本店编辑、出版、发行工作,人员调动情况以及有关业务上的重要决策。另一种叫《明社通讯》,"明社"是开明书店的同人组织,受到包括叶圣陶先生在内的老一辈出版家的支持。刊物主要任务是报道开明同人业余的学习文娱生活,以及大家对书店建设的各种意见和建议,同人们可

以畅所欲言,发表各种不同观点。这两种内部刊物,对促进开明书店事业和发展和内部团结起到很好作用。

本社的《通讯》自创办以来,对团中央领导的指示和新闻出版总署有关政策的传达非常及时,使全社同志对本社发展前途都有明确目标。作为一名老同志来说,虽然早已退休,但仍对本社发展前途十分关心,自己也就通过《通讯》的信息,了解了团中央和新闻出版总署等上级领导部门对本社办社方针和出版业务上的要求,使自己的思想与时俱进。

进入 21 世纪以来,书刊出版市场竞争越来越激烈,本社各部门现职人员的压力很大,这也是我们老同志十分关心的问题。但是,"市场竞争激烈"这个词,对退休的老同志来说,只是一个笼统的概念,平时看不到业内报刊,更听不到业内人士的报告。老同志唯一的信息渠道,就靠我们的《通讯》了。因为发表在《通讯》上的许多文章,字里行间处处使我们感受到了市场竞争激烈的实况,看到了本社同人在市场竞争中的拼搏精神。特别令人振奋的是,《通讯》及时向大家报道了一个又一个的好消息。比如,《中国青年》杂志改版成功,受到团中央领导和各级团组织的好评;《青年文摘》在"严寒季节"一枝独秀,博得了舆论赞美;全国爱国主义读书教育活动又一次获得成功,使亿万青少年不断健康成长;我社伦敦分社的建立,为响应中央"走出去"的号召开了一个好头,表明中青人不但有能力而且有胆识;还有我社这几年的许多出版物(包括书稿内容,印装质量、装帧设计)都被管理部门评为合格或优秀,说明大家在质量意识上有了重大进步。所有这些信息,使大家受到鼓舞,感到自豪。

在《通讯》中,我们经常读到责任编辑的书评或推荐文章,像《我这一生》、《变局》、《我的人生感悟》、《你的形象价值百万》、《中国史学入门》、《梅兰芳全传》、《简明中国科学技术史话》、《通俗哲学》、《不用出国同样出色》、《说破英雄惊杀人》、《奇迹》等,以及原《中国青年》王江云、黎勤、苏醒同志写的许多文章,如《约稿约到总理家》、《任弼时与〈中国青年〉第二次复刊》、《陆空一早期与〈中国青年〉》、《精心策划、后来居上——编辑出版学习雷锋专辑回顾》、《青年的良师益友——魏巍》等都使我们进一步了解当年的历史背景、书稿内容、编辑过程、作

者风貌,对有些图书产生了购买阅读的强烈愿望(有的已买)。由此想到。《通讯》可以凭借本身条件,把这些文章向有关媒体推荐,公开发表,也可起到宣传图书刊物的作用。这是题外话。

以上这类书评、推荐文章以及策划编辑出版过程,都是我社编辑出版发展史的重要资料,如能编选出书,可供后人学习参考。

最后,《通讯》还根据需要经常转载一些外界人士写的编辑经验之类的文章,这些文章虽非本社同人亲身体会,但它具有普遍性,又有独特见解,可供社内同人参考。

总之,《通讯》自问世以来,经过编者的不懈努力(这点笔者感受特深),已为全社同人(包括老同志)提供了大量有益的信息,起到了其他资料不可代替的作用,也可以说为大家在精神上提供了一份丰盛的快餐,促进了本社事业的发展。但我个人感到不足的是,由于大家工作紧张、压力大,对《通讯》写稿的潜力还没有完全开发出来,从发表的文章看,似乎写稿人中新面孔很少,这不能不说是一个遗憾。我想大家在工作上特别是在编辑业务上都会有许多值得回味的东西,也许都已有很好的记录,不妨把这些东西贡献出来,让大家分享。由此想起了我社已故编辑叶至善先生。叶老一生除了编辑大量书刊,还写下了数百篇的手记。1998 年至 2000 年,分别在中少和我社出版了《我是编辑》和《父亲的希望》。这两本书对今天从事编辑出版工作的每个同志来说,都是很好的学习资料。希望本社同人像叶先生那样,把自己几年来工作中点点滴滴的经验和体会,通过《通讯》与大家见面,达到相互交流、共同提高的目的,也可使《通讯》办得更加精彩和群众化。这算是我的一种期盼吧!

(原载《中青出版通讯》2008 年第 19 期)

老马的心愿

"老骥伏枥,志在千里。烈士暮年,壮心不已。"这段诗词道出了当年曹操的雄心壮志,许多后人欣赏它,我也不例外。

1989 年底,我年满 60 岁,便从中国青年出版社发行处处长的职位上退了下来,那时图书发行体制改革正在红红火火地开展,出版社的自办发行也在发挥很好的作用。我呕心沥血、冥思苦想设计的改革措施正在推行,尚未见到成果,真可谓"壮志未酬身先退",这滋味可想而知。幸而出版社仍留用了我,让我帮做一些具体工作;中国版协也继续支持我参与首都图书交易会的组织领导工作(那时交易会刚办了两年,已初见成效),使我有机会继续为读者服务,为出版界服务。我便想起了曹操的这首名诗。用毛笔书写了以上 16 个字,并把它挂在墙上,鞭策自己。

作者工作照

今年"七一"前夕,为了纪念伟大的中国共产党成立 80 周年,我满怀情,又提笔书写了这 16 个字,此时此刻,我想起了长期以来党对自己的培养和教育,工作上的支持和信任,心情难以平静。特别想到改革开放的 20 年来,经历了风风雨雨,有遭遇挫折的烦恼,也有获得成功的喜悦。我牢记党的教导,胜不骄、败不馁,一步一个脚印,踏踏实实工作,永不丧失信心。当年和自己一起奋战的同志们,现在大多已经离退休,但根据我的接触,大家的心情都是一样的,人虽退离,仍关心着我国出版事业的发展,希望在不久的将来,能看到中国的出版事业有一个飞跃的进步。我书写这首诗句,向党表明自己的心迹,愿意像老马一样,永不丧失战斗的意志。愿以此献给出版界的离退休同志们,与大家共勉。

我和丰子恺子女及吴浩然的一段交往

1976 年 1 月，我社因经毛主席批准出版《李自成》第二卷而提前复业，我也提前回到出版社。在停业期间，虽有秦耘生（原美编室主任）负责留守，但也只是看守而已。我回社以后，看到办公室一个柜子旁边有一堆原稿，那是老开明在新中国成立前出过的丰子恺先生几本漫画书的原稿。此时，丰先生已在"文革"前期挨斗身亡，而"四人帮"尚未被打倒，丰先生也未平反。出于对老开明的深厚感情，也想起了 1949 年我在开明总店时曾多次在会客室见过丰先生慈祥的面孔，痛恨"四人帮"的胡作非为，就把这些原稿收藏起来。不久"四人帮"被打倒后，我通过叶至善同志打听到丰先生长子丰华瞻先生在上海复旦大学西语系任教，便写信和他联系，得到答复后，将这一大批原稿寄给他。不久，我收到华瞻先生的感谢信，并寄给我好几本他的著作和一本《丰子恺散文选集》。过了一段时间，我在整理过去原

稿时，又发现 20 多幅丰先生的漫画原稿。此时，华瞻先生已去美国任教，是他的妹妹丰一吟接的电话，希望我赶快把原稿寄给她。从此，我和她交往甚多。她学父亲的字和画很像，可以达到以假乱真的程度。我请她画一幅漫画给我，她果然给我画了，我一直挂在书房门口。

还有一件很巧的事。家住山东的一位酷爱丰先生漫画和书法

的吴浩然先生,年纪很轻,但学丰先生的漫画和书法很像,还能自创。丰先生平反后,在众多丰先生的好友资助下,在他的家乡创办了丰子恺纪念馆,聘请吴浩然先生主持。吴浩然先生欣然允诺,离开原单位到纪念馆就任,从此也与我成了不曾见面的朋友。2015 年底,吴浩然先生还寄来了他创作的一本《吴浩然画集》。

书讯摘编

　　我在管理发行工作期间,十分重视宣传推广工作,常以本名以及王青、郭青、中青等笔名,向《人民日报》、《中国青年报》、《北京日报》、《北京晚报》、《工人日报》、《上海书讯报》、《新闻出版报》、《出版工作》等媒体投稿,介绍中青、中少(两社尚未分开)新书出版信息,甚至还和新华书店北京发行所内部小报《京所通讯》主编沈志刚同志交了朋友。沈志刚同志十分欢迎我写的中青、中少版新书信息,认为内容可靠,并无浮华之风。这是我受了老开明推广科徐调孚先生的影响。他在和下属欧阳文彬的一次谈话中说,每本书的广告词不能有丝毫虚夸,说什么内容充实、文字通畅之类,如果这样写,我会退回要求重写。所以沈志刚同志收到我的新书出版信息,几乎总是在第一时间把它刊发在《京所通讯》上。

　　我整理了在各媒体上刊发的由我撰写的中青、中少书讯文章,并剪贴成册,经统计共有170多篇,介绍和推荐的新书无数。下面摘编部分书讯,以作参考。

01　中国青年出版社一九八一年将要出版哪些新书?

　　本刊讯 根据党对教育青年一代的要求,结合青年当前的思想实际和阅读需要,中国青年出版社最近制订了一九八一年的出书计划。现将计划中的一些重点书报道于后:

　　一、青年工作和思想品德修养方面。将着重编好两本手册和两套丛书,即《青年工作手册》、《文体活动手册》和《青年修养通讯》丛书、《青年修养丛书》。列入《青年修养通讯》丛书中的有林巧稚等写的《怎

样当好爸爸妈妈》,刘心武、苏叔阳等写的《恋爱、婚姻、家庭》(续编)、《文学艺术修养》、《怎样才算美》和《怎样使你更健美》;列入《青年修养丛书》中的有曹宪文的《新人生观》,于光远的《怎样搞调查研究》、《怎样认识事物》以及《你是怎样想问题、办事情的》;以共青团干部为主要对象的《教育学常识问答》正在编写中。

二、社会科学读物方面。明年是党成立六十周年,为配合党史学习,将出版《中国共产党历史讲话》、《中国新民主主义革命史》(胡华著)和《中国现代史常识》三种新书。《政治常识手册》将根据新情况出版修订本,供青年自学和高考复习之用,韩树英主编的《新大众哲学》正在编写,对青年进行爱国主义教育的《祖国》,年初即可问世;李奇主编的《共产主义道德概论》和《周恩来选集上卷中的烈士小传》都将配合学习出版;为适应经济管理需要而出版的《经济学常识》,今年已出资本主义分册,明年还将出版社会主义分册、工业分册、农业分册和财政金融分册等,另有《地理基础知识》、《中国地理知识》、《世界地理知识》等一套常识性读物,已列入选题计划,明年起陆续出版。

三、文学读物方面。将出版几部长中篇小说,其中有姚雪垠的《李自成》第三卷、梁斌的《抗日图》、峻青的《海啸》、陈森的《危难之间》、曾秀苍的《山鸣谷应》、白桦的《妈妈呀妈妈》、蒋子龙的《开拓者》、礼平的《晚霞消失的时候》和《收获》丛书《淡淡的晨雾》等;翻译作品将出版《英国短篇小说选》和《法国中篇小说选》;凡尔纳的科学幻想小说继续出版《烽火岛》等品种。语文知识方面,将编辑出版一套《中学语文课余辅导》一至五册,这套书围绕中学语文教学大纲,选编课本以外的古今名篇,附以详细的分析讲解和注释,既可供在校学生学习参考,也可帮助在职青年自学。此外,由吴组缃主编的《历代小说选》将分三册陆续出版。

四、自然科学读物方面。以出版课外补充读物和数理化基础知识读物为主。列入计划的有许莼舫的《初中代数学习指导》、《高中代数学习指导》、《中等化学计算》(修订本)、《中等物理计算》、《中等物理学指导》、《数学分支巡礼》、《懂一点电子计算机》等;为配合高中学生复习生物学需要,将于明年第一季度出版《生物学基础知识》一书。在

科学家传记和科学史读物方面,将出版《法拉第》和《简明科技史话》等书。

此外,该社还将新出版两种丛刊。一种《青年文摘》是选录全国报刊上的优秀文章,便于广大青年读者阅读,使读者花费较少时间可以获得较多的知识,创刊号年初即可以出版,计划年内可出版六期。另一种《青年科学家》(季刊),这是一本专门刊登自然科学方面的基础知识、科学家传记和科学新成就的书,是帮助青年提高科学文化水平的良师益友。

(原载《京所通讯》1980 年)

02　中国青年出版社、中国少年儿童出版社 1981 年出书展望

一九八一年,中国青年出版社和中国少年儿童出版社将要出版哪些书籍,这是广大读者关心的。为了帮助大家及时了解和选购,现将部分出书计划作一简单介绍。

▲青年部分

一、青年工作类。将陆续出版《青年工作手册》和《文体活动手册》。《中国青年的光荣传统丛书》已出和将出版《在第二条战线上》、《激流》等四五种。

二、思想修养类。继续出版《青年修养通讯丛书》和《青年修养丛书》,前者将出版《怎样看待现实社会》(暂名),秦牧、林巧稚等写的《怎样教养好子女》,刘心武、苏叔阳等写的《恋爱·婚姻·家庭(续编)》、《文学艺术修养》、《美,怎样才算美》、《怎样使你健美》等,后者将出版《新人生观》、《怎样搞调查研究》和《怎样认识事物》等。

三、社会科学类。为向青年进行党史和革命史教育,今年将出版《中国共产党历史讲话》和《中国新民主主义革命史》;《政治常识手册》将出版修订本。《星光灿烂》介绍了《周恩来选集》(上卷)中提到的烈士们的事迹,是学习这部光辉著作的辅助材料;叶蠖生的《历史唯

物主义浅说》和刘启林的《共产主义道德概论》即将出版;中央党校韩树英主编的《哲学常识》(暂名)、江流主编的《科学社会主义讲话》正在写作;对青年进行爱国主义教育的《祖国》一书,已在校排。供广大青年学习经济基础理论的通俗读物《政治经济学简明读本》(社会主义部分)和《经济学常识》政治经济学社会主义分册、农业分册、商业财政分册、经济学史分册将陆续出版。为指导广大青年开展旅游活动,《青年旅游手册》将和广大读者见面。为帮助青年和在校中学生学习地理知识的《中国地理知识》、《外国地理知识》等也将陆续出版。

四、文学艺术类。今年计划出版的长篇小说有姚雪垠的《李自成》第三卷、峻青的《海啸》、李克异的《历史的回声》和曾秀苍的《山鸣谷应》等。中篇小说有蒋子龙的《开拓者》、礼平的《晚霞消失的时候》等,翻译作品有《英国短篇小说选》、《莎士比亚历史故事剧选》、《无头骑士》、《最后一个莫希干人》、《水陆两栖人》、《黄狗——国外惊险小说选(2)》和凡尔纳的科学幻想小说《环绕月球》。吴组缃主编的《历代小说选》将分上中下三册出版。

五、自然科学类。将出版《简明科技史话》、《科技名人传》、《法拉第》、《生物学基本知识》、《中等物理学习指导》和《初中代数学习指导》等。

此外,还继续出版《红旗飘飘》、《旅行家》、《小说季刊》、《青年文摘》、《青年科学家》等刊物。

▲少年儿童部分

一、《少年百科丛书》已出六十种。今计划出版三十种,包括《六十年散文选介》、《唐宋词选讲》、《唐宋诗选讲》(续编)、《聊斋故事》、《中国革命历史故事》、《外国历史故事》、《今天的科学》、《地下的财富》、《帮你学方程》、《神奇的电世界》、《动手动脑学物理——力学》等。

二、《少年思想通信丛书》将出版《工读学校来信》、《怎样才能记性好》、《红领巾的书》,计划陆续出版《怎样办队室队报》、《小远足手册》和《队章讲话》,其中《队章讲话》已由团中央发出通知,向各地团队组织推荐学习;《可爱的祖国》小丛书即将出版《冬冬游西湖》和《长白山中》。革命前辈子女的回忆录《我爱爸爸》一书,生动地反映了老一辈

无产阶级革命家的崇高品格和对子女的严格要求,是对广大少年儿童进行品德教育的好教材。

三、文学读物有长篇小说《清晨》以及精心编选的《中国民间故事选》、《中国童话选》、《得奖儿童文学作品选》等;《战斗的童年》文艺丛书将出版《"鬼班长"和她的伙伴》、《荒漠奇踪》和《小铁流》;作家选集将陆续出版《张天翼作品选》、《冰心作品选》和《袁鹰作品选》等。

四、自然科学读物将出版一套《少年科学入门》,有七八种,是从美国的科普读物翻译来的。为丰富学生的课余文化生活,帮助少年儿童学好本领,正在编辑一套《少年日用常识丛书》,每辑十种,准备出版一至二辑。

五、低幼读物将努力多出版一些新的品种,列入计划的有《小学生守则丛书》五本,其中有《谁棒》、《老爷爷的悄悄话》、《三比零》、《迷路的孩子》等;还有《伊索寓言》、《刘家五兄弟》、《幼儿谜语》、《孵娃娃》、《蚌姑娘》、《眼镜惹出了什么事情?》、《米老鼠游小人国》、《老鼠帮小猫》、《和拼音字母交朋友》等,图文并茂,适合低年级和学龄前儿童阅读。

(原载《青少年之友》1981 年)

03　中国青年出版社几套丛书的编辑出版情况

编者按:中国青年出版社是共青团中央领导的面向全国的综合性出版社,根据党教育青年的要求,结合青年的思想、工作实际和阅读需要,近两年已出版了一些为各界青年所喜爱的好书。在今后几年内,该社计划出好几套丛书和选集,本刊第 11 期上曾作了些介绍。刊出后有些同志来信反映,第 11 期上介绍文字形式是好的,但是内容过简。为此,本刊约请该社王久安同志,稍为详细一点地重新介绍如下。

青年文库

这是该社近几年内重点出版的一套图书。出版这套文库的目的在

于帮助青年提高政治理论和文化科学知识水平,更好地为"四化"贡献力量。文库包括哲学社会科学、自然科学和文学艺术各科基础知识,总共拟出二百种左右,分几年出齐。去年已经出版的有《形式逻辑简明读本》、《资本原始积累史话》、《中国古代史常识》(先秦)(秦汉)(隋唐)、《中国近代史常识》、《语法修辞讲话》、《古文选读》、《历代文选》、《古代白话短篇小说选》、《人怎样认识自己的起源》等十七种,今年准备再出十多种,包括:《共产主义道德讲话》、《外国史常识》(近代)(中世)、《历代诗歌选》、《美国短篇小说选》、《懂一点遗传学》、《懂一点空间技术》等,正在编辑中的还有《哲学常识》、《文言虚字》、《历代小说选》、《历代寓言选》、《英国短篇小说选》、《德国短篇小说选》、《日本短篇小说选》、《懂一点电子计算机》、《激光科学技术漫谈》等,这些将在明年出版。

青年修养通讯

为了加强对青年一代的思想道德品质教育,引导青年正确看待理想、前途,正确对待工作、学习,正确处理恋爱、婚姻等切身问题,拟出版一套青年修养通讯。《通讯》以亲切的口吻,朴素的语言,生动的事例,浅近的道理,采取和青年通信谈心的形式,告诉青年应当如何正确处理上述问题。第一本《恋爱、婚姻、家庭》已出版,第二本《思想、品质、作风》也刚问世,后面将陆续出版《怎样看待谦虚和骄傲》、《祝你成功》、《怎样写好自己的历史》等三种,正在编辑中的还有讲共产主义道德品质,讲四个坚持和讲如何教育子女问题等几种,总共拟出版八种左右。

青年运动回忆录

出版这套回忆录,是为了帮助团员、团干部和广大青年了解我国青年运动的历史。参加编写的作者,大多是当年亲身经过斗争的老同志,他们以满腔的热情,生动的事例,教育青年要很好继承和发扬我国青年运动的光荣传统,更好地在新长征路上发挥突击作用。回忆录已出一、二两集,第三集反映的是第一、二次国内革命战争时期团的活动,第四、

五两集将分别反映抗日战争和解放战争时期的学生运动,预计两年内陆续出齐。

（原载《京所通讯》1980 年）

04 加强对青年进行思想品德教育
中国青年出版社将出版一批思想教育读物

本刊讯 为了在青年中加强共产主义道德品质教育,中国青年出版社根据团中央指示,从下半年起,将陆续出版一批有关思想教育的读物。

由肖华、胡克实等同志写的《共青团员怎样要求自己》一书,是一本对团员进行组织修养和思想修养的团课教材,团中央已发出通知,要求各级团委组织团员进行学习,现正在加紧印刷,计划八月份出版。

《祝你成功》和《怎样写好自己历史》,都是《青年修养通讯》丛书,分别回答了关于理想、前途、抱负、困难、幸福、爱情等与青年有关的切身问题,初版各 40 万册,第三季度内出版发行,《革命前辈谈修养》一书,收集了刘少奇、周恩来、朱德、张闻天、董必武、陶铸、徐特立、吴玉章、谢觉哉、林伯渠、陈毅、郭沫若等十二位同志生前对青年进行教导的文章,这些文章既有针对性,又有说服力,在当年曾起过重要作用,今天读来,仍然十分亲切感人,是一部对青年进行道德教育的好教材。孙泱同志的遗著《共产主义道德讲话》,是一部比较通俗的理论读物,论述了共产主义道德的内容和怎样培养共产主义道德的问题。

针对当前青年中一些思想问题,青年修养通讯第六本《信仰、使命、探索》,年内也将出版,这本书用具体事实说明没有共产党就没有新中国,只有社会主义才能救中国的道理,引导青年正确认识党的领导和坚持社会主义道路,正确看待民主与法制、自由与纪律等问题。

另一本青年修养通讯之七《人生漫谈》,回答了青年有关人生观的问题,它和敢峰同志最近修订的《人的一生应当怎样度过》都将受到青年人的喜爱。还有一本《向昨天告别》,由共青团中央宣传部汇编,它

介绍了十一位失足青少年如何在组织和同志们的帮助下通过个人努力走向新生的过程,故事曲折动人,富有教育意义,不仅青年人应当学习,就是团干部、教师和青年家长也都应当读一读。共青团中央曾于六月三十日为出版此书发出了通知,要求各级团委协助书店认真做好征订工作,使这本书起到应有的作用。

以上这批书籍,为了充分满足供应,出版社已根据情况作了生产上的安排,对需要量特别大的九种读物,已安排分区租型供应。

(原载《京所通讯》1980 年)

05　中国青年出版社几套丛书的编辑出版情况

《红旗飘飘》丛刊

这是一份专门刊登革命回忆录、向青年进行传统教育的不定期刊物。它创刊于五十年代,"文革"前共出版了十六集,后被迫停刊。七九年复刊,目前已出版到十八集,不久将出版十九、二十集。二十集是回忆少奇同志专集。过去出版过的十六集,经过整理,将出选编本五集。第一、二集已出版,第三集正在排印中,四、五两集尚在选编。

凡尔纳选集

儒勒·凡尔纳是法国著名的科学幻想和探险小说作家。他的作品知识面广,内容丰富,可以引导青年热爱科学事业,培养勇敢精神,这是出版选集的目的。凡尔纳一生共写了两百多部科学幻想和探险小说,翻译到我国来的已有十来种,现在已重版的有《格兰特船长的儿女》、《海底两万里》、《神秘岛》、《八十天环游地球》、《地心游记》、《气球上的五星期》等六种,又新出了《从地球到月球》一种;今年还将出版《蓓根的五亿法郎》和《机器岛》两种。另有《一个十五岁的船长》、《环绕月球》、《烽火岛》、《威廉·斯托里茨的秘密》等四种新书,正在编辑加工中,明年可望出版。

别莱利曼选集

别氏是苏联早期的科普作家,他的作品五十年代就已由中国青年出版社翻译出版多种,对提高我国青少年的科学知识水平,起到良好作用。目前已重印了《趣味物理学》及其续编两种,还有《趣味力学》、《趣味几何学》、《趣味代数学》也都正在排印,不久可与读者见面。

伊林著作选

伊林的名字,在我国读者中比较熟悉。他的许多科普作品,新中国成立前就已经广泛地介绍到我国来,成为我国青年学习科学的启蒙读物。新中国成立后,中国青年出版社曾陆续出版了十余种,辑成《伊林著作选》。现在该社精选其中十种,予以重印,计有《黑白》、《不夜天》、《几点钟》、《自动工厂》、《原子世界旅行记》、《十万个为什么》、《在你周围的事物》和《人怎样变成巨人》三部。上半年将开始陆续出书。

(原载《京所通讯》1980 年)

06　新年告读者

在新的一年到来的时候,我们谨向读者和发行战线的同志们表示敬意,感谢他们在过去一年里给予我们的关心和支持;并借此机会,谈谈中国青年出版社一九八二年出书的一些设想。

一九八二年,我们将继续努力出好政治理论和青年修养读物。政治理论读物方面有《毛泽东思想通俗讲话》、《通俗哲学》和《政治经济学简明读本》(社会主义部分)等。《通俗哲学》的作者努力使读物具有新观点、新材料、新语言,使这本书成为一本有特色的哲学普及读物。青年修养读物方面,《美,怎样才算美》、《文学欣赏指导》、《艺术欣赏指导》将陆续和读者见面。这几种书是为了配合"五讲四美"活动,帮助青年树立正确的审美观点、提高审美能力而编辑出版的。此外还将出版《人生哲学 ABC》、《祝你健美》和《中外名人轶闻录》等修养读物。

为了满足青年的阅读需要，繁荣社会主义文艺事业，一九八二年将出版一批新老作者的中长篇小说。其中有王莹的《宝姑》，梁斌的《烽烟图》，柯兰、文秋的《火把》，张重天、张凤雍的《祖国恋》，水运宪的《祸起萧墙》，叶辛的《蹉跎岁月》，冯骥才的《爱之上》。诗歌方面有肖三主编的《革命烈士诗钞》（续编）和本社选编的《青年诗选》。此外还将出版《历代小说选》（上）、《外国文学名著题解》、《西洋美术史话》、《文学描写辞典》等文学知识读物。

配合团的工作出书，是我们的一项重要任务。一九八二年将出版《青年工作手册》和《青年文娱体育活动手册》，这两本书是团干部的工具书和业务参考读物。

我们还要出好《红旗飘飘》丛刊和人物传记故事。人物传记故事中有宣传女排的《走向世界》，还有介绍我国著名美术家的《忆悲鸿》。《忆悲鸿》的作者是徐悲鸿的夫人，她以亲切流畅的文笔介绍了这位美术家的生平事迹和艺术成就。

历史地理读物是进行爱国主义教育的生动教材。一九八二年，我们除按原计划出版《中国现代史常识》等历史读物之外，还将出版《地理基础知识》、《中国地理知识》和《世界地理知识》。这三本地理通俗读物，学生、青年教师和其他在职青年都可以阅读。

这里还要介绍几种中学生的课外学习辅导读物：《中学语文自学之友》（共六册）、《初中代数学习指导》、《中等物理学习指导》（上下册）、《中等物理计算》（上下册）和《中等化学计算》。这些读物可以帮助学生巩固和加深课堂学习的基础知识。

农村青年是我们最广大的服务对象，一九八二年我们将根据他们的特殊需要出版一些读物。其中有《哲学常识》、《勤学成才故事一百六十个》、《农村应用文手册》、《作物育种基本知识问答》、《青年破除迷信常识》和《青年生理卫生常识》等。

我们的主观愿望和实际效果可能会有距离，我们将努力缩短这个距离。希望读者和发行战线的同志继续督促我们、支持我们，经常提出宝贵的意见，帮助我们把一九八二年的工作做得更好一些。

（原载《京所通讯》1981 年）

07　团中央组织部向全团干部推荐
八本团的理论、业务书籍

胡耀邦同志在党的十二大报告中指出："青年工作的状况还落后于现实生活的要求。"其重要原因之一,是团干部的专业理论水平和业务能力还不适应形势发展的需要。因此,加强共青团工作理论和业务的学习,是当前团干部队伍建设中的一项紧迫任务。

为了改变这一现状,团中央指示各级团委除了加强对团干部的培训工作,还应当帮助团干部在工作岗位上加强业务学习。为此,团中央组织部特于今年四月二十五日发出通知,向各地团干部推荐中国青年出版社出版的八种图书。这八种图书是《马克思、恩格斯、列宁、斯大林论青年》、《团十一大主要文件》、《团章讲话》、《青年工作手册》、《五讲四美手册》、《文娱体育活动全书》、《共青团工作理论学习纲要》、《共青团基本知识问答》。其中最后两本须在明年上半年出版,通知上已作了说明;其他六本均已出书,有的又在《社目》第 84、85、88 期作重版征订。

（原载《书讯报》）

08　适应建设精神文明的需要
中国青年出版社不断重印政治读物

近几年来,中国青年出版社陆续出版了一批通俗的政治理论读物和思想修养读物,受到各方面的重视和广大读者的欢迎。其中有些品种经常重印,发行量已超过百万册,如《青年修养十二讲》、《共青团员怎样要求自己》、《中国共产党历史讲话》和《恋爱、婚姻、家庭》等。去年八月份出版的《祖国》一书,出书后即被读者抢购一空,现正在重版中。此外如《信仰、使命、探索》、《思想、品质、作风》、《共产主义道德概

论》、《共产主义道德品质讲话》、《革命烈士书信》、《革命前辈谈修养》、《哲学漫谈》、《蒋家王朝》、《中国近代史常识》等,都是受到青年喜爱的政治读物。随着全国经济形势的好转,人们对文化生活的需求将越来越迫切,特别是农村青年将更为突出。为此,中国青年出版社今年将进一步加强这类读物的出版工作。中央党校编写的《通俗哲学》和《毛泽东思想通俗讲话》、陈扬炯写的《哲学常识》以及《中国现代史常识》等书,都将在出版后立即布置重版征订,及时满足供应。对已经出版的一些通俗读物,除上面所讲的几种外,尚有《政治常识手册》、《法律常识手册》、《政治经济学简明读本》、《人类社会发展史话》、《社会主义经济规律讲话》、《珍惜你的青春》、《祝你成功》、《家庭教育顾问》、《人的一生应当怎样度过》、《向昨天告别》等书,都将作为常备书不断重版,以满足广大读者的需要。

(原载《京所通讯》)

09　中国青年出版社明年出版的重点书

为了沟通情况,共同做好出版发行工作,现将中国青年出版社明年出版的重点书目介绍于后,请各级新华书店提供宝贵意见。

明年第一季度将要出版的政治读物有中央党校韩树英主编的《通俗哲学》,这本书用通俗的文字,把一般读者认为深秘难懂的哲学讲得生动易懂,画家方成还为本书作了多幅漫画,使它更有特色。《怎样活跃支部生活》是一本基层团组织的工作经验,当前团干部十分需要这方面的材料;思想修养读物中的《勤学成才160个故事》介绍了我国历史上160个青年通过自学成为政治家、文学家和科学家的生动事迹;《什么样的爱情最美好》、《珍惜你的青春》、《人的一生应当怎样度过》、《祝你健美》、《美,怎样才算美》这些为青年关心的问题,都将分别出版青年修养通讯(丛书)给以回答。文学读物有肖三主编的《革命烈士诗抄》(续编),还有《青年佳作》、《青年诗选》和《青年旅游手册》。文教读物有《中学语文自学之友》、《中等物理计算》和《初中代数指

导》等。为纪念著名科学家达尔文逝世一百周年的传记文学《达尔文》,将赶在三月份出版。

第二季度出版的有《青年工作手册》,这是团干部的必读书。还有《文学欣赏指导》和《艺术欣赏指导》,都是青年的修养读物。文学读物有青年作家叶辛写的《风凛冽》和《蹉跎岁月》,它们和已出版的《我们这一代年轻人》是三本受到文艺界重视的长篇创作。老作家柯兰、文秋合写的《火把》,是一部具有重大题材的长篇小说;吴组缃主编的《历代小说》可先出版第一部。社会科学读物有一本《哲学常识》,它是《哲学漫谈》作者陈扬炯同志专为农村青年编写的。还有《地理基础知识》和《中国地理知识》也将陆续出版。《冠军的秘密》和《走向世界》,分别描写了我国乒乓球、排球以及其他运动员为国争光、勇夺冠军的先进事迹,将对各条战线的青年产生积极的作用。

下半年将要出版的有中央党校编写的《毛泽东思想通俗讲话》,共青团中央编的《青年文体活动手册》适合广大文体干部和教师使用。修养读物将出版《人生哲学 ABC》、《中外名人轶闻录》、《教育学常识问答》等三本。文学读物有著名演员王莹的遗著《宝姑》、作家吴越的《括苍山恩仇记》和张重天的《祖国恋》,都是有一定分量的长篇创作。《外国文学名著题解》、《文史工具书手册》和《文学描写辞典》是三部帮助青年学习的工具书。还有周振甫的《文章例话》和已出版的《诗词例话》是姐妹篇;科学家传记《法拉第》,是《爱因斯坦》作者秦关根的又一部优秀著作,很有特点;《中国现代史常识》用《中国古代史常识》同样的形式解答了我国现代史上的许多重大问题。还有为农村青年编写的《青年天文气象常识》和《作物育种基本知识问答》,都是帮助青年进行农业科学实验的参考材料。廖静文写的《回忆悲鸿》,生动地描写了我国著名画家徐悲鸿的生平,书中还附有画家生前作品多幅,可供读者欣赏。

(原载《京所通讯》1982 年)

10 贯彻十二大精神 建设社会主义精神文明
中国青年出版社一九八三年将出版一批重点书

党的十二大提出了建设四化的宏伟目标,强调在建设社会主义物质文明的同时,必须建设社会主义精神文明。中国青年出版社在新的一年里将要出版哪些有助于建设两个文明的读物呢？下面作一些简要的介绍,供大家参考。

“五四”以前将要出版的有：

《共青团十一大主要文件》、《团章》、《团章讲话》,这三本是即将召开的共青团十一大文件,将组织全团和全国青年进行学习。《新时代与新青年——理想、道德、文化、纪律二十讲》,这是为贯彻十二大精神,对青年进行“三有一守”教育而编写的一本重点教材,一月份即可出版。《当代青年的故事》介绍了最近几年在青年中涌现的英雄人物、先进人物的感人事迹,其中有张华、钟铧、于素梅、姜建中、杜芸芸、张占英等,是一本向青年进行共产主义教育的好材料。《五讲四美手册》对当前开展五讲四美活动是一部很好的参考书。明年三月十四日是伟大导师马克思逝世100周年,该社将出版《马克思的自白》、《马克思的青年时代》和《马克思、恩格斯的生平和学说》三本青年读物。文学作品有梁斌的《烽烟图》,这是著名小说《红旗谱》的第三部;《括苍山恩仇记》是一部章回体的通俗文艺小说,描写一百多年前农民和地主的斗争。还有《农村应用文手册》、《青年无线电手册》、《文史工具书手册》等,都是适合青年需要的工具书。

“五四”后、国庆前出版的有：

《社会主义建设常识读本》是一部结合我国国情介绍社会主义现代化建设的基本理论、基本政策的读物,可作为青年干部和团员、青年的参考教材,《毛泽东思想原理讲话》通俗地阐述了毛泽东思想的基本理论。《革命烈士书信(续编)》是一本进行革命理想和革命传统教育

的读物。《教育学常识问答》和《创造心理学》都是用生动的形式介绍教育学、心理学知识的通俗读物。《治学方法谈》介绍了我国历史上许多著名学者的治学经验，可供有志自学的青年借鉴。《中国近代史讲话》、《抗日战争史话》是两本通俗的历史读物。还有《生活中的心理学》、《家庭物理》、《中学语文自学之友（高中部分）》以及《外国文学名著题解》等书，都是辅导青年掌握各种知识的良师益友。

计划在国庆以后、年底以前出版的有：

描写我国十三位革命大姐光荣事迹的《大姐们》是一部很好的报告文学。这些大姐是：宋庆龄、李坚贞、章蕴、戚元德、夏之栩、陶桓馥、葛琴、蹇先任、熊天荆、刘亚雄、朱端绶、钱希娟、李沐。她们的优秀品质，是广大青年特别是青年妇女学习的榜样。《乒乓群星》介绍了我国乒坛近年来涌现的新秀。《青年佳作》和《青年诗选》都是从大量的青年们自己的作品中精选出来的佳作。《宪法常识手册》和《法律常识（农村读本）》是两本对青年进行法制教育的通俗读物。周振甫的《文章例话》是作者继《诗词例话》后又一本帮助青年学习古文的辅导读物。《祖国》将根据祖国日新月异的变化而增订；《共产主义道德概论》将根据十二大提出的新要求进行补充。《红岩》作者之一杨益言的新作《大后方》是一部反映抗日斗争的长篇小说。还有《辅导员的书》和《当团支部书记的时候》为广大团干部和少先队辅导员开展工作提供了参考材料。

（原载《京所通讯》1982 年）

11 明年"六一"儿童节前中少出版社将出版哪些书？

为了使明年"六一"的发行工作做得更有准备，中国少年儿童出版社结合学习全国少儿读物出版工作会议的精神，编制了一份明年"六一"前的出书计划。根据这份计划，中少社将从明年一到四月份，出版新书 67 种，其中低幼读物 20 种，小学中高年级读物 23 种，中学生课外

读物 24 种。重点书如下：

《可爱的家乡——〈中学生〉杂志征文获奖作文选》（社目 49 期专辑征订）——书中收入作文百余篇，是从三万多篇征文中选出来的。这些作文，字字热情洋溢，篇篇生动感人，赞美了祖国的锦绣河山，歌颂了家乡的深刻变化，既是一本优秀的作文选，又是一本生动的爱国主义教材。

《小小发明家的小发明》（社目 47—53 征订）——这本书是从六万多篇少年儿童的科学发明征稿中选出来的，充分表明了我国少年儿童的聪明才智。明年团中央和科协将在全国范围开展一个小发明活动，这本书必将受到小读者的欢迎。

《366 天——日历上的百科知识》（社目 49 期专辑征订）是按照一年 366 天的日程，每天介绍与这一天有关的事情，如节日纪念日的由来，国内外的重大事件，诞生和逝世的人物介绍等，既可作为课外读物阅读，也可当作工具书使用。

《文章病院》（社目 49 期专辑征订）——这是一本给文章看病的书。书中举出很多有毛病的句子，指出"病"在哪里，怎样"医治"等，可以帮助高小、初中学生提高作文水平。

《作文有秘诀吗》（农目 2—5 征订，尚有少数储备）——本书讲的是有关作文的基础知识，同时渗透了学习态度和学习方法方面的思想教育，是一本智育和德育相结合的辅导读物。

《文言知识趣话》（社目 47—52 征订）——用生动有趣的事例，讲解了古文的基础知识。

《两晋南北朝故事》（社目 42—60 征订有储备数）——此书与《春秋故事》、《三国故事》等是姐妹篇，其写法学林汉达先生的风格，读起来朗朗上口。

《小学生作文选评》（社目 47—51 征订）——收集了小学二到五年级学生的作文七十余篇。文后附讲评，简要地介绍了文章的优缺点和它的特色。

《少年百科丛书》共 12 种，包括《中国历史故事（北宋）》、《中国革命历史故事（三）》、《唐宋诗选讲（续编）》（农目 2—6 征订）、《容易混

淯的数学概念》、《外国音乐家的故事》等。

幼儿读物中的《三颗宝珠》、《幼儿英语》（一）（二）（社目 38—61 征订）、《幼儿算术作业》、《幼儿算术五百题》（社目 49 期专辑征订）也都是明年"六一"的重点书。

除此以外，列入计划的还有为广大少年儿童所喜爱的各种形式的文学读物。如《中国童话选》（社目 35—136 征订）、《星儿落在北京城》（民间传说）（社目 35—138 征订）、《真是乐死人》（相声）（社目 37-63 征订）、《大洋怪踪》（科幻小说）（社目 42—59 征订）、《小小铁木儿》（战斗的童年文艺丛书）、《昨日的梦》（小说）、《豆蔻镇的居民和强盗》（外国童话）（社目 34—64 征订）、《丁丁历险记——黑岛》（外国连环画）（社目 45—43 征订）等。帮助孩子动手动脑学习科学知识和技术的还有《有趣的游戏》、《少年木工》、《自己做台灯》等将另行征订。

上述品种计划，中少社力争在明年四月底前出版，"六一"前运到全国各地，改变往年只见广告不见书的情况。计划中有些品种已经订货，有些品种正在征订。希望各地书店认真做好订货工作，保证重点书在节日期间能充分满足读者需要。

（原载《京所通讯》1982 年）

12　团中央将从今年十月份起开展"全国青年读书活动"

本刊讯　在中央书记处的直接关怀下，共青团中央决定在全国青年中开展大规模的"全国青年读书活动"。这个活动的目的是通过读书这种对青年最有效的教育方式，向全国青年进行一次生动的爱国主义和共产主义教育，培养青年成为有理想、有道德、有文化、守纪律的革命接班人。这次活动时间定为一年，从现在开始作准备，十月份正式开始，到明年十月结束。活动结束时，将向全国各地优秀的读书个人颁发五十万枚读书奖章。在这段时间里，团中央将向全国 14—30 岁的二亿六千万青年，推荐近几年来全国各地出版的五十本适合青年阅读的优秀读物，其中包括《邓小平文选》、《从鸦片战争到五四运动》（简本）、

《通俗哲学》、《中国共产党历史讲话》、《祖国》、《钢铁是怎样炼成的》、《人生探索》、《张海迪书信日记选》等。

这批图书在北京出版的有 22 种，（其中 21 种由我所总发行，计人民版 3 种，人文版 2 种，北京版 2 种，中青版 14 种，另有红旗版 1 种由北京市店发行）。最近，共青团中央宣传部邀请新华书店总店、北京发行所和在京的有关出版社商量推荐图书的供应问题。会上决定在团中央发出文件的同时，由我所印发 21 种推荐书的紧急征订函件，向全国各销货店征订。要求出版社以最快速度出版，十一月份起陆续出版供应，最迟不得晚于明年一月底全部交清。为了使各地销货店与团委密切配合，团中央发给各地团县委的文件将抄送一份给各销货店，近期内将与我所印发的(83)京所通字第 37 号函同时寄发。

（原载《京所通讯》1983 年）

13　中国少年儿童出版社、中国青年出版社一九八四年出书展望

中国青年出版社和中国少年儿童出版社一九八四年的出书计划已经制定，按照计划，两社将出版新书 210 种，重版书 130 种，比一九八三年略有增加。现将两社计划中的部分品种列题如下，供各地书店和读者了解。

青年读物部分

青年工作类

针对目前团干部中新干部较多的情况，我社将出版一批指导性读物，其中有《青年特点与共青团工作》、《共青团工作理论学习纲要》、《共青团组织工作问答》、《宣传的艺术与修养》、《思想工作的艺术》、《当团支部书记的时候》。还有，反映新中国成立前革命学生运动的回忆录《金陵风雨》和《海燕翱翔》等都将列入《中国青年的光荣传统丛书》出版。

思想修养类

青年修养丛书将出版《人生关系纵横谈》、《愿你有一双明亮的眼睛——思想方法漫谈》、《中学生科学学习方法》和《致中学生》，还有向青年进行爱国主义教育和革命传统教育的《祖国在我心中》、《民族·长城·希望》和《革命烈士书信(续编)》。

社会科学类

出版通俗的政治理论读物，向青年宣传马列主义、毛泽东思想，是我社的重要任务之一。今年将出版《毛泽东思想原理讲话》、《简明科学社会主义》、《社会主义在中国的传播和实践》、《人为什么犯错误》。为了帮助青年了解祖国的昨天和今天，培养和激发广大青年的爱国热情，我社将出版《中国近代史简明读本》、《从孔夫子到孙中山》、《中国史学名著题解》、《中华民族杰出人物传(三)》、《美哉中华》(祖国44处名胜介绍)、《中国少数民族常识》、《漫步在祖国的高原上》、《祖国湖泊巡礼》等史地读物。曾受到广大青年读者欢迎而多次重版的《祖国》，今年将作大量增补，出版新版本。

一套大型丛书《祖国丛书》，今年开始陆续出版。

文学艺术类

小说有刘德彬、杨益言写的反映抗日战争的长篇《大后方》，峻青改编的《海啸》(缩写本)，航鹰的中短篇集《倾斜的阁楼》、铁凝的短篇集《没有钮扣的红衬衫》和报告文学集《跨世纪的一代》、诗集《复活的琴声》等。文学常识有周振甫写的《文章例话》和公木主编的《历代寓言选》。翻译作品有《盗火》，这是一部反映马克思青年时代的传记文学，《马克·吐温传奇》是描写美国著名作家马克·吐温的传记小说。还有苏联名著《普通一兵——马特洛索夫》和《茹尔宾一家》，都是五十年代的畅销书，现在重新修订再版。革命回忆录《红旗飘飘》丛刊，今年将出版二、三集。

自然科学类

将出版一套《物理小丛书》，其中有《运动学》、《动力学》、《静力学》、《功和能》等15种，这套小丛书是上海市九位从事中学物理教学几十年的教师为了帮助学生学好物理学而编写的。另一套《大学自学指南》，将出版数学、物理、化学、生物等四种，这是为有志于自学大学

课程的青年编写出版的。还有辅导学生学好中学数学的《初中代数学习指导》和《高中代数学习指导》年内也将出版，向青年夫妇宣传优生优育的《怎样生一个健康的孩子》已经出版。此外，还将出版一套专为农村青年编写的《农村青年手册》，是广大农村青年必备的工具书。

少年儿童读物部分

《少年百科丛书》到目前为止，已出版 110 多种，1984 年将继续出版 20 余种，其中包括《中国历史故事》元、明、清、近代数种，《外国科学家的故事》数种，《动手动脑学物理》热学、声学、电磁三种，《先秦西汉诗选讲》、《古代散文选介》、《中国古代寓言故事》、《帮你学集合》、《数学游戏故事》、《中国现代科学家故事》、《空气的一家》、《太阳的一家》、《地理万花筒》、《速度的故事》等。

社会知识读物

为了向少年儿童进行爱国主义教育，将出版一套《中国近代历史小故事》丛书，包括《历史罪人》、《虎门销烟》、《黄海大战》、《金田烽火》、《神拳儿女》、《公车上书》、《武昌枪声》等七种。还有人物故事《伟大的宋庆龄》，中国历史小故事《包拯审案》、《怀素习字》，还有学习历史的辅助读物《中国历史学习手册》等。

自然知识读物

除了大部分列入《少年百科丛书》，还有向少年儿童介绍航空知识的《航空彩色图册》和介绍新中国成立以来的优秀的少年科普作品《少年科普佳作选》等。

文学读物

将出版《火炬在燃烧》、《铁脚中锋》、《烽火三少年》、《三个流浪儿》、《第一条猎狗》、《少年朗诵诗选》和根据《镜花缘》改写的《海外奇游记》等。还有游记《漫游音乐之园》和《亚洲九国游记》；作家作品选有《郭风作品选》、《孙幼军作品选》等。为了帮助小学生学好各门功课，还将出版一套《小学生学习之友》，分十册出版，每个学年每个学期一本，内容包括科学知识、智力趣题、文学故事、小游艺、小制作等，它既配合正课，又不重复课文，是小学生较好的课外补充读物。还有《小学语文课外阅读文

选》和《小学生优秀作文选评》,都是辅导孩子学好语文课的好材料。

　　低幼读物

　　将重点出好《幼儿文学宝库》,今年计划出版《荷叶上的珍珠》、《三只蝴蝶》、《司马光》、《神笔马良》、《种梨》、《洋槐花》、《啄木鸟医生》、《不要妈妈陪我》等十多种。《幼儿一日一课》已出版1—6册,今年将再出7—12册。还有专给幼儿学习的《儿歌选》将出版2—3岁和4—5岁两册。此外,还将出版具有少儿特点、适合孩子阅读的连环画册多种。

(原载《京所通讯》1984年)

14　中国青年出版社今年将出版哪些新书

　　中国青年出版社今年将出版新书95种,重版书65种。重版品种比往年有所增加,主要是考虑到全国各地读书活动的蓬勃开展和青年对科学文化知识的迫切需求。全年总印数为2350万册,品种和印数均比一九八三年有所增长。

　　一九八四年出书的指导思想是:遵照二中全会的精神,认真贯彻党的出版方针,积极出版宣传马列主义、毛泽东思想的政治理论读物,进行爱国主义、共产主义思想教育读物,以及适合青年需要的文化科学知识读物,为抵制和清除精神污染,培养有理想、有道德、有文化、守纪律的社会主义新人服务。

　　现将新书的重点品种介绍如下:

　　上半年出版的图书有:

　　《毛泽东思想原理讲话》一书,比较全面系统地阐述了毛泽东思想的基本原理,特别是对当前青年理解和掌握毛泽东思想极有帮助。这一类通俗政治理论读物还有《马克思主义哲学纲要》、《简明科学社会主义》、《人为什么犯错误》等几种。即将出版的《祖国在我心中》一书,反映了各条战线爱国青年的感人事迹,中央书记处书记邓力群同志为本书写了序言,赞美这些青年的爱国主义精神。《革命烈士书信(续编)》收集了七十六位先烈的遗书、遗墨和绝笔。《追求真理的足迹》和《女战士的足迹》,都是记录老一辈无产阶级革命家艰苦奋斗的回忆

录,是对青年进行革命传统教育的宝贵教材。

为帮助年轻干部,做好团的工作,将出版一批指导读物,包括《革命领袖论青年》、《青年的特点与共青团工作》、《宣传的艺术和修养》、《思想工作的艺术》、《当团支部书记的时候》等。

为了丰富青年的文化生活,繁荣社会主义文艺创作,还将出版一批新老作者的文艺作品,其中杨益言、刘德彬合写的《大后方》,冯骥才的中篇《走进暴风雨》,周振甫的《文章例话》,梁斌的《笔耕余录》和公木主编的《历代寓言选》都是老作者的精心之作。青年作者的作品有《航鹰中短篇小说集》、《没有钮扣的红衬衫》、《单身汉的乐趣》和报告文学集《跨世纪的一代》等。翻译作品有描写马克思青年时代斗争生活的传记文学《盗火》和《拉丁美洲短篇小说选》。

自然科学读物有《怎样生个健康的孩子》、《初中代数学习指导》和《高中代数学习指导》。

安排在下半年出版的有:

《社会主义在中国的传播和实践》、《中国史学名著题解》是青年学习历史的工具书。反映我国面貌的大型丛书《祖国丛书》中的头两本:《我国的珍禽异兽》和《中国古代兵器》争取年内出版。《中华民族杰出人物传(三)》、《从孔夫子到孙中山》、《中国近代史简明读本》、《美哉中华》、《民族·长城·希望》,这些都是很好的爱国主义教材。为团干部编写的《共青团组织工作问答》、《共青团工作理论纲要》和《少先队工作手册》,都将陆续出版。帮助青年自修大学理科的辅导读物《大学自学指南》,将分成数学、物理、化学、生物四册出版。文学作品有长篇小说《括苍山恩仇记》(三)(四)、《瀑布》(二)和《华子良传奇》。另一本电大教材《中国现代文学简史》也将在下半年出版。

除了上述的新书,今年重版书将重点安排两方面的读物:一是团中央主办的全国青年读书活动推荐书和各地举办的振兴中华读书活动推荐书;二是《青年文库》中的一批质量较高未能充分满足读者需要的重点读物。此外,一些长期脱销而又为青年迫切需要的各类优秀读物,也将根据情况优先安排。

（原载《京所通讯》1984 年）

15 中国青年出版社今年计划出版的各类重点书

中国青年出版社 1986 年计划出版新书 95 种,重版书 50 种。

今年出书的指导思想是:从青年实际出发,认真贯彻党的出版方针,向青年宣传马克思主义理论,进行共产主义理想道德教育和爱国主义教育,普及科学文化知识,为两个文明建设服务,为培养"四有"新人服务。

在执行计划过程中,将严格控制品种,努力提高书籍质量,认真出好重点书和《青年文库》、《祖国丛书》与其他丛书。

列入新书计划的第一本重点书是《前方来信》,这本书收入老山前线浴血奋战的指战员们与后方亲人来往书信一百二十七封,书信文字朴实,读来感人肺腑,催人泪下,表达了前方战士报效祖国的赤胆忠心,是对青年进行理想教育的好教材,共青团中央已向全国青年推荐,目前正在赶印,预计三月份即可问世;指导青年学习、工作和生活的《青年英雄和国民党高级特务机关进行斗智斗勇的故事》;《桃花湾的娘儿们》是反映农村改革的长篇;《开元盛世》是已经出版的长篇历史小说《宫闱惊变》的第二部;还有周克芹的《二丫和落魄秀才》,白桦的《爱,凝固在心里》和吴越的通俗小说《鸣凤复仇记》。翻译小说有《纳粹覆灭前的密约》、《复仇号决斗》、《年轻的心》和《海鸥》等,文艺常识是青年比较欢迎的一类读物,列入《青年文库》中的有《中外文学书目问答》、《青年与美学》、《美术常识》、《创作例话》和《小说鉴赏》。《文学描写辞典》也将出版续编本。

哲学、社会科学方面,有《哲学小百科》,是一本适合青年阅读的工具书,内容包括辩证唯物主义、历史唯物主义、中国哲学史、外国哲学史、自然辩证法、逻辑学和美学等,《常用法律知识手册》是配合法制学习的一本比较全面实用的工具书。还有王朝闻写的《通俗美学》,高原编的《通俗政治学》和刘宏昌写的《经营管理秘诀》和《中国近现代史辞典》,都是当前青年急切需求的读物。

自然科学读物,有《青少年科技活动丛书》无线电、电子计算机、航

空、航海模型等分册;而《青年健美手册》《青年卫生手册》《科学育儿咨询》《青年生理卫生通讯》等读物,都将为青年讲究卫生、增进健康方面提供了学习材料。

此外,还将出版一套电大学习丛书,首批将出版《古代史学习入门九讲》《写作技巧八讲》《新时期小说与诗歌十讲》《实用现代汉语八讲》等几种。

(原载《京所通讯》1986 年)

附　录
北京图书订货会 25 年大事年表(1987—2011)

1987 年

3 月,全国图书发行体制改革座谈会召开后,新华书店总店开始寻求改变几十年一贯制的购销模式,在秦皇岛市举办了首次图书看样订货会。160 多家出版社及各地书店 1500 多人到场订货,订货码洋虽高达 1600 多万元,但参会出版社仍然感到所订图书品种数量有限,"很不解渴"。所有订货还要先发到总店,再由总店发往订货书店。会后,一些在京和上海的出版社便开始酝酿筹划由出版社办的图书交易会。

5 月 27 日上午 9 时,由首都九家新闻单位、全国百家出版社举办的首都新闻出版界社科图书交易会暨首都第三届社科书市,在北京劳动人民文化宫隆重开幕。此举成为社办图书交易会的起点。

书市办公室负责人沈丙麟同志致开幕词后,读者代表陆昊(时任北大学生会主席)和作者、编者代表叶至善为本届书市剪彩。中宣部副部长李彦、北京市委副书记徐惟诚、国家出版委员会主任王子野、共青团中央委员会书记处书记冯军、司法部副部长鲁坚、光明日报社总编辑姚锡华、中央电视台顾问戴临风、民进中央副主席楚庄、新闻出版署发行局局长高文龙、中国出版工作者协会秘书长王业康、新华书店总店经理汪轶千及主办书市的新闻、出版单位的负责人参加开幕式。

5 月 28 日上午,人民文学出版社、中国工人出版社、中国青年出版社召开"通俗文学座谈会"。

5 月 28 日下午,中国青年出版社召开由青年读者、团干部参加的青年读物座谈会。

6月2日、3日,新闻出版署署长杜导正,副署长刘杲、杨正彦,在中国版协秘书长王业康、交易会办公室主任沈丙麟及王久安等同志陪同下,先后来到交易会和书市参观指导。这是出版署领导首次到社办书市及首届图书交易会指导工作。

1988 年

8月30日上午,1988年全国图书交易会暨首都第四届社科书市、第六届全国科技书市在北京劳动人民文化宫开幕。全国政协副秘书长、中国出版工作者协会副主席、著名作家、编辑家叶至善和中顾委委员、中国航海学会理事长、中国航海史主编彭德清共同为本届交易会剪彩。新闻出版署副署长杨正彦,中国出版工作者协会副主席王仿子,全国总工会书记处书记于庆和,中国民主促进会副主席楚庄,中国出版科学研究所所长边春光、副所长陆本瑞等参加了开幕式。

本届书市和交易会有两大变化。一是首次联合中国版协科技出版工作委员会同时举办第六届科技书市。科技版图书的加入,不仅丰富了书市和交易会图书品种,也扩大了读者范围,满足了更多读者需求。二是图书交易会名称中的"首都"改为"全国",图书交易会参与规模扩大至152家出版社、近500家书店,各类图书订货码洋达2000万元。

本届图书交易会,个体书店订货量超过新华书店,仅福州树人书店、四川希望书店两家订货码洋就达上百万元。

8月30日,在本届图书交易会开幕之时,由人民美术出版社、人民音乐出版社、文物出版社、中国摄影出版社、中国电影出版社、中国戏剧出版社、中国旅游出版社和北京出版社组成的"北京八家艺术出版社联合发行中心"(简称"艺联")正式成立并举行签字仪式。新闻出版署副署长杨正彦和全国文联理事、著名作家吴祖光为"艺联"成立剪彩。八家出版社社长分别在协议书上签字。全国音乐家协会副主席、著名作曲家王立平,全国书法家协会理事、著名书法家沈鹏参加。随后,早已在北京出版界举起横向联合旗帜的"七联"(人民出版社、人民文学出版社、中国青年出版社、中国少儿出版社、中国社会科学出版社、世界知识出版社、法律出版社)召开与新闻界的座谈会。

9月3日,全国省会(计划单列城市)新华书店协作联合体(简称"31联")在交易会结束前召开与近百家出版社代表座谈会,共同探讨开展多种形式合作的途径。

1989 年

4月,首都图书交易会暨社科书市办公室原定于6月16日至26日在北京劳动人民文化宫继续举办的1989年全国图书交易会暨首都第五届社科书市、第七届全国科技书市,因故取消。取而代之的是由国家新闻出版署主办的第二届全国图书展览,于8月19日至30日在北京举行。展览主题是"新中国成立40年的出版成就",参展的有近600家出版社(包括香港、澳门、台湾地区的部分出版社)的2万余种图书。书展增加了看样订货环节,接待读者16万人次,各类图书订货码洋2000万元,现场图书销售码洋100多万元。

1990 年

5月,经中国出版工作者协会向新闻出版署申请,1990年首都图书交易会暨第五届社科书市、第七届科技书市继续举办。5月20日至30日,书市仍在北京劳动人民文化宫举行,而图书交易会场地则与书市分开,于5月21日至23日在北京西郊玉泉饭店举办。

图书交易会首次易地,在社店代表下榻的饭店举行,方便看样订货,这一举措取得了意想不到的成效。由于参会代表达到800多人,大大超出预期,给接待工作带来诸多困难。社店双方本着理解、谦让、合作的精神,经过共同努力,订货会取得了双方满意的可喜成果,三天订货码洋逾3200万元。

1991 年

2月,为适应图书发行改革形势需要,改变图书交易会暨书市办公室松散的管理模式,中国版协经营管理委员会正式成立。新华出版社社长许邦被选为主任,交易会创办人之一的王久安被选为秘书长,出版界老前辈王仿子被聘为顾问。

3月5日至10日,由中国版协主办的1991年首都图书交易会在北京工人体育馆举行。这是图书交易会第二次易地。参展出版社156家、各地书店近400家,参会代表1400人,超过预订的800床位。通过临时增加宾馆接待并采取车接车送等措施弥补,看样订货取得圆满成功,三天半会期,成交码洋8000余万元。这一成效大大出乎主办者意料,因本届交易会前,全国已有四五个规模较大的看样订货会在同时举行。(注:3月1日至4日,上海36家出版社举办全国图书看样订货会;3月2日至4日,天津发行所和出版社联合举办津版图书看样订货会;3月1日至4日,北京科技36社联合体举办看样订货会。此前还有贵阳、杭州等地也同时在举办看样订货会。)

1992 年

2月14日至18日,由中国出版工作者协会主办的第五届首都图书交易会,经新闻出版署批准,在北京亚运村国际会议中心举行。这也是图书交易会在总结前几届交易会经验教训的基础上第三次易地举行,共有183家出版社、400多家书店参会。会前出现了新情况,原有90多家新华书店因上级业务部门干预而改变计划,未能前来参会。尽管如此,实际参展人数仍达1400多人,成交码洋突破了1亿元,达1.2亿元,是五届交易会中规模较大、成效较好的一届。

2月14日,山东省临沂地区新华书店由经理朱干同志带队,组织了包括全区10个县店在内的20名业务人员专程赴京参加本届首都图书交易会。

2月18日,中宣部常务副部长徐惟诚同志参观交易会,认真听取了交易会办公室负责同志的汇报,还与部分出版社领导进行了座谈。此前,新闻出版署顾问、出版发行界老前辈王益同志,中国版协主席王子野同志分别来到交易会现场,细致地看了出版社的各个摊位。新闻出版署副署长桂晓峰、发行司司长吴克明、办公室主任石峰也到交易会会场指导。

1993 年

2月1日至7日,由中国版协主办的第六届首都图书交易会在中

央党校举行。本届交易会原定仍在亚运村举办,但年初被告知,因法定代表人变更,原场地合同作废。在此紧急时刻,中央党校出版社副社长刘忠礼伸出援手,建议图书交易会在寒假期间的中央党校举办。正是这一建议及第四次易地迁址,为首都图书交易会带来了新的生机和活力。

2月3日开幕时,参加图书交易会的出版社已超过230家,各地书店超过400家,所提供图书品种的数量也超过以往各届。交易会期间,驻会代表达1300人,还有前来参会的社会书店、个体书店代表,参会人数总计2000多人。最终,本届交易会订货总码洋达1.3亿元。其中,在京出版社120家订货码洋6033万元,外地出版社112家订货码洋6979万元。

1994 年

2月17日至21日,第七届首都图书交易会以新的规模、新的成效在中央党校顺利圆满举办。272家出版社和近500家书店的1450名代表参加了交易会,成交码洋2.1亿元,超过了前六届。"现场火爆"是参会代表的最大感受。尽管会场在1993年的基础上有较大的扩展,但场内仍拥挤不堪,会外非正式代表也有近2000人拥进展场,许多出版社不到一天就发出2000份目录订单。

本届交易会的最大亮点是浙江省新华书店的创新之举,它们牵头浙江人民、浙江文艺、浙江教育等12家出版社在交易会上开展联合征订,显示出集团效应,浙版书订货码洋达2790万元,比上届交易会由出版社单方面订货增长133%。浙江店社的联合行动在本届交易会上引起极大反响。

2月20日,福州市新华书店举行与近百家出版社的座谈会。会议主要内容是福州市店向其拖欠书款的出版社公开致歉,并当众表态,承诺逐一协商解决拖欠货款等问题。召开此座谈会是因为福州市新华书店拖欠了很多出版社的书款,曾一度为业界所诟病和头疼。为此,组委会想出一"招"——本届交易会不给福州市店发参会邀请。福州市店弄清原因后,主动请组委会出面组织此次座谈会。这说明,

出版发行业在市场经济大潮的推动下,适应市场经济规律,不仅可以走向发展,也能摆脱困境,市场经济中出现的问题,也要用市场经济规律解决。

1995 年

2月8日至13日,第八届首都图书交易会由中国版协经营管理委员会主办,在中央党校举行。299家出版社、400多家书店的1500多名代表参加了本届交易会,历时六天,成交码洋4.6亿元。

本届交易会最明显的变化是作为图书发行主渠道的新华书店系统把提高一般图书的进销货总量作为深化内部经营机制改革的重要内容,将首都图书交易会作为新的一年补充货源、调配市场、获取出版信息、拓展发行业务的重要活动,越来越表现出极大的热情,参加的书店与人数一届比一届多。为参加本届交易会,上海市新华书店系统组成了74人的团队,广州、南京、太原、哈尔滨、青岛、福州、重庆及临沂地区店等都组成几十人的业务团队。其中,广州市店订货码洋1600万元,上海订货码洋900万元,南京和哈尔滨市店各订了码洋700万元,青岛市店订货码洋400万元,福州和重庆也各订了码洋300万元。山东临沂地区店以800万元的订货码洋,令业界关注。

1996 年

1月20至25日,由中国版协经营管理委员会主办的第九届首都图书交易会在中央党校举行,参展出版社356家,订货书店500余家,主体是全国各地新华书店,六天展会订货码洋达11.2亿元。这个成果成为当年出版界令人瞩目的重大喜讯,产生了极大影响。

本届交易会,辽宁省根据自己的特色,亮出"辽宁出版总社(集团)"的旗帜,追求社店联合规模经营,展示辽版图书整体优势。辽宁省新闻出版局局长亲自带领200强兵,在本届交易会以强劲的宣传攻势,取得了4800万元订货码洋的业绩,与1995年单兵作战的1500万元订货码洋相比,又是一次成功的尝试。

本届交易会参展出版社也纷纷亮出横向联合体的旗帜,把各自的

特色有效地发挥在整体优势中。"社科十联"、"京版九联"、"法律七联"、"经济联"、"部委联"等,与各省市组团组队的书店集团相呼应、相联络,打破了以往"一社一店"孤军奋战的形式。全国美术出版社集团则向联合实体发展更进一步,设专馆、造声势,使美术图书门类的订货码洋占得整个交易会十分之一,创造了 1.2 亿元的纪录。

1997 年

1 月 22 日至 27 日,首都图书交易会迎来第一个十年之际,在中央党校举办的最后一届图书交易会,即第十届首都图书交易会,发生了两项重大改变。经新闻出版署同意,交易会从本届起,由中国版协和中国发协两家协会联合主办,版协经营管理委员会协办;首都图书交易会从本届起更名为"北京图书交易会暨 1997 北京图书订货会"。

由两个协会联合主办的图书订货会更具权威性和吸引力。因此,本届订货会参展单位有 430 家出版社、11 家发货店,共设 460 个摊位,比上届首都图书交易会增加近 100 个摊位。销货店邀请的范围也有所扩大,展会直接发函邀请到地区以上新华书店,同时请地市店组团带县级书店前来参会。因此,本届订货会接待安排食宿的代表增加到 2100 人,安排会外食宿和自理的也有 2000 余人。这是之前历届交易会所没有的规模。本届图书交易会成交码洋达 12.6 亿元,比上届增长 1.4 亿元。

1998 年

2 月 6 日至 12 日,历经五载、被国内出版发行界习惯称为"中央党校订货会"的北京图书订货会,首次走出京西大有庄,第五次易地迁址到北京城西南的京丰宾馆和丰台体育中心举行。本届订货会,参展出版社 478 家、书店 800 多家,参展人数达 1 万人,成交码洋总额 17.3 亿元,再获成功。本届订货会不仅促进了我国图书市场的繁荣,更传递了值得出版界关注、研究、探讨的信息与问题。

中国农业出版社在以往的订货会中毫不显眼,业绩不是太好,但在本届订货会上面貌一新。其中,"中国农村书库"五大类、108 种,以低

价格、全方位、高质量引起了许多基层书店的关注,订货码洋第一次进入订货额排行榜前 15 名。

1999 年

1 月 9 日,经新闻出版署批准,由中国版协、中国发协主办的 1999 北京图书订货会在北京全国农业展览馆揭开帷幕。这是图书订货会自创办以来的第六次迁址,也是首次进入国家级正式展馆。全国有 489 家出版社、14 家发货店、4 家电脑公司,共 507 个单位参加了本届订货会。5 万多种新书通过 4 个展馆的 598 个展位,向全国 1400 多家书店展示。大会接待正式代表 3000 人,出版社和书店参加订货活动人员近万人。这无疑是政府主管部门大力支持,社店双方格外重视的大型图书交易活动,对我国出版发行业产生了良好的导向作用。展会期间,中宣部出版局、新闻出版署以及中国版协、中国发协的领导于友先、宋木文、邬书林、于永湛、杨牧之、刘杲、卢玉忆、伍杰、宋镇玲、张小影等来到订货会参观指导。

本届订货会,订货码洋 15.05 亿元,较上届下降了 2 亿多元。这是订货成交额在届届攀升之后的首次负增长,但这也在参会者的预料之中。原因之一是书店订货回归理性;原因之二是从本届起,组委会取消了订货额排行榜,防止单纯追求订货额所引发的不正当竞争和虚假攀比。

2000 年

1 月 10 日至 15 日,在历经了七次变更办会场址,被人戏称"打一枪换一个地方"之后,新千年第一场书业盛会 2000 北京图书订货会终于迈进了国家级专业展馆——中国国际展览中心。展会的场地和模式发生了根本性转变,完成了从出版社自发组织的"骡马大市"与初级阶段的"贸易集市",向国际化的大型图书出版物展会的蜕变。15.7 亿元的成交额较上届也略有增长。

1 月 8 日,新闻出版署培训中心和中国对外经济贸易出版社在 2000 北京图书订货会期间联合举办报告会。特邀世界贸易组织研究

会副会长、"世界贸易组织知识读本"系列丛书执笔人张汉林教授,向参加全国图书订货会的新华书店负责人、各出版社社长及有关代表,报告中国入世谈判的情况和世界贸易组织基本知识,重点介绍入世对中国图书业的影响,并对到会同志的提问做现场解答。

1月9日,新千年第一个图书订货会不仅场地换新升级,还引入了全新的高科技手段。经组委会考察与研究,选择了由出版人组建的兼具出版经验与互联网技术的人民时空网络科技有限公司为订货会提供技术支持与服务。一、为大会设立专用网站。新闻发布栏能在第一时间将有关大会的新闻及简报在网站上发布,为媒体记者及相关人员提供了极大便利。信息服务栏提供了会议安排、驻地及停车场位置等实用信息,主要服务参展单位。二、制作可供书目光盘。光盘收入200家左右出版社的书目信息,压制1万片随特刊提供给与会人员。书目光盘可携带、查询、打印,也便于销货店保存。三、开通网上订货系统。该系统是在原有图书平台的网上零售系统基础上重新开发的,它所设计的经营方案比较符合出版社的特点,也便于操作。在本届订货会上,人民时空网络科技有限公司提供了20台电脑,在现场为书店订货人员演示光盘及网上订货系统的使用方法。

2001 年

1月8日至12日,2001北京图书订货会在北京国际展览中心举行。本届订货会展场面积达2万平方米,展位订出920个,参展的有全国各出版单位、电子读物出版单位及部分有关图书电子商务网络公司共560多家、1800多人。前来订货的各地新华书店、民营书店达800多家,参会代表2800多人。大会正式接待到会代表4200人左右,参会人数超万人。展位大幅增加与网络公司积极参与成为本届订货会两大特点。

1月10日,由新闻出版署组织开展的2000年度"讲信誉、重服务"社店互评活动评选结果揭晓,根据群众投票和专家评定,分别有50家出版社和50家发行单位被评为"讲信誉、重服务"单位。出版界老领导、中国版协副主席刘杲,新闻出版署发行司司长王俊国,中国版协副

主席兼秘书长谢明清,中国发协副会长兼秘书长徐家祥出席了评选结果揭晓座谈会。刘杲同志作了主题为《把社会主义同市场经济结合起来》的讲话,认为"讲信誉、重服务"活动是建立社会主义经济体制的活动,又是建立社会主义精神文明的活动,同时还是建立社会主义法制的活动。获得"讲信誉、重服务"称号的出版发行单位代表也就各自的经验与存在的问题作了交流。

2002 年

1月9日至13日,2002北京图书订货会在北京国际展览中心举办。这是我国正式加入世界贸易组织后,出版界迎来了的第一个图书盛会。本届订货会展场总面积为2.4万平方米,展馆按出版单位及部分省市展团单位分为北京馆、地方馆及专业馆。本届订货会订出展位1036个,参展的全国各出版单位500多家,其中包括10多家电子读物出版单位及有关图书电子网络、软件公司等,各地新华书店、国营与民营书店达500多家。大会接待正式代表3000人左右,参会人数仍超过万人。本届订货会成交码洋20.8亿元,无论是展会规模,还是交易成果,都刷新了以往订货会纪录。更重要的是,我国入世后的首次图书订货会,为我国图书出版业的现状与未来提取了一个个鲜活标本——全新的营销手段、务实的选题结构、细化的市场分割,同时也为我国图书出版业带来更多值得思考与探索的话题。

1月9日,北京图书订货会组委会、《出版参考》杂志社、广东新华发行集团共同主办"中国出版论坛:连锁经营模式比较与创新"高级研讨会,百余名连锁专家及出版社、新华书店、民营书店人士会聚一堂,就中国书业连锁经营的现状、运作模式和发展趋势等问题进行了深入探讨。中国版协国际合作出版促进会会长、《出版参考》杂志编委会主任许力以,中国版协副主席、秘书长谢明清,中国发行协会副会长、秘书长徐家祥,中国版协副秘书长、解放军文艺社副社长黄国荣,广东省新闻出版局副局长廖小勉,广东新华发行集团董事长、党委书记蓝美南,中国出版科学研究所所长助理魏玉山,《出版参考》主编陆本瑞等出席研讨会。美国出版在线执行总裁艾梅霞介绍了美国最大的两个连锁书店

巴诺与鲍德斯的经营状况；中国台湾地区的台湾发行协进会副理事长、联经出版公司副总经理王承惠，金石堂连锁书店副总经理郑锦祥，新学友搜主义科技公司总经理廖培宏，远流出版公司驻京代表吴兴文，向与会者介绍了中国台湾地区出版与发行的概况。

2003 年

1月8日至12日，2003年北京图书订货会在北京国际展览中心举行。这是我国"入世"对外开放图书零售市场后的首次订货会。共有512家出版社、发货店和50家相关产业的电子软件公司、造纸厂、印刷厂等参加订货会。订货会首次"扩招"出版相关产业参展，展位总量达1370个，展场比上届扩展1万平方米。全国地区以上的新华书店、民营书店、大型图书超市以及其他各类专业书店参加订货会。大会接待正式代表3000余人，参加订货会的人员达上万人。订货会成交码洋23.6亿元。

1月10日，应北京图书订货会组委会及《中华读书报》的邀请，周国平、余中先、止庵、刘华杰、黄集伟、李辉、潘凯雄、邱华栋等八位著名作家、学者、书评家，来到订货会现场，以一个普通读者的眼光，认真挑选、精心寻觅好书，并参加了与媒体的见面会，向广大读者推荐自认为最值得一读的新书、好书。经济学家汪丁丁在此前参加中信出版社的活动后，也观看了书展的部分新书，在接受媒体采访中谈到了对本届订货会的观感。被称为"专家荐书"活动的创新之举，为订货会由业内走向社会、由专业走向大众开辟了一条有意义的通道。

1月12日，在2003北京图书订货会圆满闭幕之际，组委会召开了北京图书订货会暨中国出版业新年展望新闻发布会。新闻出版总署副署长柳斌杰，中宣部出版局局长张小影，新闻出版总署发行管理司司长刘波，中国版协常务副主席陈为江，中国版协副主席兼秘书长谢明清，中国书刊发行行业协会副会长、商务印书馆总经理杨德炎，中国新华书店协会常务副会长、新华书店总店总经理刘国辉，中国书刊发行行业协会会长助理刘新明出席会议。刘波主持发布会，柳斌杰、张小影讲话。

2004 年

1 月 8 日至 11 日,2004 北京图书订货会在国际展览中心举行。本次订货会展场面积共 3.4 万平方米,设展位 1632 个,比 2003 年增加 262 个;参会出版社 554 家,展位 1447 个;首次新增的出版社分支机构及二级批发单位 52 家,展位 78 个;新邀参展期刊社展位 36 个,期刊品种近百种。此外,还有 83 家海外华文书店代表首次参会。书店代表参会也非常踊跃,组委会将驻会宾馆由 10 个增加至 12 个,安排代表 3000 多人,参展人员仍超过 1 万人。

1 月 8 日,北京图书订货会开幕第一天,新闻出版总署副署长柳斌杰在发行司司长刘波、副司长张福海等人陪同下,视察了本届图书订货会。中宣部出版局局长张小影、中国出版工作者协会主席于友先等也在当天视察了本届订货会。

1 月 8 日,在订货会首日,组委会举办了 2004 北京图书订货会海外华文书店代表座谈会。来自日本、新加坡、美国、法国、韩国等的近 30 名海外华人书店代表首次共聚北京,与新闻出版总署有关业务司局领导,中国出版工作者协会、中国书刊发行业协会以及从事图书进出口业务企业的有关负责人一起,就华文书业的现状和发展、如何联手使中国图书加快"走出去"步伐等问题进行了深入探讨。新闻出版总署副署长柳斌杰,中国出版工作者协会主席于友先,中国出版工作者协会常务副主席陈为江,中国书刊发行业协会秘书长刘新明,中国台湾地区的台湾图书出版事业协会理事长宋定西,新闻出版总署对外司司长王化鹏、副司长谢爱伟,发行司司长刘波、副司长张福海等出席座谈会。

2005 年

1 月 18 日至 21 日,2005 北京图书订货会在北京国际展览中心举行。本届订货会展位达 1939 个,参展单位 645 家,电子门票显示参会人达 91848 人次,订货成交码洋达 30.09 亿元,比 2004 年增加了近 5 亿元。

在文化体制改革、企业改制的大背景下,本届北京图书订货会引起

了社会各界的格外关注,无论是政府管理部门、出版发行业界,还是各大媒体、读者以及海外华文书店和港澳台出版机构,都在关注出版业改制后将以怎样的面貌出现。

作为改制试点单位,国有书业集团显示强劲实力。随着转制的推进,新华书店已经开始采取现代企业运作模式。新华书店总店在此次订货会上以强势姿态,用12个特装展台推出它们包发的20多种畅销书。中国出版集团、上海世纪出版集团等七家出版集团也以大手笔、大气魄亮相展场。

出版物分销政策的放开,真正形成了国有、民营书业的同台竞争。民营书业亮相订货会是本届订货会的最大亮点之一,真正实现了民营书业与国有书业在同一时间、同一地点、同等条件下的公平竞争。这是北京图书订货会创办以来的第一次。101家民营企业、205个展位的民营展馆的设立,成为中国发行行业历史化进程的标志。

2006 年

1月6日,北京图书订货会20年纪念座谈会在北京怡和大厦召开。国家新闻出版总署副署长邬书林、国家新闻出版总署出版物发行管理司司长范卫平、中国出版工作者协会主席于友先、中国版协副主席兼秘书长谢明清、中国书刊发行业协会常务副会长兼秘书长刘新明、中国出版集团副总裁王俊国等出席座谈会。会前,与会领导与嘉宾们一一问候。这些特邀老同志亲身经历见证了北京图书订货会从1987年"骡马市"的起步,到成为全球华文图书交易平台的发展历程。王业康、王久安、许邦、韩立华等作为历届订货会的见证人代表相继发言,于友先即席讲话,邬书林作了总结发言。

1月8日至12日,恰逢"十一五"开局之年,我国出版发行体制改革也进入了关键时期,2006北京图书订货会在北京国际展览中心举行。共有万余名出版、发行单位代表与会,订货会展位1909个,参会单位821家,图书出版机构666家,版权代理公司12家,音像出版和期刊社95家,出版物批发单位58家,其他相关产业50家,参展新书10万余种,展场面积近4万平方米。据不完全统计,本届订货会最后成交码

洋为 23.9 亿元。

2006 北京图书订货会版权交易活动在订货会开幕当天正式亮相。版权交易活动由版权沙龙和版权交易区两部分组成。中华版权保护中心、中华版权代理总公司、北京版权代理有限责任公司、长沙出版物交易中心、北京书生公司、博嘉科技资讯有限公司、深圳中天文化发展有限公司、北京中作国安经纪有限公司等机构参加了此次版权交易活动。

在连续两年邀请海外华文书店参加现场订货的基础上，2006 北京图书订货会首次邀请中国港澳台地区的出版机构参展。这是北京图书订货会第一次真正意义上的全国出版界"大团圆"，为其成为华文图书盛会迈出了关键的一步。

1 月 8 日，海外华文书店、港澳台出版机构座谈会在北京皇家大饭店举行。国家新闻出版总署副署长柳斌杰，中国版协主席于友先，国家新闻出版总署对外交流与合作司司长张福海、副司长谢爱伟，中国出版工作者协会常务副主席陈为江，商务印书馆总经理杨德炎，中国图书进出口（集团）总公司代总经理焦国瑛，以及海外华文书店、港澳台出版机构有关人士 60 多人出席座谈会。中国台湾地区的台湾联经出版公司副总经理王承惠、台湾出版事业协会秘书长陈恩泉，以及新加坡大众书局香港分公司副总经理朱素贞等先后介绍了两岸四地的图书交流情况，并希望充分发挥交流机制、强化华文出版联谊会议的功能。本届订货会组委会主任刘波主持会议。

2007 年

1 月 8 日，全国图书馆新书现货看样采购会（简称"图采会"）首次列入北京图书订货会项目，于 2007 北京图书订货会开幕前率先举行。由新华书店总店承办的首次图采会，携手六家中盘商，组织了近 1000 家图书馆参与看样订货，有 300 多家出版社设展架提供样书。图采会第二天，各出版社提供图书电子数据即达 13 万多条。

1 月 10 日，北京图书订货会首届高层论坛作为订货会的创新项目之一，在 2007 北京图书订货会开幕之际举办，国家新闻出版总署署长龙新民、中国版协主席于友先出席论坛并发表主旨演讲。高层论坛吸

引了诸多海内外业者的高度关注,来自业内的十几位知名企业管理者、学者、海外书业人士、业外专家等围绕主题"构建和谐出版环境,推动产业良性发展",进行了深入探讨。

1月10日至13日,2007北京图书订货会在中国国际展览中心举行,为期3天(以求真务实为宗旨,从本届起会期减少1天)。738家出版社、音像出版社、一级和二级批发单位、期刊社和版权交易机构参加本届订货会,订货总码洋达24.5亿元。新增设的首届全国图书馆新书现货看样采购会赢得新年"开门红",现场采购码洋达4900万元。

1月13日,国家新闻出版总署副署长邬书林视察2007北京图书订货会,并针对部分出版发行单位提出的是否有必要参加订货会的疑问进行了调研。国家新闻出版总署图书出版管理司司长吴尚之、副司长马国仓,出版物发行管理司副司长谭汶等陪同视察。

2008 年

1月9日至12日,2008北京图书订货会在中国国际展览中心举行。630家参展单位设1923个展位,524家出版社、港澳台地区近百家出版机构和全国近千家图书馆参会,订货码洋6500万元。经新闻出版总署批准,此次图采会还增设了港澳台地区图书采订专区,为港澳台地区出版机构扩大了销售渠道,也是惠台政策的具体体现。

同期举办的第三届全国书稿版权交易会继续为普通读者提供出版机会、为出版社寻找优秀书稿。版权沙龙设定的六个专场研讨中,"出版经纪人:创意产业新力量"被认为是最吸引眼球的话题。

1月9日,在本届订货会高层论坛上,国家新闻出版总署与中国出版工作者协会领导、有关出版机构与发行企业代表、中国台湾地区出版人,围绕主题"建设诚信出版发行体系"展开讨论。论坛还对由中国版协、中国发协举办的"诚信经营、优质服务"互评活动中评出的50家出版发行单位进行了表彰。

2009 年

1月,2009北京图书订货会面临两大背景。一是新中国60年大庆

之年,很多标志性出版工程闪亮登场,原创文化经典异彩纷呈。二是2009年国际金融危机带来的困难与风险。出版文化产业既面临挑战,也面临机遇。

1月7日至10日,2009北京图书订货会在中国国际展览中心举行。此次订货会参展出版社533家、民营书业74家,比上届均有所增加。本届订货会图书成交码洋达25.1亿元,比上届增长2亿元;图书馆现货采购码洋8100万元,比上届增长1600万元。这一业绩显示出中国书业抵御全球金融危机的强劲实力。

1月7日,在2009北京图书订货会高层论坛上,与会领导和专家共议如何增强信心,促进产业持续发展大计。国家新闻出版总署副署长、国家版权局副局长阎晓宏,凤凰出版传媒集团董事长谭跃,大学出版协会理事长、北京大学出版社社长王明舟,内蒙古新华发行集团股份有限公司总经理额尔敦等业界领导和专家在主题发言中分析了中国书业面临的新形势。他们认为,改革发展任务仍然很重,但是对发展前景抱有相当信心。在"焦点对话"环节,深圳出版发行集团总经理罗红、中国纺织出版社社长李陵申等围绕主题"如何进行业态创新与产业升级"进行对话,引起现场百余位业者的强烈共鸣。

1月8日,中国版权保护中心在第四届全国作品版权交易会上主推民营书业。中国版权保护中心党委书记张秀平、北京弘文馆出版策划有限公司总编辑杨文轩、博集天卷图书发行有限公司董事长黄隽青等与业界同人共同探讨民营书业的过去、现在和未来。

2010 年

1月,站在新一年的门槛上,2010北京图书订货会成了中国出版业转企改制的"阅兵场":全国580家图书出版社中,除保留公益性质的4家出版社以及26家军队出版社外,453家出版社已完成或正在完成转制工作。全国已组建了29家出版集团公司,30个省级国有新华书店系统业已全面完成转制工作,成立了24家国有新华发行集团公司。另外,还有3家期刊经营集团、49家报业经营集团,全国17万个印刷复制单位。中国出版和相关产业已在新的一年走向市场化,或已经跨上

了走向市场主体之路。

1月8日至10日,2010北京图书订货会在中国国际展览中心举行。本届订货会展场面积达4.6万余平方米,展位2283个,比上届增加272个,很多数字出版机构预订了展位,以集团名义参展的机构也有大幅提升,出现了"一摊(展位)难求"的现象,也出现了从未有过的硬性退费、"削足适履"缩减规模的做法。尽管如此,本次订货会订货码洋28.5亿元,比2009年增加3.4亿元,图现货看样采购码洋9200万元,比2009年增加1100万元,数据超过历届。

本届订货会,民营图书批发商首次统一装饰展位,形成民营书业的聚集阵容。虽然民营书业已进入展会,但作为被明确认可的"出版业生力军"还是首次高密度亮相,成为本届订货会最受关注的亮点。

本届订货会,数字出版机构踊跃报名参展,体现了中国出版新业态已露端倪,2010年将成为数字出版的元年。

2011 年

1月8日,2011北京图书订货会高峰论坛举行,论坛主题为"展望数字出版浪潮中下一个五年竞合策略"。与会者围绕数字出版带来的变革进行了热烈讨论。

1月9日,主题为"数字出版时代出版产业链变化"的2011北京图书订货会馆社合作论坛暨2010年度全国优秀馆配商颁奖仪式在京举行。来自图书馆、出版社的专家、学者齐聚一堂,就数字复合出版工程对图书馆的影响、数字出版及其挑战、数字出版势在必行、传统出版在数字出版时代的新机遇等主题进行互动交流。

1月9日至11日,2011北京图书订货会在中国国际展览中心举行。与上届相比,本届订货会展位增加137个,总展位达2420个;展场面积增加3000平方米,总面积达4.3万平方米。649家各类出版发行和相关机构报名参展,其中出版社513家(不包括副牌);数字出版单位46家,民营批发单位76家;出版相关产业40家;港澳台地区展区32个展位展出了100余家出版机构的图书。图书馆现场采购预置1200个书架,被抢订一空;展出340家出版机构的15万种各类图书,1000

余家图书馆人员参与现场看样采购。临开幕前一天，还有相关产业和出版单位要求报名参展，原定展位不够用，组委会临时增加了 6 号展馆。订货会最后统计成交码洋 32.508 亿元，比上届增加 4 亿多元；图书馆现场采购码洋 1.22 亿元，比上届增加 3000 万元。

本届订货会以"数字出版"为主题，首次设置数字出版专区，搭建数字出版交流平台。

后 记

在前社长胡守文同志的鼓励和帮助下,我的第二本回忆录《我与出版 我与发行》终于付梓了!

我的第一本回忆录《我与"开明" 我与"中青"》是在 2012 年 10 月出版的,至今近 12 年了。在这段时间里,我虽已退休,但仍被社里返聘 20 年,时刻关心着出版社的出版和发行工作。特别是蔡云、胡守文相继担任社长,杨光仪、洪鹏先后主持出版发行工作和王业康担任出版协会秘书长期间,我在他们的领导下(我在版协担任经营管理委员会副主任兼秘书长十年),使我有机会写下了不少关于出版发行的文稿,记录了当时所见所闻所思,并发表在本社内部刊物《中青出版通讯》、《红叶林》和社会上其他的各种报刊上。

回顾我 60 多年出版发行工作的经历,开始从 1946 年 6 月参加由夏丏尊、叶圣陶、章锡琛、傅彬然、王伯祥、顾均正等一批爱国民主人士组成的文化出版单位——开明书店,受到文化教育的熏陶,使我这个只有高小文化程度的青年能够适应工作。1953 年 4 月,开明书店与青年出版社合并,成立中国青年出版社,又在党的直接领导下,在朝气蓬勃的出版单位度过了 56 年,使我明确了政治方向和工作目的,提高了思想觉悟。特别是 20 世纪 80 年代末期,国家进行全面改革开放,我从事的出版发行行业,正处在开放大潮之中,使我有幸参与其中,受到锻炼,并做出一小点成绩。

我的这些回忆,都是从一个工作多年的出版发行者的视角写下的所见所闻所思,难免会有不准确的地方,希望得到知情人士和读者指正。

最后,对皮钧社长在百忙中为本书作序,原社长胡守文为我题写书名,其他社领导对出版本书的支持,郑卫明、丁肇锋同志为本书出版所付出的辛劳,特此一并致谢!

2024 年 6 月